总第85集

U1076523

行政执法与行政审判

中华人民共和国最高人民法院
行政审判庭 编

中国法制出版社
CHINA LEGAL PUBLISHING HOUSE

目　录

观点与争鸣

法学学科应当步入知识融合时代

王利明

十多年前，我在哈佛大学法学院作富布莱特访问学者时，发现雷可夫教授 Todd D. Rakoff 同时讲授合同法和行政法。我感到有些新奇，便向他介绍：在中国，民法和行政法是两个不同的学科，法学院教授一般是不能既讲行政法，又开设民法课程的。但雷可夫教授回答说，这种做法是有一些问题的。他说：虽然美国是市场经济社会，但政府对经济的干预依然大量存在。所以，不懂合同法就不懂市场是如何运行的，而不懂行政法就难以理解政府对市场的管制道理在什么地方。因此，不懂行政法就难以真正了解合同法，反之亦然。十多年后，我浏览雷可夫教授的个人网页，发现他仍然开设这两门课程。回想当年他提出同时开设这两门课程的理由，我感到颇有道理。

雷可夫教授实际上指出了法学内容知识结构划分的问题。其实，从法学学科内容知识划分的形成历史来看，民法、刑法、行政法等法学领域并不是天然形成的，而是法律人为了更有效率地认识和组织法学知识而人为创造的。这些领域的划分的确有助于形成各领域的知识体系和研究方法，并有助于各领域学说的发展。从国家法律制度体系的内在划分来看，这种知识体系也是与在历史中形成的学说体系相对应的。因此，通过发展不同的法学领域，也有助于推进各领域的制度建设。问题在于，我们现在不少法律人将法学学科内部的划分当成一种真理，或者视为一种封闭性的知识。甚至有人将其演变成“饭碗法学”理论，认为教民法的人不能染指行政法，行政法教授也不能把手伸到民法领域。这种现象已经严重阻碍了法学知识的发展，乃至整个法学教育体制的创新。

事实上，法学学科内部领域的划分本身主要是满足一种工具性和认识论需求，其本身并不是绝对的真理。归根结底，这种工具性和认识论知识要服务于对整个社会的认识和组织。现代社会是一个信息爆炸、知识剧增的社会，也是一个知识融合的社会。科技和互联网的发展、经济全球化都使许多新的知识不断产生，任何学科都不可能游离于其他学科之外单独存在。一方面，任何一门社会科学都在致力于从某一个方面认识和解读人类的社会活动。但现代社会纷繁芜杂，一项社会活动通常涉及政治、经济、文化、历史和哲学等不同方面的知识。如果仅仅从某一个方面去认识该活动，那么，该方面知识本身的局限性将导致认识结论的片面性。反之，如果能够尽可能地把握特定活动的诸多面向，则认识活动将更为准确，社会建议和决策将更为可靠和科学。另一方面，不同学科实际上都是从不同的角度、从一个方面、在一定限度内把握人，任何一个学科都无法单独全面地把握人，解决人遇到的全部困境。马克思说，人的本质是社会关系的总和。这就说明了人及人类社会活动的复杂性。清初颜李学派的代表人物之一李塨说："人，天所生也。人之事，即天道也。"作为主体，人是一切社会关系的总和，包括法学在内的社会科学的研究对象正是各种社会关系，其核心所指当然是"人"。就此来讲，无论哪门社会科学，都不能脱离对人的研究，法学也不能例外。而且，不可否认，集社会关系总和于一身的人是最复杂的社会动物，要从理论上合理地体现人的复杂性，并尽可能合理地认识人的活动规律和规范人的行为，就不能只靠某一门学科提供研究成果，而是要综合相关多学科的研究。比如，在对习惯的研究方面，就需要综合人类学、社会学、法学等学科知识。

法学作为一门社会科学，其要真正深入研究社会现象，把握人类活动的规律，并构建科学合理的社会行为规范，仅仅靠法学自身的知识是不够的，而必须充分利用其他学科研究者所积累的人类智慧，吸纳其他学科认识人类活动的方法和知识。为此，法学必须向其他社会科学和自然科学开放。法学如果向其他学科开放，可以从其他学科获取合理的知识资源，同时也为其他学科提供研究素材，共同促进学科知识的发展。法学和其他学科在本质上均属于理论探讨的学术范畴，均体现了学者通过说理来阐释问题并寻求解决方案的理论努力，但不能因此就特别强化它们纯粹的理论色彩以及相互间的差异性，而忽视它们之间的共性，尤其不能忽视它们的共同目的，即服务于社会，以及它们共同的研究对象，即“人”。而要真正实现这一目的，妥当理解这一对象，就必须打破学科分立，通过各学科知识的融合来反映社会真实问题、满足社会真实需要，最终促成“人”的全面发展和实现对“人”的终极关怀。这正是知识融合的根本意义。从另一层面上讲，通过学术研究来深入认识、反映和促进人的全面发展，实际上体现的是对人的终极关怀。一切科学对于人性总是或多或少地有些关系，某些学科形式上似乎离人性较远，但它们总是会通过这样或那样的途径回到人性。例如，属于人之终极关怀的还有犯罪人的保护、死刑存废等问题，要妥当处理它们，就需要综合心理学、社会学、民俗学、刑法学等学科知识。再如，在全球化过程中出现的全球变暖、食品安全、产品质量等问题，需要综合社会学、经济学、政治学、法学等学科知识。这样的事例不胜枚举。它们均说明，要促进人的全面发展和实现对人的终极关怀，就必定要知识融合。但遗憾的是，法学向其他学科开放的程度是不够的。例如，人民大学法学院和经济学院是国内一流的研究和教学机构，仅一墙之隔，但两院学者之间少有学术上的交流和联系。这在我国其他高校也很普遍。

再回到雷可夫教授的观点上来，法学作为一门社会科学，也需要在内容上实现相互开放。法学内部各个领域之间森严的壁垒，其实是法学发展的大碍。“饭碗法学”不仅阻碍着研究者去全面认识人类社会活动的机会，而且排除了法律人去培养自己跨学科认识能力的可能性。更值得重视的是，今天法学院的法学领域的划分，不仅仅是民法、刑法和行政法等大领域的划分，而且在各领域内部也存在子领域的划分，如民法领域中的民法基本理论、财产法、合同法和侵权责任法的划分。如果这些子领域的划分变成一种僵化的界限，则将同样带来前述问题。很难想象，一个仅仅研究侵权责任法的学者能够很好回答合同与财产的侵害问题，因为，现实中大量的违约既构成侵权，而且又涉及物权法上保护方法。因此，要选择一种最优的法律治理方法，有赖于对整个民法体系化知识的建立，并同样需要借助体系思考的方法。同样，正如雷可夫教授所言，合同交织着复杂的社会因素，一个不懂政府经济调控和管理行为的合同法研习者同样无法深入研习合同法。

知识融合的趋势也提醒我们遵循体系化的观念，形成知识的互补，并促进不同学科知识的发展和知识体系的重构。以古典政治经济学的形成为例，其正是因为法理学家、哲学家和经济学家的集体智慧才发现了支配人类经济生活的“看不见的手”，从而使他们运用了新的方法来研究财产权利、财富以及权力的演化。经后人考证，亚当·斯密仅仅在《国富论》一书中有限的地方采用了“看不见的手”（invisible hand）这一词汇。至于亚当·斯密本人是否就认为存在一个客观的由“看不见的手”支配的市场，仍存疑问。但经过后世学者从法学、哲学、经济学和心理学等多个层面予以发展，才形成了今天广为流传的“看不见的手”的市场理论。在德国，社会或“国家”科学的研究方法从理论性和法条化开始向实践性、经济性和统计学的方向转变，其主要原因在于传统的自然法理论与财政科学的结合，这一转变也导致了“国民经济学”的产生。而社会学方法和统计学方法的引入，使法律规则也越来越具有实证性。通过学科划分，各科学者能集中研究本领域问题，凝聚最大的共识，从而促进各科知识的发展。在现代社会，法律在社会治理、公司治理的实践中已渗入社会生活的方方面面。哈贝马斯说，这是法律对人类生活的“殖民化”。但为此，也导致了法律很难和其他的学科截然分离。

虽然我国法学研究在30多年来已经初步呈现出了一片繁荣的景象，但近些年来，有标志性的精品并不多。这在很大程度上与法学学科内部以及法学学科与其他学科之间的森严壁垒有很大的联系。例如，美国多位诺贝尔经济学奖获得者，如科斯等人，其成就就在于从经济学角度提供社会政策建议。诺贝尔奖获得者贝克尔（G. Becker）认为：既然经济活动是人类最基本的社会活动之一，人类在这个领域所形成的思维和行为方式可能扩散到其他活动领域，因此可以采用经济学的方法研究犯罪、家庭、婚姻、人口、种族歧视等法学问题。更值得注意的是，这些经济学知识后来在法学领域得到了很好的嫁接。波斯纳也曾对美国的几乎全部法学领域进行了经济学的重构，从而促进了法经济学的发展。但在我国，法学和经济学之间的交往甚少，法学界也很少运用经济学的方法来探究法律现象。再如，法社会学是在19世纪末期兴起于欧洲大陆，并随后在北美地区逐渐扩展的一门社会科学。但在我国当前的法学研究中，法社会学研究的方法并没有引起高度的重视。尤其是法学理论界不太重视通过社会调研等经验研究等方法来论证法律规则的需求、使用效果等问题。这也使得大量研究缺乏实证的支撑，并在说服力上有不少欠缺，甚至影响了整个法学学科的发展。在研究的实践操作中，由于法学者通常缺乏必要的数据分析知识，或者难以掌握定量分析的技巧，或者不能妥当处理定量和定性分析之间的关系，导致对某些具体问题的探讨，不仅没有正常的说服力，反而会出现明显的瑕疵和缺漏。从今后的发展来看，法律经济学、法律伦理学、法律社会学、法律心理学、法律人类学、法律与文学、法律与宗教、法律的性别分析等甚至有分别成为独立学科的趋势。而法学也可能与一些文艺、体育和卫生等各个领域发生知识的交流与融合，并形成所谓的卫生法、药品法、体育法、金融法等研究课题。这也客观上要求法学对其他学科开放，打破学科划分疆界，法学要广泛汲取其他学科知识的观念和行动。

朱苏力教授指出，一个学者如果忘记了生活本身提出的问题，而沉溺于某个学科的现有的定理、概念、命题，那么就不仅丧失了社会责任感，而且丧失了真正的自我，也丧失了学术。这一观点是值得深思的。要达到知识融合的目的，各科学者绝对不能将自己学科知识视为“饭碗”和“私域”，以限制法学学科之间的交流。要改变这种现状的途径无他，只能借助研究者超越学科樊篱的实际行动，促成与其他学科的对话，积极借鉴其他学科的研究成果，综合可用的学科知识和方法，以尽可能扩大学术眼界。其实，如果研究者有真挚的学术责任心和可能的学术能力，在学术研究中不难发现，在学科已然刚性区分的基础上，再将自己封闭在更狭小的学术空间中进行研究，总会有自缚手脚的感觉。一旦如此，就不如挣脱学科束缚，以学术为公器，跨学科或交叉学科来研究法律现象。当然，这样的研究不是学者一时兴起的产物，只有发现并解决现实存在的问题，并且综合运用各种学科的研究方法，才有可能跨越学科界限，用开放的视野对待学术问题，促进学科知识的交流和融合。

法学与其他知识，以及法学内部的知识融合，不仅会给法学研究带来新的生命力，也将对我国法学教育产生深远的影响。在我国传统的法学教育中，各种学科划分使得教学的内容在很大程度上具有单一性。这就阻碍了学生去全方位认识我们的社会。而我国近来倡导的素质教育，其实在很大程度上是要求学生掌握基本的人文和社会科学知识，培养和陶冶青年人的人文情怀，树立他们的人文关怀理念。但此种素质教育并不单纯地限于法学学科的教育，而应当是一种融合各学科知识的教育模式。从这个意义上讲，只懂法律，而不了解其他社会知识的法律人是不成功的。今天，我国高等院校鼓励本科生选修其他学科的课程和学位，这无疑是必要的，也是素质教育的重要内容。

但学生仅仅将获得多个学位作为目的是不够的，更重要的是如何融会掌握和贯通各个学科的知识，学会运用各个学科的方法，并培养综合运用各种知识来观察和分析社会现象的能力。比如说，一个公司的法务经理，如果他仅仅懂法律而不懂会计，则常常遇到许多麻烦，他不知道合同中涉及的财务安排是否正确，而且对财务的监督就很难进行，因为他无法看懂公司的财务报表。所以，公司法和会计知识也是无法分割的。

可以肯定地说，只有融合不同学科的知识，法学才能因循时势发展，从现实问题中把握理论价值，将形而上的理论研究和具体的制度研究完美结合，进一步完善既有的理论体系和制度构造，将法律现象和问题处理得更到位，为法律和法学动态而稳定发展作出应有的贡献。

（作者单位：中国人民大学）

行政赔偿专题

行政赔偿案件中的当事人举证责任探究

刘德敏　陈桂生

行政诉讼中一般由被告负举证责任，即行政机关应当提供作出被诉行政行为的证据和所依据的规范性文件，如果不提供或无正当理由逾期提供证据，视为没有相应证据。但是，对于行政赔偿案件，《行政诉讼法》第三十八条第二款规定，原告应当对行政行为造成的损害提供证据。因被告的原因导致原告无法举证的，由被告承担举证责任。为什么对于赔偿案件，行政诉讼法规定了不同于一般行政案件的举证规则？为什么很多案件中，行政行为被撤销或被确认违法之后，原告提出的行政赔偿请求却无法得到法院支持？原告在这类案件中，如何去完成法定的举证义务？被告又应当在哪些情形下承担举证责任？这些问题的解答，需要我们对《行政诉讼法》第三十八条第二款和《最高人民法院关于适用〈中华人民共和国行政诉讼法〉的解释》第四十七条的规定有一个全面、准确的理解。本文中，笔者通过典型案例分析，对行政赔偿案件中原、被告双方的举证责任分担问题进行了深入探讨，以期为此类案件的审理提供一些有益的参考。

一、行政赔偿案件中原告负担部分举证责任的理由及其性质

1. “谁主张、谁举证”

《行政诉讼法》和《最高人民法院关于行政诉讼证据若干问题的规定》中都明确被告对作出的行政行为负有举证责任，主要原因在于：一是符合行政程

序的客观要求。行政程序要求行政机关遵循“先取证，后裁决”的基本原则，即行政机关必须在充分调查取证的基础上，才能根据查明的事实依法作出相应的行政行为，违反这一原则作出的行为就是违法的。二是符合行政法律关系的特性。行政法律关系中，行政机关处于主动的地位，其作出的行为一般无需行政相对人同意。因此，要求在行政程序中居于主动地位的行政机关承担举证责任是合理的。三是符合各方举证能力的情况。行政机关的专业性、权威性，以及作为行使国家公权力的代表，决定了其举证能力要远胜于普通的行政相对人。

许多行政执法中，只有行政机关才能掌握重要的事实材料，这也决定了由行政机关承担举证责任的科学性。由此可见，行政诉讼中，并不存在真正意义上的构成“举证责任倒置”，而是同样符合诉讼程序科学规律的“谁主张、谁举证”这一基本原则的。在一般的案件中，因行政行为的合法性是行政机关的主张，原告提出的诉讼请求并未超出行政行为范围，因此行政机关承担全部举证责任，但是在行政赔偿或补偿案件中，原告在针对行政行为提出诉求的同时，提出了赔偿或补偿的主张，那么，由原告对其该部分主张提供相应证据，是理所当然的。

2. 原告承担的是说服责任

有观点提出，其实在任何一个行政案件中，原告都会提出很多的证据，用以主张被诉行政行为的违法性，这也属于原告的举证责任，不仅仅在赔偿或补偿中原告才举证。这个问题涉及对于举证责任及其在行政诉讼中的理解。初期的举证责任概念是指提供证据的责任，但这无法解决各方均提供证据但仍然事实不明，及如何裁判的问题。于是，举证责任理论发展为与诉讼结果相连接，即无法完成举证责任的当事人需承担败诉的后果。因此，行政诉讼中被告承担举证责任，是指在各方当事人都提供了有关证据之后，案件事实仍无法查明时，应当由被告而非原告承担败诉的后果。

有的学者为区分原、被告在行政诉讼中举证行为的性质，进一步提出了英美法系的推进责任和说服责任在行政诉讼中运用的理念。推进责任，即当事人对自己的提出的主张提供证据，无需证明自己主张成立或对方主张不成立，只要证明自己主张可能成立或对方主张可能不成立，引起合理怀疑即可；说服责任，即当事人必须提供充分证据证明自己主张，并对这些证据加以解释和说明，使法庭能够相信其主张的成立，否则可能承担不利的裁判结果。二者的区别在于，推进责任可以根据证据证明的案件事实情况，在当事人各方之间移转，而说服责任则不能移转，始终为一方当事人所承担。

行政诉讼一般情况都是由被告承担说服责任，被告在无法证明自己主张成立时必然败诉。原告和第三人只承担推进责任，原告启动诉讼程序，当无法证明自己主张成立时只是存在不能否定对方主张的不利后果，即有败诉风险，但不必然败诉。但是，在特殊的行政赔偿案件中，原告“对行政行为造成的损害提供证据”这一举证责任属于说服责任，这与普通案件中原告的举证属于推进责任是完全不同的性质，对此必须有明确和清晰的认识。

二、赔偿和补偿案件中原告负担举证责任的范围

“原告应当对行政行为造成的损害提供证据”，这表明在赔偿和补偿案件中原告只是承担部分而非全部的举证责任，即只需要证明其因行政行为遭受的实际损害。具体包括以下证明义务：

1. 证明损害的存在及其程度

在赔偿案件中，原告需要提供证据证明因行政行为遭受到的实际损害是什么，严重程度如何，这是《行政诉讼法》第三十八条第二款的最基本含义。

在伍某清等 29 名村民诉新兴县政府、新兴县东成镇政府土地行政征收及行政赔偿纠纷一案[①]中，原告起诉被告未经法定批准程序即征收和占用了其承包土地，请求判令被告赔偿因无法耕种水田造成的经济损失，同时还提出了土地上所种植林木的损失赔偿。对水田耕种的损失，原告提供了土地承包证。土地承包证中记有每名原告承包水田的具体亩数。二审法院判决确认被告征地违法之后，根据损失发生时上一年度省统计局年鉴统计数据中发布的早、晚稻年均亩产数量和省物价局等部门制定的稻谷最低收购价格，计算出原告水田种植每天的损失，再按照原告土地实际被占有的天数判决被告支付赔偿金。但对于林木损失，因原告并未提供林木种植面积、数量和具体损失情况等方面的证据，对于该项诉讼请求法院未予支持。对比原告的两个赔偿请求和相关证据可以看到，对于水田的耕种面积原告的承包证有清楚记载，而水稻的耕种数量可以根据权威部门的统计数据来确定，因此法院认定原告对该项诉请已经完成了说服责任；而对于林木的损失，原告无法证明具体的种植面积和

---

① 案例来源：广东省高级人民法院（2014）粤高法行终字第 734 号行政判决。

数量，因而是否存在实际损失无法查明，法院只能认定原告的说服责任未完成。

审判实践中，法院在判断原告是否完成对“损害的存在及其程度”的证明义务时，应当综合考量损害的性质、损害发生的可能性、原告诉求的合理性及其举证能力等因素，在个案中形成内心确信后，最终作出原告是否完成说服责任的判断。

2. 证明损害的发生是由于被告的行政行为（不作为）造成的

这是行政赔偿案件中较为复杂的难点问题——因果关系认定。原告需要证明两项内容：一是违法行为是被告实施的；二是其损失系因该违法行为所导致。在存在法律行为且因行政机关单一过错造成原告损失的情况下，该项证明责任的判断较为简单，在此不作探讨。值得研究的是以下问题：

第一，在违法行为属于事实行为的情况下，如没有书面强制决定的强制措施或强制执行行为，而被告又否认其是行为的实施者，原告如何举证？经过长期的审判经验积累，目前各地法院对在诉讼中被告否认其是强制行为实施主体的情况，已经形成了基本的判断规则：如果原告提供了初步证据，比如强拆现场照片、政府网站的宣传报道，被告及其职能部门曾就拆除行动发文，曾与原告进行过拆除事宜的协商等，这些“初步证据”能够形成较大的证明力，证明被诉强制行为系被告实施的，法院一般应当认定原告的主张成立，除非被告能够提供充分而有效的反驳性证据，或者有生效法律文书确认的事实，足以推翻原告的主张。最高人民法院在上海马桥酒店管理有限公司诉上海市闵行区人民政府行政强制案①中认为，起诉人在起诉无书面决定的事实行为时，只要能够提供初步证据证明事实行为存在且极有可能系起诉状所列被告事实，即应视为已经初步履行了适格被告的举证责任。该案中马桥酒店起诉时所提供的闵行区人民政府2010年征收土地公告等文件，已经能够初步证明闵行区人民政府在案涉土地周边地块进行征收，因而极有可能实施或者通过书面、口头等形式委托相关主体实施强制拆除，因此以闵行区人民政府为被告提起诉讼符合立案登记条件。

第二，侵权行为与损害发生之间因果关系的认定。行政赔偿构成要件中以因果关系的判断最具争议。行政法理论和司法实践中存在直接因果关系和间接因果关系的探讨。直接因果关系成立赔偿责任自不待言，间接因果关系

---

① 最高人民法院（2017）最高法行再102号行政裁定。

由于缺乏可操作的判断标准，因此二者对于裁判并无太多积极的指导意义。目前司法实践中普遍采取的是相当因果关系说。

相当因果关系包括两方面的内容，一是必要性，即认为只要违法行政行为（包括不作为）的存在是损害发生不可或缺的必要条件，就成立相当因果关系。违法行政行为属损害发生必要条件的案例，较好地体现在深圳发展银行股份有限公司深圳蛇口支行诉深圳市规划和国土资源委员会不动产抵押登记行政赔偿案中①。该案被告因其违法办理抵押登记，导致原告贷款无法收回而被法院判决赔偿原告贷款损失的30%，原告因没有认真审查借款人的资信情况和履约能力，没有严格审查用于抵押的《房地产代用证》的有效性，未按规定程序发放贷款并对贷款用途和使用情况进行监督管理等，被判决自行承担其余的贷款损失。

二是实质影响性，即认为违法行政行为（包括不作为）的存在实质上增加了损害结果发生的可能性，这种情形同样成立相当因果关系。典型的如陈某凤等诉蕉岭县公安局行政赔偿纠纷案②，该案中，蕉岭县公安局交通警察大队在处理一起因机动车侧翻，导致道路东侧无法通行的交通事故中，只在发生事故的道路东侧来车方向放置反光锥筒和减速慢行标志，引导车辆变更车道通行，却未在变道通行的西侧道路设置任何安全警示标志。原告的亲属徐某驾驶小轿车行驶到事故现场时，与从东侧车道分流到西侧车道通行的重型自卸货车发生碰撞，造成徐某当场死亡和车辆损坏，蕉岭县公安局交通警察大队认定事故双方当事人负同等责任。原告向蕉岭县人民法院提起行政诉讼，请求判令被告蕉岭县公安局赔偿因违法处理道路交通事故，引发二次事故致徐某死亡的各项损失差额共30余万元。法院终审判决认为，本案造成原告损害结果的原因具有多重性，一是货车驾驶员在借道行驶时未保持安全车速；二是死者徐某驾驶车辆观察不周，车速过快；三是蕉岭县公安局交警大队在徐某行驶方向（即西侧车道正常行驶方向）未设置警示标志，也无交通民警进行现场指挥，属未完全履行保障道路交通安全的法定职责。行政责任和民事责任的共同作用造成了原告损害结果的发生，考虑到被告交警部门未设置警示标志的行为是导致原告损害后果发生的间接原因，其作用只是提高了发生交通事故的风险，在判决确认蕉岭县公安局处理第一次交通事故存在

---

① 广东省高级人民法院（2012）粤高法行终字第22号行政判决。

② 广东省梅州市中级人民法院（2017）粤14行终53号行政判决。

违法的同时，酌定蕉岭县公安局承担原告损失30%的行政赔偿责任。

2018年制定新的《最高人民法院关于适用〈中华人民共和国行政诉讼法〉的解释》时，总结了各地审判经验，吸收了较为成熟的裁判规则，第九十七条规定了混合过错情形下，法院应当依据各方行为与损害结果之间有无因果关系以及在损害发生和结果中作用力的大小，确定行政机关相应的赔偿责任。第九十八条规定了因行政机关不履行、拖延履行法定职责导致原告损害，法院应当考虑该不履行、拖延履行法定职责的行为在损害发生过程和结果中所起的作用等因素再确定赔偿数额。这意味着审理行政赔偿案件的相当因果关系理论得到了立法上的确认。以"必要性"为基础，"实质影响性"为补充，构成了完整的相当因果关系理论，二者相辅相成，好像砖块和水泥共同构筑起的墙垣，能有效防止行政侵权赔偿责任出现漏洞，为行政相对人合法权益提供充分的救济。

三、被告拒绝承担赔偿或补偿义务的理由及举证责任

1. 被诉行为非被告实施

审判实践中存在这样的情况：有的地方政府或其职能部门实施强制拆迁、拆除行为后，为逃避责任，在相对人不服提起诉讼时，矢口否认其曾作出过强拆行为。如在陈某诉廉江市政府和市水务局行政强制纠纷中①，廉江市人民政府及职能部门先后发布通知，要求对江洲围堤坝保护范围内的鱼塘、虾塘、水沟等设施和财物自行清理，并告知了逾期不清理的后果。陈某作为虾塘经营人在未获得合理补偿的情况下，未按通知要求自行清理虾塘。后陈某的虾塘被强制清除，但在诉讼中市政府和市水务局均否认自行或委派任何单位或个人对陈某的虾塘进行过强制清理，并称不知道谁是清理者。类似情况相继在江门、揭阳、云浮等地出现。为了解决被告"敢做不敢当"的问题，广东高级人民法院在2012年专门向广东省人民政府提出有关"进一步狠抓对各级政府的依法行政宣传教育，增强基层政府依法行政的意识，提高依法行政水平，带头维护社会诚信"的司法建议②。

应当说，最高人民法院在马桥酒店公司诉闵行区人民政府行政强制案中

---

① 广东省高级人民法院（2012）粤高法行终字第33号行政裁定。

② 广东省高级人民法院（2012）粤高法建第18号司法建议。

采用的是“推定”的责任认定方式，即在现行法律和法规仅规定政府及其职能部门具有征收房屋、收回国有土地使用权及强制拆除合法建筑的职权，而民事主体或基层群众自治组织并无实施强制拆除权力的情况下，被告如确实未实施被诉的行政强制行为，就必须提供充分有力的证据不让法院的“推定”成立，否则，被告将可能被推定为实施强拆的主体，并承担相应的赔偿责任，这也是行政诉讼法保护行政相对人合法权益宗旨的凸显。

2. 原告的损失不属于合法权益

“任何人不得从自己的违法行为中获利”是基本的法律原则。国家赔偿法明确规定，只有行政相对人的合法权益受到损失时，侵权机关才承担行政赔偿责任，这并不难理解。实践中的难点在于，如何辨别原告遭受的损失中哪些属于合法权益，哪些并非合法权益不应受到保护。对此问题，最高人民法院第一巡回法庭在（2018）最高法行申952号行政裁定中的意见可作参考：“因野蛮强拆造成违法建筑物内当事人合法物品损失的，或者造成可回收再利用的建筑材料合法权益损失的，行政机关应当依法承担行政赔偿责任。”最高人民法院的裁定非常精细，将违法建筑物本身与建筑物内的物品，甚至建筑材料都作了区分。行政执法行为作用的对象只能是相对人的违法行为及其后果，否则就属于“超越职权”的范畴，将承担败诉的责任。在上述案件中，被告的强拆行为不仅施加于违法建筑物本身，还损坏了原告的其他财产。不少案件中，虽然被告的行为被确认违法，但由于原告未能提供证据证明其存在合法权益的损失，因此其赔偿请求未获支持。

除上述外，被告拒绝承担赔偿或补偿义务的理由还有被诉行为并非职务行为或与执行职务有关的行为等，因此类情形较少，不再详述。

四、因被告的原因导致原告无法举证时的处理

如前所述，通常情况下，在行政赔偿案件中原告对自身损害的存在及其程度负举证责任。但是，实践中由于被告未依法履行行政强制的程序，导致原告无法举证的情况屡见不鲜。为此，《最高人民法院关于适用〈中华人民共和国行政诉讼法〉的解释》第四十七条第一款规定：“根据行政诉讼法第三十八条第二款的规定，在行政赔偿、补偿案件中，因被告的原因导致原告无法就损害情况举证的，应当由被告就该损害情况承担举证责任。”第二款规

定："对于各方主张损失的价值无法认定的，应当由负有举证责任的一方当事人申请鉴定，但法律、法规、规章规定行政机关在作出行政行为时依法应当评估或者鉴定的除外；负有举证责任的当事人拒绝申请鉴定的，由其承担不利的法律后果。"第三款规定："当事人的损失因客观原因无法鉴定的，人民法院应当结合当事人的主张和在案证据，遵循法官职业道德，运用逻辑推理和生活经验、生活常识等，酌情确定赔偿数额。"

在笔者审理的古某诉清远市连南瑶族自治县政府行政强制违法及行政赔偿纠纷一案中①，被告为对当地肉菜市场进行升级改造，联合县公安局、工商局、综合执法局等单位对原告经营的蔬菜摊位进行了清场。在后来的诉讼中，原告主张其合法财产包括生姜、香芋等蔬菜，台称、电饭煲等物品，另有针线山水画，价值 15000 元，合计损失 52731 元。生效裁判认为，被告在原告未自行清理其遗留在摊位的财物的情况下，并未依据行政强制法的规定作出强制清拆决定，并书面通知催告原告履行，因此判决确认强制清拆行为违法。同时，由于被告未先行通知原告自行清理其摊位货物，清拆时亦未对原告的财物进行清点和登记保管，违反法定程序，该行为导致原告对其损失情况无法举证，应当由被告承担举证不能的法律责任。考虑原告经营的摊位面积仅为约 6 平方米，清拆前摊位遗留的物品主要是蔬菜、台称和电饭煲等物品，根据日常的生活经验，比照同行业其他经营者的经营规模以及参照购买同类物品的市场价格，酌定被告赔偿原告 5000 元。另外对于原告提出的其摊位上遗留有针线山水画，价值 15000 元的问题，法院认为因该山水画属于超出了普通人正常生活消费水平的贵重稀有物品，原告对其该项损失仍应当承担举证责任。因原告未能提供该贵重物品确实遗留在摊位上以及其相关价值的证据或线索，法院对其该项主张不予支持。可见，在酌定赔偿数额时，法院对原告提出的损失主张应当予以区分，具体要查考原告在当地的生活、生产情况，属正常生活消费水平及与原告工作性质有关的合理损失，通常应予支持，超出合理范围的，除非原告有证据证明，否则应不予支持，根据具体案情的权衡处理可以对原告最大限度地做到应赔尽赔，也能够防止少数原告虚报损失，保证国家赔偿法律制度的依法有效施行。

（作者单位：广东省高级人民法院）

---

① 广东省高级人民法院（2017）粤行终 850 号行政判决。

论行政赔偿制度中的司法权边界

江　悦

【摘要】 随着公民权利意识的不断提高，我国的行政赔偿制度也在不断发展中，司法能动性越来越明显，这是值得肯定的发展趋势。但是其中涉及的相关法律问题和分歧也日益凸显，不利于裁量尺度的统一。本文以行政赔偿审判领域的司法权为轴心，从司法权运行的两项基本原则即“司法最终原则”与“司法谦抑原则”出发展开研究，以求准确把握司法权的边界，形成符合制度特点与规律的审判思路，有利于统一裁判尺度。可以说，“司法最终原则”是为了确定司法权在程序上的终局性，有利于司法能动性的发挥；而“司法谦抑原则”则是为了从实体角度实现司法权的自我谦抑与自我克制，为司法权的能动空间提供内在的边界，在一定程度上实现行政赔偿诉讼程序中司法功能的平衡。

【关键词】 行政赔偿　司法最终　司法谦抑　合法权益　直接损失

行政赔偿制度有其自身的运行特点和规律，是独立于一般行政诉讼的法律制度，并且与确认行政行为违法的行政诉讼案件相比，行政赔偿制度更能直接地提供权利救济，填补公民受损的合法权益。随着行政赔偿案件数量与日俱增，其中涉及的相关问题亦日益突出。如果不进一步厘清行政赔偿领域的法律关系，不掌握行政赔偿制度的根本特点，那么我们将难以准确把握具体而微的审判思路与审判方向，也不利于统一裁量尺度。对法律制度的研究有众多的剖析面向，对于行政赔偿制度而言，法律关系并不多样复杂，但司法权的法律边界却是重要的研究角度：首先，行政赔偿的决定权同时跨越行政领域与司法领域，作为行政机关的赔偿义务机关在一定条件下可以先行作出赔偿决定，而赔偿请求人提起行政诉讼时一并提出赔偿请求，或者赔偿义务机关已经先行处理的，法院可以直接作出赔偿判决，这个问题涉及司法权的外部边界；其次，由于国家赔偿法规定的原则性与抽象性，司法权在“合法权益”“直接损失”等事实认定方面有一定的裁量空间，如何把控裁量空间的边界，涉及司法权内部的界限问题；最后，行政赔偿案件中还涉及司法权在专业领域的边界问题。古人云：“故常无，欲以观其妙；常有，欲以观其徼”。“徼”，即是“边界”之意，秉持“常有”的态度，才能观察到事物的边界。从制度价值角度说，行政赔偿制度旨在彰显对违法行政行为的惩戒，保护公民、法人以及其他组织的合法权益，同时行政赔偿制度又镶嵌在国家赔偿制度的整体之中，需要确保制度的良性运行，保障国有资产在行政赔偿中合理合法地分配。上述制度价值的实现，需要明确司法权在行政赔偿诉讼中的运行状态，因此本文将以行政赔偿审判领域的司法权为轴心，从司法权运行的基本原则角度出发展开研究，以求准确把握司法权的边界，清晰认识行政赔偿的制度特点，以形成符合制度特点与规律的审判思路，有利于统一行政赔偿诉讼中的裁判尺度。

一、“司法最终原则”的适用

“司法最终原则”也称司法最终解决原则，学界对它的定义尚未形成一致的认知，但是无论何种理解，其最终结论基本一致，即司法是权力救济的最后一道防线。对该原则的价值学界亦有共识，一般认为该原则的价值

在于保障司法权的终局性和公众权利救济的必然性[①]，旨在彰显司法的权威性。但“司法最终原则”在不同的司法政策下，以及在不同的诉讼制度中有着不同的适用样态。而“司法最终原则”如何在行政赔偿制度中具体体现，首要解决的是司法权与行政权之间的公权力划界问题。因为行政赔偿制度中同时存在两种公权力：作为行政机关的赔偿义务机关和作为司法机关的法院均可以对赔偿请求作出是否赔偿的决定，司法权如何在行政赔偿制度中体现出相对于行政权的优势，关系到“司法最终原则”的贯彻与落实。划界问题反映出的是行政赔偿制度下的权力架构，只有确切了解了这种权力架构的特殊性，才能真正理解司法权在行政赔偿制度中的定位与功能，才能在行政赔偿审判工作中准确运用司法权，妥善化解行政争议。此处的“行政权”

---

① 吴俊：《论司法最终解决原则》，西南政法大学2008年硕士学位论文。

并非指行政机关履行一般行政职责的权力，而是指赔偿义务机关根据《国家赔偿法》第九条之规定履行作出是否赔偿决定的行政职责。对于一个行政赔偿请求，究竟是由作为行政机关的赔偿义务机关还是由司法机关作出赔偿决定，相关的法律法规及司法解释都作出了较为明确的规定，总的原则就是赔偿请求人对于通过何种方式获得赔偿具有选择权，既可以选择由赔偿义务机关先行处理，也可以在申请行政复议或提起行政诉讼时一并提出。《最高人民法院行政法官专业会议纪要（一）》明确，已经通过行政诉讼程序确认行政行为违法的，当事人再行提起行政赔偿诉讼无需经过赔偿义务机关先行处理程序。可见，赔偿请求人对行政赔偿程序享有最基本的选择权。但这种选择权是一种程序启动权，赔偿请求人一旦选择了司法程序作为救济途径，那么"司法最终原则"应贯穿于行政赔偿诉讼程序的整个过程，它体现出的是司法程序的终局性，具体到行政赔偿领域而言，是对司法权与行政权在行政赔偿救济方面的权力分层，即两种权力在解决行政赔偿问题方面的程序、效力上是有区别的，从程序上说，行政行为被人民法院确认违法后赔偿请求人可以越过赔偿义务机关的先行处理程序，而直接进入司法赔偿程序，从效力上说，即使是赔偿义务机关对行政赔偿进行了先行处理，但从性质上说它仍然属于行政行为的一种样态，仍然可以继续接受司法权对其的合法性审查，而且一旦进入司法审查阶段，裁判结果将是终局性的，在一般情况下不应朝向行政程序回转。可见，无论是在程序上还是在效力上，司法权在解决行政赔偿问题方面都优于行政权。

虽然"司法最终原则"是被普遍接受的、符合社会认知的一般救济原则，但是这一原则在行政赔偿领域获得彻底的落实与贯彻，却经历了较长时间的不断检验与反思。特别是在各种形式的房屋拆迁赔偿案件审理中，对于究竟如何具体贯彻司法最终原则，各地法院一直以来持有不同的裁判观点。比如在国有土地上房屋征收类的行政赔偿诉讼中，对于房屋本身价值的赔偿数额，全国法院大体存在四种不同的裁判方式：1. 直接判令赔偿义务机关对所有损失作出补偿决定；2. 判令赔偿义务机关对房屋等损失作出补偿决定，对屋内物品损失等其他损失则直接作出判决；3. 判令赔偿义务机关就所有损失作出赔偿决定；4. 由法院在认定各项损失的基础上直接作出行政赔偿判决。前三种裁判方式在裁判理由部分存在一定的差异，有的只是对作出补偿决定或赔偿决定的总体原则进行了阐述，比如认为"行政机关在承担赔偿责任时应当秉持全面赔偿和公平合理的原则”，有的则更进一步，对作出补偿决定或赔偿决定涉及各项损失认定进行了具体的指导。在对损失范围的认定上各地法院也存在一定的差异，特别是在补偿范围与赔偿范围的关系上。可见，不同法院对上述问题存有不同的认知，其实，不论是由何机关作出何类决定，不仅仅是形式上的不同，背后实际上反映出的是对司法权与行政权的不同功能与定位，以及司法权与行政权边界的认识差异。

近年来这种认知上的差异获得了一定的厘清和统一，其中的代表是最高人民法院作出的（2019）最高法行申 8133 号行政裁定书，对司法最终原则在行政赔偿诉讼中的落实与实践进行了具体的阐释。合议庭成员曾专门撰文指出，“行政赔偿诉讼中坚持司法最终原则，行政赔偿争议无论经过何种途径，在当事人已经依照《国家赔偿法》的规定提出明确的赔偿请求、已经进入司法程序的情况下，人民法院应当对赔偿请求做出实体处理，不应再判决由赔偿义务机关先行作出赔偿决定，使赔偿争议又回到行政途径。”该文对在行政赔偿诉讼中落实司法最终原则的原因予以解释，包括司法最终救济居于整个救济体系的中心；尽量减少当事人诉累，实质性化解行政争议。上述解释无可争议，也的确与新行政诉讼法实质性解决行政争议的宗旨相契合。但是具体到行政赔偿诉讼，需要落实司法最终原则的更深层次原则在于，司法权与行政权在解决行政赔偿纠纷中的功能与定位不同。

具体而言，修改后的《国家赔偿法》改变了以违法原则为单一归责原则的模式，确立了一种“多元化的归责体系”，即以违法原则与损害结果原则相结合的归责原则[①]，可见，行政赔偿制度从性质上看，不仅具有填补损害的功能，还具有对违法行政机关的惩罚性质。正是由于这种惩罚性质，使得行政赔偿制度区别于行政补偿制度，同时，与作出违法行为的赔偿义务机关相比，唯有处于中立地位的司法机关才能真正体现出行政赔偿制度的惩罚性。这就为“司法最终原则”在行政赔偿制度中的落实提供了坚实的理论和法律基础。司法最终原则在行政赔偿诉讼中的适用，不单纯体现于司法程序的优先性与终局性，更是体现于司法权在解决行政赔偿纠纷中的重要优势。而这种优势从另一个角度看，可以理解为司法权对赔偿义务机关违法性具有其特有的惩罚功能。

---

① 谷盛霞：《论行政赔偿的处罚性质》，载《法制博览》2015 年 4 月（下）。

但司法权的上述优势并非天然获取，它需要结合个案的案情，并经过司法实践的不断反思与经验总结，才能逐步得以全面展示。具体到国有土地上房屋征收类行政赔偿诉讼，赔偿义务机关一般倾向于以补偿替代赔偿，但这种赔偿方式却难以体现出行政赔偿制度的惩罚性，存在变相支持违法征收房屋行为的嫌疑。在此情形下，需要司法权超越行政权的自我封闭性与自我维护性，一方面，在实体上对当事人的损失赔偿，要填平补齐其受损的财产权利，确保其在同等条件下获得不低于其他被拆迁人所享受的拆迁安置补偿利益，“直接损失”的范围可以扩大至补偿安置方案应当获得的搬迁费、临时安置费、停产停业损失等，从而对当事人作出公平合理充分的赔偿，另外法院还需要考虑当事人因长期权利救济程序而产生的实际损失，具体体现在房屋的升值空间上，这就需要通过调整评估时点的方式予以实现；另一方面，在程序上，仅在行政机关已无先行作出行政判断的空间或者赔偿内容的事实、证据和依据尚不明确的情形下，法院才能判决被告在一定期限内作出赔偿决定，《最高人民法院行政法官专业会议纪要（五）》中的第5点也体现了上述观点，虽然该观点从一个侧面体现出了行政赔偿诉讼中“司法最终原则”适用的有限性，也即司法程序朝向行政程序的有限可逆转性，但对该观点的正确解读应从另一侧面去展开，即司法最终是原则，程序逆转是例外，司法权应尽量限缩行政权的裁量空间，最大限度以及最高效率地保障赔偿请求人的合法权益。

可以说，在行政赔偿制度中坚持“司法最终原则”，是凸显行政赔偿制度惩罚性的必然要求，也与实质性化解行政争议的根本宗旨相吻合。与后续若干司法原则相比，“司法最终原则”是底色，是把控行政赔偿案件审判方向的基本原则。同时，坚持“司法最终原则”，也有利于促进行政赔偿协调、调解程序的规范化，推动行政机关依法积极有效履行赔偿职责。

二、“司法谦抑原则”的适用

司法谦抑，也称司法克制，是指司法机关在裁判案件的过程中，应当隐忍、克制行使司法权力的冲动，尊重社会自身的净化作用，尊重包括行政机关在内的其他国家机关在法律规定的裁量权范围内行使权力的方式、幅度的选择权和决定权。司法谦抑原则最早由刑法学界提出，后被宪法、行政法学界借鉴[1]。“司法最终原则”要求法院不能拒绝裁判，在必要情况下司法权应积极地有所作为，从而作出终局性的判断，但是“司法最终原则”的贯彻也不能违背司法权的谦抑性，只有坚持谦抑性，才能在裁判中真正实现司法作为最终解决社会矛盾途径和渠道的权威。由于在行政赔偿案件的审判中，司法权的能动性较强，裁量空间较大，如何实现裁量结果的社会可接受度，就需要司法谦抑原则进行平衡，这关系到司法公信力的构建。本文的“司法谦抑原则”主要强调的是在行政赔偿诉讼中司法权应秉持自我谦抑的态度，其中含义丰富，包括了司法权在举证责任配置规则中的中立地位、在相关事实认定中的审慎态度。该原则主要体现在以下三个方面：

（一）举证责任配置原则

举证责任的配置问题，从微观角度看，关涉当事人各方对事实认定需要承担的责任与后果，但如果进一步从宏观角度看，还关涉司法权的边界，特别是在待证事实无法查明的情况下司法权的裁量空间问题。

行政赔偿领域最基本的举证责任配置原则是“谁主张，谁举证”。《行政诉讼法》第三十八条第二款规定，在行政赔偿、补偿的案件中，原告应当对行政行为造成的损害提供证据。《国家赔偿法》第十五条规定，人民法院审理行政赔偿案件，赔偿请求人和赔偿义务机关对自己提出的主张，应当提供证据。《最高人民法院关于审理行政赔偿案件若干问题的规定》第三十二条则进一步规定，原告在行政赔偿诉讼中对自己的主张承担举证责任，被告有权提供不予赔偿或者减少赔偿数额方面的证据。对行政赔偿领域“谁主张，谁举证”的性质，究竟属于主观举证责任还是客观举证责任，并没有达成普遍的共识。笔者倾向于认为该原则同时涉及主观举证责任与客观举证责任：一方面，原被告双方应就各自的诉讼主张积极提供利己的证据，以免予不利的事实认定及败诉的后果，通常的行政侵权行为构成要件包括行为的违法性、损害事实、行为与损害之间有因果关系，因此，原告提起行政赔偿之诉，应对上述构成要件的事实予以举证，尤其是行为的违法性、损害事实这两方面事实应由原告负完全充分的举证责任，而且这种举证的证明程度达到优势证明标准即可，但对于行为与损害之间的因果关系，应由原告承担初步的举证

---

① 黄永维、郭修江：《司法谦抑原则在行政诉讼中的适用》，载《法律适用》2021 年第 2 期。

责任，否则就加重了原告的举证负担，而作为行政机关的被告则对上述构成要件的相反事实承担举证责任，主要是不予赔偿或者减少赔偿数额方面的事实，可以说，这是主观意义上的举证责任。另一方面，在待证事实处于真伪不明的状态时，由承担举证责任的一方承担败诉后果，这是客观意义上的举证责任。《行政诉讼法》第三十八条第二款亦规定，因被告的原因导致原告无法举证的，由被告承担举证责任。最高人民法院 2018 年发布的适用解释第四十七条第一款亦明确在行政赔偿、补偿案件中，因被告的原因导致原告无法就损害情况举证的，应当由被告就该损害情况承担举证责任。

可以说，上述条款是对“谁主张，谁举证”举证责任配置原则的例外规定，属于举证责任倒置的情形，这是基于行政赔偿司法实践而做出的法律调整，这里有两点值得注意：第一，举证责任倒置的前提条件是“因被告的原因导致原告无法举证”，其中的因果关系是需要强调的，同时对“原告无法举证”应从广义上理解，既包括完全的无法举证，也包括部分的无法举证，即无法全面举证。第二，在行政赔偿诉讼中适用举证责任倒置原则其实是存在一定的悖论的，比如在违法强拆房屋的行政赔偿案件中，如果行政机关在强拆程序中未对屋内物品制作清单，也未予以公证，那么在毁损屋内物品的情况下纵然适用举证责任倒置原则，法院也无法确定屋内物品的赔偿数额。这就说明一方面行政机关的违法行为容易导致原告无法举证，另一方面行政机关自己也无法举证，或者行政机关怠于举证，同时也因为自证违法本身不符合常情，适用举证责任倒置原则对确定最后的赔偿数额、保障原告的合法权益无济于事，这是在司法实践中产生悖论的根本原因。

如何破解上述悖论难题，需要进一步明确在适用举证责任倒置原则时的司法权裁量空间，即明确司法权在此类案件中的适用边界。

一般而言，在行政赔偿案件中适用举证责任倒置原则时产生的司法权裁量空间问题，具体表现在以下两种情形：第一，适用举证责任倒置情形下法院如何采纳原被告的证据；第二，即使适用举证责任倒置仍无法查明事实的情形下法院如何行使裁量权。在上述情形下为合理保障赔偿请求人的合法权益，需要充分发挥司法权的能动性，最高人民法院 2018 年发布的适用解释第四十七条第三款也明确赋予法官在确定损害数额方面的酌情裁量权及行使裁量权时应遵循的标准。但是鉴于在上述情形下往往原被告证据均有所缺失，司法裁量空间较大，因此有必要在发挥司法能动性的同时，适用“司法谦抑原则”予以衡平。

一方面，原告因为被告原因而无法全面充分举证，但对损害后果已承担了初步的举证责任，被告亦无法充分举证。对于这种情形，法院应首先基于“谁主张，谁举证”举证责任配置原则，对于能基本确定的事实部分予以认定；其次对原被告双方都未能充分举证的事实部分，基于举证责任倒置原则，由被告承担败诉的后果，但如何承担、承担的程度如何，则需要法院运用司法裁量权予以判断，可以结合考虑原告的举证、原被告双方的证据优势比较，以及具体案情、被告的过错程度，并结合生活常识与一般逻辑予以综合裁判，也就是说，司法裁量权的行使不能离开对双方证据的基础性分析，否则就违背了“司法谦抑原则”。

另一方面，对于原被告双方均无法举证，即使适用举证责任倒置原则仍无法查明事实的情形。在笔者审理或参加合议的少数案件中发现，确认行政行为违法相对容易，但行政赔偿数额的确定却极其艰难，因为行政机关的粗暴执法或由于违法行为发生历时久远，使得部分案件虽然有证据证明原告损失确实存在，但认定直接损失价值与数量的证据却严重缺失。笔者认为，需要区分情况进行分析：1. 如果原告证据缺失确实是因被告的原因所造成，那么由于被告怠于举证，即使适用举证责任倒置原则仍无法确认原告的直接损失，那么原则上被告仍应承担败诉后果，此时法院需要基于对类似情形的预估，对损失结果予以保守性酌定，举例如下，某行政机关违法拆除了A养殖场，但由于行政机关的原因A养殖场对其损失无法充分举证，且已丧失了评估的可能性，其仅能提供有关A养殖场建造质量、规模均优于B养殖场的证据，而被告行政机关仅能提供损失清单，在此情况下法院应通过对有限证据的质证与认证，基于被告提供的损失清单，对养殖场拆除时相关行政机关工作人员及村委会干部的询问，尽量还原当时的案情，从而确定以B养殖场的评估价作为基础（注：B养殖场与A养殖场属于同一时期建造的相邻养殖场，且拆除属于同一项目。有关B养殖场的拆除已有生效判决确认违法且予以行政赔偿），从而酌定A养殖场的赔偿损失。在适用举证责任倒置原则的情形下，由于被告行政机关存在主观过错，应承担败诉后果，因此法院不能因为证据缺失而拒绝裁判，而应基于有限的证据，根据被告的过错程度，通过询问等多种方式尽量接近事实，从而对原告的损失作出合理的赔偿。2. 如果原告证据缺失主要与其自身原因相关，而与被告行政机关的过错无关，如因为原告对证据的留存不当，那么法院就应根据“谁主张，谁举证”的基本原则进行裁判。

综上，在行政赔偿诉讼中适用举证责任配置原则时，虽然有司法的裁量空间存在，但首先应坚持“谁主张，谁举证”的基本原则，这是在行政赔偿案件中贯彻当事人主义的必要；其次我们应意识到，适用举证责任倒置原则时司法权的裁量空间也是有限的，对原告合法权益的倾向性保护也是有限度的，也必须通过裁判文书较强的说理逻辑，展现出司法权裁量的有理有据、合理合法，从而使司法权恪守谦抑原则，否则行政赔偿制度将异变为一项“慈善事业”。

（二）“合法权益”认定上的司法裁量

《国家赔偿法》第二条规定，国家机关和国家机关工作人员行使职权，有本法规定的侵犯公民、法人和其他组织合法权益的情形，造成损害的，受害人有依照本法取得国家赔偿的权利。可见，新修订的《国家赔偿法》确立了行为违法与侵权双重判断标准。合法权益受到侵犯是国家赔偿的要件之一。《最高人民法院关于审理行政赔偿案件若干问题的规定》第三十三条规定，被告的具体行政行为违法但尚未对原告合法权益造成损害的，或者原告的请求没有事实根据或法律根据的，人民法院应当判决驳回原告的赔偿请求。因此，在行政赔偿案件中判断合法权益是否受到损害，属于实体审查的范畴，是需要严格认定的事实部分，其与行政诉讼在认定原告资格时对合法权益的判断标准不尽相同。

可以说，行政赔偿诉讼中对合法权益是否受损的判断，关系到对是否应予赔偿以及直接损失的范围等关键事实的认定。但是对“合法权益”的认定，往往涉及行政机关对“合法性”的认定，特别是对违法建设的认定。那么行政赔偿案件中法院对“合法权益”的认定与行政机关对“合法性”的认定两者之间是何种关系，本文在中国裁判文书网中以“行政赔偿”“合法权益”为关键词搜索了最高人民法院相关案例，以与违法建设相关的行政赔偿为例，区分两大类情形去探讨司法权的裁量空间问题：

第一，在行政机关已通过行政程序认定违法建设且该行政行为未被确认违法的情况下，在作为被告的行政机关举证时，法院应对行政权的认定予以尊重，从而对原告的“合法权益”作出否定性的判断。可以说，这是司法谦抑性的体现。例如在最高人民法院（2020）最高法行赔申188号、（2020）最高法行赔申187号案均认为“关于建筑材料，案涉房屋被认定为违法建筑，构成该违法建筑的材料虽属洪奇生猪养殖合作社的合法财产，但建筑材料在拆除过程中无可避免地会受到部分损毁。而对拆除后的残存建筑材料，永川区人民政府并无职责进行清理、保管。故其要求对违法建筑的建筑材料予以赔偿的理由不成立”，在该案中，法院基于行政认定，对建筑合法性作出判断，该判断直接关系到建筑本身及其材料的赔偿问题。

第二，在行政机关未通过行政程序认定违法建设的情况下，法院应秉持“司法谦抑原则”，择适当的裁判时机作出是否赔偿的判决。笔者总结相关案例后认为，最高人民法院在如何认定涉嫌违法建设的“合法权益”方面主要有两种裁判方式：1. 司法权直接认定“违法建设”。主要适用于司法权基于有限证据能够直接判断建设存在明显违法性的情形，如“博兴县博昌办事处好佳综合超市、山东省博兴县博昌街道办事处城乡建设行政管理赔偿案”中，最高人民法院认为：“本案中，好佳超市系租用东伏村委会的集体土地所建，未办理或补办相应的土地使用手续及建设方面的规划许可手续，属于违法建设，违法建筑物、构筑物被强制拆除本身不属于国家赔偿的范围[①]。”2. 司法权避免正面直接判断“违法建设”，而是从证明因果关系[②]、合法权益的证据缺失[③]、非登记建筑应获补偿[④]等角度予以说理。主要适用于第一种情形之外的其他情形。可以说，后者占据的案例较多，前者则是少数个案，这说明司法权在认定合法权益的事实方面虽然存在较大的自由裁量空间，但都基本倾向于持较为审慎的态度。这与行政赔偿制度最大限度保障原告合法权益的宗旨相吻合。

（三）“直接损失”认定的司法裁量

行政赔偿制度虽然从根本性质上看，不仅具有填补损害的功能，还具有对违法行政机关的惩罚性质，但是目前这种惩罚性质在我国国家赔偿法律框架内并未得到充分和完全的体现，我国的行政赔偿制度仍停留在填补损害的

---

① 最高人民法院（2020）最高法行申1371号。
② 最高人民法院（2019）最高法行赔申1271号。
③ 最高人民法院（2020）最高法行申4367号。
④ 最高人民法院（2020）最高法行赔申280号。

基本功能之上，是通过填补损害的形式来实现对行政机关违法行为的惩罚。“我国国家赔偿法的赔偿，是对已经发生的损害的填补。第一，损害指的不是可能发生的损害，而是已经发生的损害；第二，对于国家，不支付惩戒性赔偿金，不赔偿可得利益，而是以对损害填平补齐为限。”[①] 同时，国家赔偿法中对“直接损失”的界定是抽象模糊的，根据最高人民法院在《关于在审判执行工作中切实规范自由裁量权行使保障法律统一适用的指导意见》（法发〔2012〕7号）中对法院行使自由裁量权的条件规定看，其符合“根据案件具体情况需要对法律精神、规则或者条文进行阐释”的情形。因此，司法的裁量空间主要围绕对“直接损失”的判断而展开。

由于相关法律除若干举证责任原则的规定外，对于法院在行政赔偿领域的酌定司法权是没有过多规制的。近年来，行政赔偿诉讼中的司法裁量权在不断实现自我突破，特别是“直接损失”的内涵呈现不断扩大的趋势，这一点尤其体现在最高人民法院近年来对房屋等私有财产的征收相关判决中，如认为在正常征收补偿程序中依法和依据当地征收补偿政策应当得到的利益损失，属于直接损失的范围，其中不仅包括正常征收中的房屋价值、搬迁费等，还包括奖励费，对于房屋价值的评估时点则按照判决生效后行政机关作出赔偿决定时点的案涉房屋类似房地产的市场价格为基准确定。典型代表为《最高人民法院公报》2018年第6期的许某云诉金华市婺城区人民政府房屋行政强制及行政赔偿案。最高人民法院认为，要最大限度地发挥《国家赔偿法》在维护和救济行政相对人的合法权益方面的功能与作用，对《国家赔偿法》第三十六条中关于赔偿损失范围之“直接损失”的理解，就不仅包括既得财产利益的损失，还应当包括虽非既得但又必然可得的财产利益损失，才符合国家赔偿法的立法精神[②]。在部分案例中，直接损失甚至包括以同期贷款利率计算的补偿款利息。可以说，这种扩展性的解释与相关的司法解释存在一定的冲突[③]，但这也从侧面说明法院正力图通过对“直接损失”的内涵扩展，来实现对违法行政行为的惩戒，从而增强行政赔偿制度在促进依法行政方面

① 肖峋主编：《中华人民共和国国家赔偿法的理论与实用指南》，中国民主法制出版社1994年版，第238—239页。

② 参见最高人民法院（2018）最高法行再163号。

③ 《最高人民法院关于审理民事、行政诉讼中司法赔偿案件适用法律若干问题的解释》第十二条第二款即规定，财产不能恢复原状或者灭失的，应当按照侵权行为发生时的市场价格计算损失。

的功能性。

笔者赞成法院在行政赔偿制度中的上述裁量权扩展趋势，因为这是符合社会发展方向的。但需要注意的是，在国家赔偿制度的基本功能中，损害填平补齐是第一位的，惩戒性功能是第二位的。在对“直接损失”的扩展性解释中，法院应根据《关于在审判执行工作中切实规范自由裁量权行使保障法律统一适用的指导意见》（法发〔2012〕7号）所确立的几项自由裁量原则，衡平行政赔偿制度的上述两项基本功能的关系：1. 合法原则。该原则涉及三个层面的内涵，第一，根据《国家赔偿法》的相关规定，赔偿范围仅限于“直接损失”，无论如何扩展解释，司法权也不能超越“直接损失”的字面含义。第二，“直接损失”应结合“合法权益”一并考量，即直接损失应属于具有合法性质的财产或人身损失，属于合法权益的范畴。第三，对“直接损失”的事实应在行政赔偿诉讼法定举证责任原则的基础上予以认定。2. 合理原则。法院在认定“直接损失”时应充分考虑公共政策、社会主流价值观念、社会发展的阶段性、社会公众的认同度等因素。3. 公正原则。该原则与“司法谦抑原则”紧密相连，旨在防止司法权在裁量中的偏颇。4. 审慎原则。该指导意见要求法院严把案件事实关、程序关和法律适用关，注意司法行为的适当性和必要性，努力实现办案的法律效果和社会效果的有机统一。由于大量的房屋违法征迁行政赔偿案件中虽然仅涉及部分房屋所有权人，但是项目涉及的实际所有权人数量不少，以及签订征补协议的人也为数不少，因此，法院不能仅考虑个案的赔偿数额，还应统筹考虑个案背后的社会效果，考虑同项目其他被征收人的平等性与公平性，过度的扩展性解释可能带来不良的社会效果。

“司法谦抑原则”是“司法最终原则”的重要补充，并非对行政赔偿案件审理中司法能动性的否定，而是对司法权能动性的抑制和衡平，旨在促进行政赔偿审判制度的长足发展。该原则不仅仅体现在上述三个方面，其实应该体现在审判的各个环节。

三、结语

“知止而不殆”。明确司法权行使的边界，是行政赔偿审判活动的第一要务。随着公民权利意识的不断增长，我国的行政赔偿制度也在不断发展中，司法能动性越来越明显，从保障公民合法权益的角度看是值得肯定的。但是司法能动性也在一定程度上带来了裁判标准的不统一，变动性较大，不利于司法裁量权的确定性和可预测性，亦不利于司法公信力的建设。虽然本文所明确的两项司法原则均是能够普遍适用于司法各领域，但是本文试图适用这两项原则，从程序与实体的角度对行政赔偿审判领域的司法权行使的边界予以规范："司法最终原则"是为了确定司法权在程序上的终局性，有利于树立司法权在行政赔偿诉讼中的权威，也与实现行政赔偿制度的填补损失功能及对违法行政行为的惩戒功能相契合；而"司法谦抑原则"则是为了从实体角度实现司法权的自我谦抑与自我克制，该原则应贯穿于行政赔偿审判的各个方面。可以说，前者有利于司法权能动性的发挥，超越行政权在行政赔偿程序中的局限性，而后者则为司法权的这种能动空间提供了可控的边界，从而实现了行政赔偿诉讼程序中司法功能的平衡。

（作者单位：河北省高级人民法院）

行政赔偿诉讼中酌定权的行使规则与风险控制

于元祝　周丽丽

【摘要】《最高人民法院关于适用〈中华人民共和国行政诉讼法〉的解释》（以下简称行诉解释）第四十七条第三款规定："当事人的损失因客观原因无法鉴定的，人民法院应当结合当事人的主张和在案证据，遵循法官职业道德，运用逻辑推理和生活经验、生活常识等，酌情确定赔偿数额。"法官在行政赔偿诉讼中可以酌情确定赔偿数额，行政赔偿诉讼酌定权由此宣告确立。赋予法官在特定情形下斟酌确定赔偿数额的权力，对破解财产损失"证明难""认定难"困局，维护原告合法财产权益，促进行政争议实质性化解等具有十分重要的意义。酌定权行使规则主要体现在审查启动条件、厘定酌定依据和要素、开展必要的调查核实以及确定赔偿数额等步骤和环节上。近年来，酌定权在行政赔偿诉讼中得到广泛运用，取得了一定预期效果，与此同时，不顾条件滥用酌定权、酌定过程缺乏有效参与、不注重调查核实以及酌定判决论理不充分等问题和风险也逐渐显现，制约了酌定赔偿制度功能的发挥。为规避上述风险，需要从理念、制度、操作层面切入，逐步树立酌定赔偿补充性观念，合理限缩酌定的损失类型和范围，进一步明晰酌定权行使条件，完善法官主动调查核实程序，优化庭审结构和文书布局，加强赔偿判决针对性说理，以此综合施策，促进酌定权规范有序运行。

【关键词】行政赔偿诉讼　酌定权　规则　风险　规制

行政赔偿诉讼是落实行政赔偿责任和解决行政争议的法定方式之一，在行政诉讼制度和国家赔偿制度体系中占据特殊地位。从法律规范和司法实践看，行政赔偿诉讼在证明责任规则等诸多方面与民事侵权赔偿诉讼存在共同之处，或者说，行政赔偿诉讼与民事侵权赔偿诉讼在制度设计理念上具有同源性，印证了“在国家赔偿制度的发展过程中，无论国家赔偿与民事侵权赔偿之间的关系如何变迁，国家赔偿制度始终没有脱离民事侵权赔偿制度的影响”的重要论断。[①] 在常规情况下，借助“谁主张，谁举证”的证明规则引导，违法行政行为造成的损害是可以查清的，赔偿的标准和范围是明确的，人民法院可以直接根据查实情况作出判决。但是，在一些特殊情况下，受当事人自身原因尤其是被告行政机关的违法行政影响，受损财物的程度和范围有时无法通过举证责任分配或评估鉴定等技术手段予以确定，引发行政赔偿损失“认定难”现象，导致行政赔偿诉讼往往陷入僵局。为破解上述难题，最高人民法院在总结行政赔偿诉讼实践经验基础上，通过在司法解释中单列条文的方式，明确了人民法院在损失无法查清和认定时的处置规则。2018 年 2 月 8 日正式施行的《最高人民法院关于适用〈中华人民共和国行政诉讼法〉的解释》第四十七条第三款规定：“当事人的损失因客观原因无法鉴定的，人民法院应当结合当事人的主张和在案证据，遵循法官职业道德，运用逻辑推理和生活经验、生活常识等，酌情确定赔偿数额。”该规定标志着行政赔偿诉讼中法官酌定权正式设立。实践也证明，酌定权在行政赔偿诉讼实践中得到充分运用，最高人民法院也通过指导性案例方式对该项权力进行了确认。在第 91 号指导案例即沙某保等诉马鞍山市花山区人民政府房屋强制拆除行政赔偿一案中，生效判决阐明：“上诉人主张实木雕花床价值为 5 万元，已超出市场正常价格范围，其又不能确定该床的材质、形成时间、与普通实木雕花床有何不同等，法院不予支持。但出于最大限度保护被侵权人的合法权益考虑，结合目前普通实木雕花床的市场价格，按‘就高不就低’的原则，综合酌定该实木雕花床价值为 3 万元。”

应当承认，在行政赔偿诉讼领域设立酌定权，对应对和解决行政赔偿诉讼损失“认定难”起到了重要作用。但是，“一切有权力的人都容易滥用权力”，酌定权作为法官直接认定财物损失赔偿数额的一项特殊权力，牵涉原告切身利益，关乎国家赔偿金支付，同样具有恣意行使倾向，仍然存在被滥用的风险。因此，厘定酌定权运行规则，优化酌定权正当化行使配套措施，保证酌定权始终围绕行政赔偿诉讼目标展开，是行政诉讼理论和实践亟待回应

---

① 江必新：《国家赔偿与民事侵权赔偿关系之再认识——兼论国家赔偿中侵权责任法的适用》，载《法制与社会发展》2013 年第 1 期。

和解决的问题。

一、行政赔偿诉讼酌定权的确立价值与行使规则

（一）行政赔偿诉讼中创设酌定权的价值意义

酌定，即斟酌确定，蕴含权衡裁量之意。作为一项司法权力之酌定，其本质上属于司法裁量范畴，是“法官或审判组织根据自己的认识、经验、态度、价值观以及对法律规范的理解而选择司法行为以及对案件作出裁判的权力”。[①] 在行政赔偿诉讼领域赋予法官酌定权，具有重大现实意义：首先，克服赔偿诉讼举证规则固有缺陷。遵循侵权赔偿的举证规则，让当事人就其损失承担证明责任和败诉风险，在一般意义上具有普适性。但是，在受公权力侵害提起的行政赔偿诉讼中，原告不单是受害者，也是弱势方。当损害客观存在却又无法确切查明损害大小时，如果完全依照“谁主张，谁举证”举证规则，理应驳回原告针对该项损失的赔偿主张。而这个结果往往会引发法律道德危机，因为“法律必须符合道德，这是法律性质的一部分。法律有一个道德目标，当它不能满足这个目标的时候，法律就其自身而言就失败了。”[②] 酌定权恰恰赋予了法官酌情确定赔偿数额的权力，弥合了举证规则固有的缺陷。其次，促进行政争议实质性解决。实质性解决行政争议的基本要求是“行政诉讼程序终结后未再启动新的法律程序；行政实体法律关系经由行政诉讼程序获得实质处理。”[③] 行政赔偿诉讼是为了解决原告与被告行政机关之间深层次实体权益争议的法定渠道，行政争议及其引发的行政赔偿争议应当通过赔偿诉讼程序得以一次性地妥善解决。倘若仅因无法准确认定损失数额便对受损的权益主张弃之不顾，那就意味着该部分实体权益争议仍然未得到解决，矛盾仍然会爆发出来。将酌定权导入赔偿诉讼，赋予法官经合理裁量后直接认定赔偿损失的权力，一些难以确切证明的合理损失就能够得到支持，该部分争议会从根源上得以消弭。最后，提高行政赔偿案件审理效率。由于行政赔偿损失往往需要鉴定或补充调查核实，绝大部分行政赔偿案件难以在

① 江必新：《论司法自由裁量权》，载《法律适用》2006 年第 11 期。

② ［美］斯科特·夏皮罗：《合法性》，郑玉双、刘叶深译，中国法制出版社 2016 年版，第 504 页。

③ 王万华：《行政复议法修改与完善——以“实质性解决行政争议”为视角》，载《法学研究》2019 年第 5 期。

法定审理期限内结案，审理效率普遍不高。而通过运用酌定权，很多客观存在但又无法鉴定的损失直接由法官作出裁断，从而节省了大量的鉴定、补充调查等精力投入，提升了赔偿案件整体审理效率。

（二）行政赔偿诉讼中酌定权的行使规则

行政赔偿诉讼中酌定权的行使不是漫无边际的，必须在法律和司法解释规定的维度内运行。根据《行政诉讼法》第三十八条及其司法解释第四十七条规定，结合行政赔偿诉讼实践，酌定权行使规则大致体现为以下几个递进层面：

1. 审查酌定权启动要件

从规范角度分析，合议庭或者独任法官在审理行政赔偿案件中，同时具备以下条件的，才能够启动这项特殊权力，集中体现在："（1）原告合法权益受到损害且是由被告违法行政行为所致的事实已得到确认；（2）原被告都无法就损害数额提供确切证据；（3）对于各方主张的价值无法认定的，还需由负有举证责任的当事人启动司法鉴定程序；（4）法官已经依据当事人申请或依职权调查取证，但仍无法确定损害数额。"①

2. 梳理酌定依据，遵守合理方法

在满足条件的情况下，酌定程序正式启动，并由法官结合相关要素，按照规定的方法进行斟酌审查。法官开展酌定必须依据相应要素进行并依此框定范围和方向，根据行政诉讼法及其司法解释的规定，作为酌定依据的要素主要包括：原告针对损失提起的赔偿请求或主张，被告行政机关围绕损失发表的意见或提交的规范依据，原告和被告围绕各自主张和辩论所提交的证据材料，等等。上述要素共同为法官行使酌定权提供了基本依据，也限定了基本范围，如最高人民法院在（2015）行监字第105号宋某生诉河源市人民政府、河源市高新技术开发区管理委员会、河源市国土资源局源城分局、河源市源城区埔前镇人民政府行政赔偿申请再审一案中指出："……（原审法院）在宋某生提供的证据不能充分证明损失的确切项目，没有提供计算损失的依据的情形下，适用举证责任规则对上述损失项目予以全部认定，并基于客观、公平、合理原则，结合本案实际情况，以宋某生的主张为基础酌定了赔偿数

① 罗智敏：《行政赔偿案件中原被告举证责任辨析》，载《中国法学》2019年第6期。

额，并无不当。”

由此观之，法官不应抛开当事人赔偿主张、在案证据等要素径行开展酌定，否则可能构成恣意或妄断。由此延伸出，法官的职业道德和职业理性应当成为约束法官酌定（裁量）、表达法官对法律忠诚的重要依据。[①] 这也是司法解释强调酌定需要“遵循法官职业道德”的基本原因。另外，法官针对具体损失实施酌定还需要遵循科学合理的审查方法和标准，主要表现为逻辑推理、合理推定、生活经验以及生活常识等，运用这些方法和标准进行酌定，“不仅有利于使法律真实最大限度地接近客观真实，更有利于法官结合各方当事人主张、在案证据和行政机关致损过错、举证责任等因素，尽可能平衡各方权益，抚慰照顾被侵权人，化解实践中较为常见的突出矛盾”。[②] 同时，上述方法和标准也是检验、校对酌定结果正当性与合理程度的重要标准。当酌定结果明显与常理相悖时，说明酌定的要素、方法出现了纰漏，需要及时纠正。

3. 确定合理的赔偿数额

酌定权设定的目的是在审查损失的范围和程度的基础上得出明确合理的赔偿数额。酌定赔偿数额“明确合理”，旨在为法官提供两个层面的指引：一方面，酌定的赔偿数额应当是具体的金钱数字，不是提供一个供当事人选择的金钱数额范围，从而保证整个行政赔偿判决具有可执行性。另一方面，酌定的赔偿数额原则上应是一个具体整数，如“酌定洗衣机价值 3500 元”“酌定高清液晶电视 10000 元”“综合酌定室内物品损失 54000 元”等。当酌定的赔偿数额过度细化甚至精确到小数点后几位的时候，如酌定空调损失 2543. 25 元，这种酌定结果的出现，表明酌定权行使已经背离常理，丧失了形式合理性，因为在通常情况下，只有损失通过鉴定评估等技术手段才可能出现精确的赔偿数额。

---

① 陈金钊：《法官如何表达对法律的忠诚》，载《法学》2001 年第 12 期。

② 最高人民法院行政庭编著：《最高人民法院行政诉讼法司法解释理解与适用》，人民法院出版社 2018 年版，第 269 页。

综合法律和司法解释规定，结合以上分析，酌定权行使的“路线图”为：

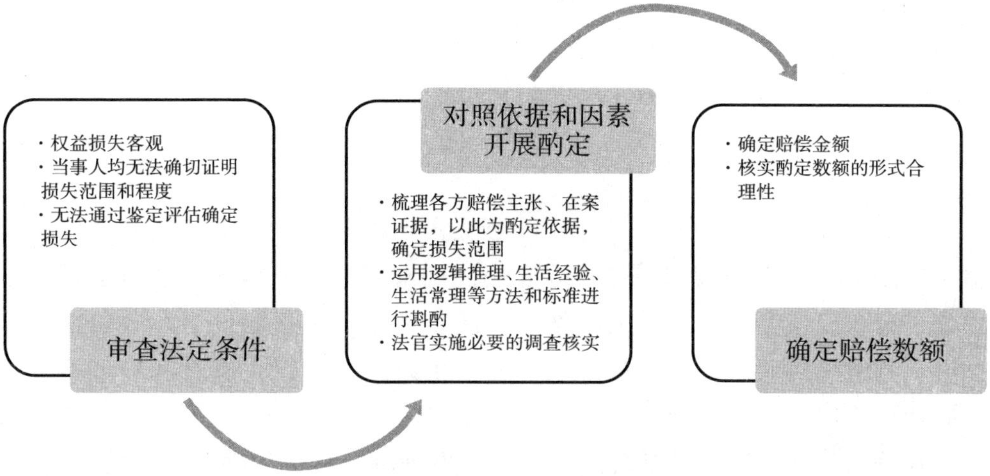

图 1　酌定权行使“路线图”

二、酌定权运行的实践状态与问题剖析

（一）酌定权行使的基本状况

2014 年，修订后的行政诉讼法对行政赔偿、行政补偿中举证责任分配作出界定，并未规定酌定权。从规范角度分析，酌定权的权源依据是《最高人民法院关于适用〈中华人民共和国行政诉讼法〉的解释》第四十七条第二款之规定，但决不能由此得出之前的行政赔偿诉讼不存在酌定的错误结论，恰恰相反，法官在行政赔偿诉讼中实施酌定的现象之前早已存在，且得到了充分运用。为了展现法官在行政赔偿诉讼中酌定权的行使概貌，笔者在“中国裁判文书网”中以“赔偿案件、行政赔偿一审、判决书、酌定”为关键词进行检索，共同检索到载有“酌定”字样的一审行政赔偿判决书 1696 份，即表明，在 2014 年至 2020 年 7 月 20 日间，行政审判法官至少在 1696 件行政赔偿诉讼案件中作出了实体酌定。详见表 1：

表1　一审行政赔偿酌定权行使的案件数量及所占比重（2014—2020年）

年份	2014	2015	2016	2017	2018	2019	2020	合计
酌定判决数量	4	3	96	196	379	809	209	1696
赔偿判决总数	66	353	1274	1986	2896	3590	773	10938
所占比重	6.1%	0.8%	7.5%	9.9%	13.1%	22.5%	27.%	15.5%

上述统计数据反映出，新行政诉讼法实施以来，尤其是《最高人民法院关于适用〈中华人民共和国行政诉讼法〉的解释》颁行以来，法官运用酌定权处理行政赔偿案件的数量大幅增加，法官行使酌定权已成为行政赔偿诉讼领域一种常见的司法现象，从一定意义上折射出酌定权在应对和处理损失无法确切计算和证明这一特殊情形中的价值和功能。

在分析上述赔偿案件基础上，还可以发现酌定权运行中的一些共性特征：

1. 需要酌定的案件种类相对集中

在上述统计案件中，94.2%的案件是因被告行政机关违法对土地房屋采取强制行为引发的，换言之，法官行使酌定权的赔偿案件主要集中在土地房屋征收（拆迁）领域，典型表现在，原告一方对其屋内动产损失难以提供充分的有说服力的证据加以佐证，被告行政机关一方也没有能够对相关动产进行及时的清点、封存、保管或评估，客观上无法确切核实违法行政行为所致室内动产的损失，此时，往往需要法官进行酌定赔偿。

2. 作为酌定对象的损失类型较为稳定

法律和司法解释并未对法官行使酌定权的对象作出限制，也就是意味着，只要是因违法行政行为造成的原告合法财产损失，在无法确切证明情况下，法官都可以根据案件具体情况实施酌定，以确定的赔偿数额。但据统计情况反映，需要法官实施酌定的损失领域主要集中在室内物品和相关动产上，土地、林木、房屋以及其他附属设施、构筑物等不动产通常不存在无法证明损失的问题，因此，实践中，在这些领域因违法行政造成的损失通常不需要通过酌定来确定数额。

（二）酌定权行使中存在的主要问题

在肯定行政赔偿诉讼酌定权法律地位和价值作用的同时，也要全面分析酌定权运行实践，研究和解决酌定权运作过程中的问题。总体上看，法官在行政赔偿诉讼中行使酌定权的突出问题集中体现在以下几个层面：

1. 违反法定要件滥用酌定权现象时有发生

行政赔偿诉讼中赋予法官酌定的权力和职责，旨在应对和解决行政赔偿诉讼中一些特殊情况。法官行使酌定权还需要符合法定条件，欠缺条件的，不得擅自行使酌定权。但实践中，法官不讲条件、不分情况实施酌定的现象时有发生，严重违反酌定权设定和运行规则，导致权力的恣意和滥用，侵蚀行政赔偿法定性的制度根基。[①] 例如，在原告宋某芹诉天津市北辰区宜兴埠镇人民政府房屋拆迁行政赔偿一案中，原告宋某芹持有坐落于天津市北辰区宜兴埠镇华安里××号房屋的《国有土地使用证》，该土地使用证载明：土地使用者宋某芹，地址天津市北辰区宜兴埠镇华安里26号，用途住宅，用地面积119.3平方米，其中建筑占地面积108.8平方米。2013年9月30日，上述房屋被天津市北辰区宜兴埠镇人民政府强制拆除，该强拆行为经人民法院生效行政判决已确认违法。宋某芹据此向天津市北辰区人民法院提起行政赔偿诉讼。

天津市北辰区人民法院经审理认为，关于房屋价值部分的赔偿数额。原告房屋用途为住宅且已灭失，尚无鉴定机构能够对其市场价值进行评估鉴定，其市场价值应当参考按照其所处区位的新建普通商品住房市场价格进行确定，在综合考虑原告房屋的建设年代、地理位置、房屋结构、市场行情等因素酌定原告房屋的市场价值为23000元/平方米，被告应给付原告房屋损失赔偿金的数额为2502400元。关于搬迁和临时安置补偿部分的赔偿数额。原告已经使用被告提供的周转用房过渡，被告应当参考按照《北辰区城中村拆迁安置补偿办法》第十三条的规定，按上限向原告支付搬迁费1100元。

原告自述被告已将两台摄像机向其返还，却未能提供证据证明两台摄像机是否损坏以及损坏程度等情况，故对原告提出“摄像机2台”的赔偿项目不予支持。原告主张其于2000年之前花费20万元进行装修，不符合一般家庭实际情况，且装修完成之日至房屋被拆之日的时间间隔已经超过13年，综合考量使用年限、装修折旧等因素，酌定装修损失费为7000元。原告主张其屋内物品损失为587.359万元。被告自2010年起在宜兴改造工作，原告在知晓其房屋即将拆迁的情况下，仍将大量非日常生活所必需的贵重物品放于屋

① 行政赔偿是国家赔偿的基本形态之一，在归责原则、赔偿项目和范围、赔偿标准、赔偿程序等方面均由国家赔偿法直接作出规定，法定性是行政赔偿的首要属性和基本特征，与酌定赔偿存在明显差异。

内，明显有悖常理，故对原告提出“现金10万元、金镯子、玉镯子、白金耳环、白金项链、黄金项链、金牌、玉挂链、黄金耳环带钻、翡翠戒指、老怀表、蜜蜡、明朝黄花梨四脚八叉凳子、老太太花枕头藏、珍珠项链、青花瓷小碗、猴票、石镜子、翡翠项链、如意、40年榆树、老花瓶、盆景银杏树、老玉镯、香椿树、红木佛珠、墨玉佛珠、齐白石弟子宋志忠字画、水獭大衣、貂皮马甲、齐白石弟子宋志忠刻的印章”的赔偿项目不予支持。

依据《国家赔偿法》第三十六条第（八）项的规定，侵犯公民财产权造成损害的，按照直接损失给予赔偿，故对原告提出“家庭电话初装费、宽带初装费、含电1800度”的赔偿项目不予支持。经过网络询价，综合考量房屋面积、空间容量、物品损耗折旧等因素，酌定“万年历挂表1块”价值为300元、“安利洗发水、洗衣液、洁洁灵1套”价值为260元、“磁卡表4块”价值为760元、“窗帘”价值为1500元，对损毁物品清单中其他赔偿项目予以支持。综上所述，原告的装修损失费为7000元、物品损失费合计为34150元。综上，一审法院判决被告天津市北辰区宜兴埠镇人民政府给付原告宋某芹房屋损失赔偿金2502400元、搬迁费1100元、装修损失费7000元，物品损失费31450元；驳回原告宋某芹的其他赔偿请求。

宋某芹、天津市北辰区宜兴埠镇人民政府均不服，提出上诉。天津市第一中级人民法院经审查认为，宋某芹诉请天津市北辰区宜兴埠镇人民政府赔偿因违法强拆给其造成的经济损失，一审法院综合考虑宋某芹房屋的建设年代、地理位置、房屋结构、市场行情等因素，直接酌定房屋的赔偿标准，缺乏事实依据，属主要证据不足，而且对屋内的物品种类、数量及赔偿范围亦应全面审查。根据以上分析，天津市第一中级人民法院作出生效行政赔偿裁定：撤销一审赔偿判决，发回重新审理。①

上述案件中，从被拆迁房屋的赔偿标准到室内物品损失的种类、范围和价格，均由一审法院酌定形成，酌定权在运作范围上几乎覆盖了原告的全部赔偿诉讼请求。但是，酌定权行使需要具备法定条件，“行政赔偿金额酌定只能适用于无法根据举证责任分配来确定举证责任的案件。”② 损失可以通过举

---

① 一审案号：天津市北辰区人民法院（2017）津0113行赔初8号；二审案号：天津市第一中级人民法院（2018）津01行赔终64号。

② 江勇：《土地征收行政赔偿数额的判定》，载《人民司法》2019年第17期。

证责任规则或评估鉴定等技术手段得以确切证明的，便不存在酌定的空间。该案中，原告提起赔偿诉讼时房屋虽已经被拆除，但其提供的土地权属证书对土地性质、建筑位置（区位）、建设年代、建筑占地面积以及用途等均有明确记载，能够直接证明被拆除房屋的基本状况，客观上也为评估鉴定工作开展创造了基本条件，简言之，被拆房屋的损失情况是可以且能够通过举证规则得以确切查明的，涉案房屋的赔偿标准也是可以通过鉴定评估方式科学合理确定的。一审法院未能充分理解和把握酌定权的行使条件，直接对被拆迁房屋的赔偿标准进行酌定，属于自由裁量权滥用，这也是二审法院发回重新审理的主要理由。

2. 酌定权行使过程缺乏有效参与

让当事人有效参与酌定，是规范自由裁量权运行、保证酌定结果正当性的基本要求。《最高人民法院关于在审判执行工作中切实规范自由裁量权行使保障法律统一适用的指导意见》第八条明确规定，要充分尊重当事人的处分权，依法保障当事人的辩论权，对可能影响当事人实体性权利或程序性权利的自由裁量事项，应将其作为案件争议焦点，充分听取当事人的意见；要充分保障当事人的知情权，并根据当事人的要求，向当事人释明行使自由裁量权的依据、考量因素等事项。然而，由于法律和司法解释对酌定程序未作具体规定，在当事人难以针对损失进一步举证证明的情况下，法官通常不会过多地开展查证和组织辩论，庭审活动往往就此结束。即便法官在庭审结束后有针对性地组织开展调查、问询活动，调查、问询的结果也仅是作为强化法官心证的理由使用，一般不会再通过开庭、听证等方式公开征求当事人尤其是原告一方的意见，可以说，酌定赔偿的过程是封闭的，缺乏交涉性，当事人实质上无法有效参与到酌定程序之中，往往只能“静候佳音”。

3. 调查核实义务在酌定中未受到足够重视

《行政诉讼法》第四十条、第四十一条规定人民法院可以依职权或依申请调取证据，实质上赋予了人民法院调查核实有关案件事实的权力和职责。虽然法律和司法解释设立该项职权曾饱受质疑，但在一些特殊情况下，尤其在原告合法权益遭受违法行政行为侵犯，却又无法确切证明损失范围和程度情况下，基于保障原告合法权益和实现行政争议实质性解决的客观需要，应当允许并引导法官开展必要的调查核实工作，以辅助查明案件事实或者为赔偿标准确定提供较为客观的参考，从而实现个案处理上的实质公正。[①] 但是，实践情况远非如此，法官在酌定赔偿数额过程中开展调查核实的情况并不多见，而且调查核实的对象、方式和结果运用等方面仍不规范，调查核实的实际效果并不乐观，而且，如前所述，当事人几乎无法直接参与和融入调查核实环节，导致调查核实的结论不具有公开性，证据可采性大打折扣，进而制约和影响酌定权的实际运行效果。

4. 酌定赔偿判决论理不足问题突出

说理是裁判文书的灵魂，是集中展现法官司法智慧和裁判观点的平台，直接影响审判质量和裁判结论的可接受性。"酌定侵权赔偿额的核心是法官如何根据案件的实际情况，综合权衡相关酌定因素以确定赔偿额。酌定因素既是对法官酌定裁量权的限制也是指引，法官有义务在判决书中表明所考虑的酌定因素及其意义。"[②] 因此，在应然意义上，法官在撰写行政赔偿判决书时，有职责、有义务将酌定权启动原因、酌定考量因素、调查核实情况等交代清楚、分析透彻，以最大限度保证酌定结果的正当性。但从梳理掌握的情况看，赔偿判决书展现出的有关酌定理由集中在"物品已灭失，难以再行取证""原告所列赔偿项目明显有不合理之处""从有利于原告出发""在合理范围内确定"等字样或与此相类似的表述，对酌定的动因、当事人在案证据与主张、法官调查核实情况几乎未作涉及，更没有进行逻辑推理或生活经验分析，整个行政赔偿判决中涉及酌定权行使部分的说理明显不足，仍不能摆脱"'结构不合理''内容公式化''理由太简单''缺乏论证'甚至'裁判不说理'"[③] 的旧有窠臼，导致酌定结果难以获得当事人信服和接受，进而诱发大量上诉和申诉。

三、规避风险促进酌定权规范运行的思路

行政赔偿诉讼中酌定权运行发生偏差甚至异化，给该项制度深化和发展带来重大障碍，严重制约酌定赔偿制度功能的有效发挥，而究其原因，既有宏观指导理念的"越位"，也有中观制度体系的"缺位"，还有微观法律适用

---

① 黄学贤：《行政诉讼中法院依职权调查取证制度之完善》，载《苏州大学学报》2012 年第 1 期。

② 张家勇、李霞：《论侵权损害赔偿额的酌定》，载《华东政法大学学报》2013 年第 3 期。

③ 方乐：《司法说理的市场结构与模式选择——从判决书的写作切入》，载《法学》2020 年第 3 期。

的"错位"。应对和解决酌定权行使中出现的以上问题，应当着重从以下几个层面入手：

（一）理念层面

1. 坚持酌定赔偿的补充性地位

法定赔偿与酌定赔偿同属于核定和计算侵权赔偿损失的两种方式，前者往往为后者提供指引和限定范围，这种现象在侵犯知识产权赔偿诉讼中表现得尤为明显。[①] 行政赔偿是国家赔偿的组成部分，是典型的法定赔偿，其赔偿范围、归责原则、赔偿程序以及部分赔偿标准均由法律作出规定。法官在审理行政赔偿诉讼案件中应当贯彻法定赔偿为原则、酌定赔偿为补充司法理念，首先遵循国家赔偿法关于行政赔偿范围、项目、方式的规定，依法认定损失并作出赔偿；仅当损失无法确切证明且无法实施评估鉴定情况下，才可以结合有关要素开展酌定，不能为单纯追求审理效率而置原则于不顾，肆意扩大酌定赔偿适用范围，滥用自由裁量权力。

2. 合理限定酌定赔偿的损失对象

行政诉讼法及其司法解释未对酌定赔偿对象作出规定，从应然意义上分析，酌定赔偿可适用于因违法行政行为导致人身权、财产权等各种合法权益损失领域。笔者认为，法律没有设定酌定赔偿的对象，并不意味着所有赔偿事项或损失领域都适宜酌定。不加甄别地将酌定权运用到所有赔偿项目上是不可取的，也难以实现法律效果，立足审判实际，建议将酌定赔偿的对象范围作合理限缩，确立以室内物品等动产损失作为酌定对象。主要理由为：首先，由于国家赔偿法对侵犯生命健康权、人身自由的赔偿范围和标准已有明确规定，因此人身权遭受行政侵权通常不需要进行酌定。其次，统计数据也充分证明，酌定赔偿主要适用于违法行政行为侵犯财产权的情形，其中强拆房屋导致的室内物品等动产损失是最主要的适用对象。自 2015 年 5 月 1 日新行政诉讼法实施以来，最高人民法院共审结涉酌定权的行政赔偿案件 126 件，其中 97% 以上的赔偿案件是以室内物品等动产损失作为酌定对象的。最后，房屋等不动产的损失往往可以通过书证、物证、证人证言以及当事人陈述等证据审查确定，实践中完全无法查清房屋建筑年代、结构、面积等不动产基

---

① 黄晖：《知识产权法中法定及酌定赔偿数额的综合认定及举证要求》，载《知识产权》2016 年第 5 期。

本信息的现象极其稀少，至多是房屋用途上存在争议，而此问题属于法律定性问题，不属于酌定赔偿的范畴。

（二）制度规范层面

1. 明晰酌定权启动条件

符合法律规定的条件是法官行使酌定权的前提和基础。行政诉讼法和司法解释关于酌定权行使条件设定并不明确，实践中无法为法官审查和启动酌定权提供精确指引。为保障和规范酌定权在行政赔偿诉讼中的有效运用，应当在现有法律和司法解释基础上，通过批复、行政法官会议纪要、指导性案例以及个案答复等司法解释性质文件明确酌定权启动条件和法官审查内容，进一步“型塑司法理念、规范漏洞补充和统一裁判标准”[①]，具体条件可以明确为：权益受损事实客观存在；依据举证规则当事人均无法提供证据确切证明损失程度；评估鉴定机构明确表示无法开展鉴定评估等技术调查工作并退回鉴定评估申请。

2. 完善法官调查核实程序

“不管采取何种举证责任的概念解释体系，法官依职权调查取证都或多或少地存在。”[②] 在受公权力侵害的行政赔偿诉讼救济体系中，应当强调和突出法官依职权调查核实有关案件事实的地位和作用，尤其是在损失程度和范围通过举证责任分配和技术鉴定仍无法查清的情况下，更应如此。

强化法官在酌定赔偿中的调查核实义务，应当从完善调查核实的程序规则入手：（1）明确法官酌定前的释明告知规则。在法庭调查过程中，对受损财产损失无法确切查明的，合议庭应当告知负有举证责任的一方当事人申请鉴定，并依照不同情形告知当事人法律后果，对负有举证责任的一方当事人拒不申请鉴定的，告知对该项损失的赔偿请求判决驳回；对已申请鉴定但因客观原因被鉴定机构退回无法鉴定损失的，告知法庭将根据当事人的主张和答辩，综合在案证据，依法合理酌定赔偿数额。（2）开展有针对性调查核实。符合酌定赔偿条件后，法官应当进行必要的调查核实，包括到案发地走访调查，以确定原告财产状况和损失的大致范围；对与受损财物相同或相似的生产、经营、使用者实施问询，以大致确定受损财物的市场价格与赔偿单

---

① 彭中礼：《最高人民法院司法解释性质文件的法律地位探究》，载《法律科学》2018 年第 3 期。

② 季桥龙：《民事举证责任概念研究》，中国法制出版社 2011 年版，第 184 页。

价等，形成调查笔录或要求相关主体出具咨询意见。（3）组织质证和听取意见。合议庭应当指派承办法官将调查收集涉及损失范围和赔偿标准的材料（调查笔录、询价笔录、咨询意见等）向各方当事人进行出示，说明调查核实情况，充分听取当事人的质证意见。

（三）司法操作层面

1. 加强酌定权行使正当性说理

《最高人民法院关于加强和规范裁判文书释法说理的指导意见》明确指出："采用推定方法认定事实时，应当说理推定启动的原因、反驳的事实和理由，阐释裁断的形成过程。"法官在行政赔偿诉讼中行使酌定权，也必须围绕上述结构在赔偿判决书中有针对性地进行说理，摒弃将酌定依据、因素以及理由简单累积叠加的做法，确保说理具体充分。首先，围绕酌定权启动条件进行说理，重点论证法院或合议庭决定对部分损失采取酌定赔偿的原因和理由。其次，围绕损失范围和赔偿标准进行说理，要全面分析各方当事人主张、提交的证据，结合法院调查核实事实，运用逻辑推理和常理经验等方法进行审查和认定，着重讲清楚框定损失范围（数量、种类）的依据、条件和理由，择取赔偿标准的依据和理由等。这是说理的关键部分和核心内容，需要突出重点、回应到位，也要做到言简意赅、详略得当。最后，明确酌定的数额，并对不予采纳或部分采纳当事人赔偿主张予以说明理由。

2. 优化酌定赔偿的庭审和文书结构

一方面，将酌定赔偿问题作为行政赔偿诉讼案件争议焦点问题列明，引导各方当事人围绕应否进行酌定、酌定方法和酌定结果正当性问题提供证据和发表意见，为当事人实质性参与酌定创造条件、提供机会。另一方面，调整行政赔偿判决书结构布局，将酌定赔偿事项作为评述重点在判决书中予以单列，倒逼法官加强逻辑推理和证据分析认证工作，保障酌定权运行的公开透明，提升酌定赔偿判决内容的可接受程度。

四、结语

在行政赔偿诉讼中确立法官的酌定赔偿制度，赋予法官在特定情形下自行斟酌确定赔偿数额的权力，对解决行政赔偿损失"认定难"的现实难题，促进行政争议实质性化解具有十分重要意义。该项权力及其形成酌定赔偿制度在实践中发挥了积极作用，同时也暴露出不少风险和问题，开始引起了行政法学界的关注，但总体上用墨不多，研究不够，笔者希望拙文能够启发一些思考，引起一些争论，更好地推动酌定赔偿制度的发展和完善。

（作者单位：江苏省宿迁市中级人民法院）

理论探索

行政协议变更诉讼探析

——以民事法律规范舍弃“变更”为视角

朱秀华

变更诉讼属形成诉讼的一种，意旨请求变更一定行政法律关系的诉讼。自 2017 年 10 月 1 日起施行的《民法总则》、2021 年 1 月 1 日起施行的《民法典》对“重大误解”和“显失公平”的民事法律行为法律效果，舍弃了以往“可变更”之规定，仅允许当事人请求撤销，立于公私法交界处的行政协议变更诉讼何去何从？

一、行政协议变更之诉的往昔今日

（一）参照民事法律规范“变更”规则的案例

1. 基本案情

浙江省人民政府批准征地后，杭州市余杭区人民政府良渚街道办事处杜甫村王某某户（乙方）与良渚街道（甲方）签订了《集体所有土地、房屋征迁补偿安置协议书》，协议第六条约定：经初步审核乙方安置人口 6 人，该户可享受安置建筑面积 480 平方米。协议签订后，王某某户已领取补偿款并腾房。陈某某系现役军人，与王某某之女王小某于 2006 年登记结婚，原户籍在河南南阳。涉案补偿安置协商过程中，王某某户多次要求将陈某某作为安置人口，均遭良渚街道拒绝。陈某某、王某某诉至法院，请求将协议中确定的安置人口 6 人变更为 7 人，同时增加安置面积 80 平方米。良渚街道辩称，王某某户内在册人员共6人，陈某某并不属于被征迁安置人口，不符合安置条件。

2. 裁判

一审法院认为，良渚街道与王某某户经协商签订协议对安置事项作出约定，系双方的真实意思表示，协议约定的内容对双方均具有约束力。陈某某非属王某某户内人员，且其户籍不在辖区范围内，不属于该集体所有土地上房屋拆迁安置对象。遂判决驳回陈某某、王某某的诉讼请求。宣判后，陈某某不服，提起上诉。二审法院认为，陈某某其在杭州市余杭区无常住户口，但其属于王某某户内王小某结婚三年以上的配偶，依据《杭州市征收集体所有土地房屋补偿条例》第二十条第二款第（一）项规定可以计入安置人口。良渚街道拒绝将陈某某列入安置人口，不符合上述规定，也造成显失公平的后果，依法应予纠正。依照《行政诉讼法》第八十九条第一款第（二）项、第七十七条第一款，《合同法》第五十四条的规定，判决撤销一审判决，将良渚街道与王某某户签订协议第六条第（一）项中确定的安置人口6人变更为7人，安置面积480平方米相应变更为560平方米①。

（二）民事法律规范舍弃“变更”的背景

《民法通则》第五十九条规定，对于重大误解、显失公平的民事行为，一方有权请求人民法院或者仲裁机关予以变更或者撤销，允许可撤销合同亦“可变更”，曾被认为是民法通则的一大创新②。《合同法》第五十四条延续了该创新，“下列合同，当事人一方有权请求人民法院或者仲裁机构变更或者撤销：（一）因重大误解订立的；（二）在订立合同时显失公平的。一方以欺诈、胁迫的手段或者乘人之危，使对方在违背真实意思的情况下订立的合同，受损害方有权请求人民法院或者仲裁机构变更或者撤销。当事人请求变更的，人民法院或者仲裁机构不得撤销。”《民法总则》制定时，总结裁判实践经验，注意到当事人主张变更，很难获得法院支持。根据数据统计，原告主张“变更”的案例极少，法院给予支持的也非常少，甚至有13个省市的法院根本没支持过变更的请求，故总结实践经验认为，“变更”没起到作用，最后法院直接判决撤销对当事人和法院均较为方便。有鉴于此，《民法总则》对

---

① 危辉星等：《行政判决可以直接变更行政协议——浙江杭州中院判决王忠明、陈向前诉余杭区良渚街道办事处征迁行政协议案》，载《人民法院报》2017年1月5日第6版。

② 佟柔：《中国民法学·民法总则》，中国人民公安大学出版社1990年版，第245页。

重大误解、欺诈、胁迫、显失公平民事法律行为的规定，删除“变更”效力，统一规定法律效果为可撤销。《民法典》对此进行了承继，规定“一方利用对方处于危困状态、缺乏判断能力等情形，致使民事法律行为成立时显失公平的，受损害方有权请求人民法院或者仲裁机构予以撤销”。

（三）引出的问题

民事法律规范对于“变更”的舍弃，对于行政协议变更诉讼，是像连通器一样产生直接影响，还是存在阻隔各安其事？对此，观点不一：有观点认为，因民事法律规范已舍弃变更之诉，故不再存在变更行政协议之诉；亦有观点认为，基于行政协议所具有的“行政性”和不同的价值追求，行政协议变更诉讼并不直接受民事法律规范舍弃变更之影响。由此，本文旨在探讨以下几个问题：第一，民事法律规范舍弃“变更”，当事人能否就行政协议提起变更之诉？第二，如可提变更之诉，非协议相对人的利害关系人是否具有原告资格？第三，允许提变更之诉时，对请求变更的内容有无限定？第四，人民法院能否直接判决变更？判决变更裁判时机不成熟，如何处理？

二、当事人能否就行政协议提起变更之诉？

（一）不能就行政协议提起变更之诉

主要理由如下：1. 根据《最高人民法院关于审理行政协议案件若干问题的规定》（以下简称行政协议司法解释）第二十七条规定：“人民法院审理行政协议案件，应当适用行政诉讼法的规定；行政诉讼法没有规定的，参照适用民事诉讼法的规定。人民法院审理行政协议案件，可以参照适用民事法律规范关于民事合同的相关规定。”行政法律规范对能否对行政协议提变更之诉没有规定，应参照适用民事法律规范，而民事法律规范已取消变更之诉。2.《行政诉讼法》第七十八条和行政协议司法解释规定了行政协议案件判决方式，其中对于人民法院是否可以对行政协议案件适用变更判决未予明确。3.《行政诉讼法》第七十七条所规定的变更判决仅适用于“行政处罚明显不当”和“行政行为对款额的确定、认定确有错误”，至于能否进行扩充解释，法律、司法解释并未明确。4. 自2021年1月1日起施行的《最高人民法院关于行政案件案由的暂行规定》，对于行政协议案由仅列举撤销、解除行政协议，并无诉请变更行政协议之案由。

（二）可就行政协议提变更之诉

笔者倾向于此种观点，主要理由如下：

1. 对行政协议提变更之诉，具有行政法律规范依据

根据行政协议司法解释第二十七条规定，应当优先适用行政诉讼法及行政协议司法解释等规定，只有在行政法律规范没有规定时，才参照适用民事法律规范。第一，从诉讼请求出发，原告提变更行政协议之诉具有法律依据。《最高人民法院关于适用〈中华人民共和国行政诉讼法〉的解释》对《行政诉讼法》第四十九条“有具体的诉讼请求”，明确列举了“请求解决行政协议争议”，而行政协议司法解释第九条对于上述“具体的诉讼请求”进行了阐释。虽然该条第（五）项仅列举“请求判决撤销、解除行政协议”，并未写明“请求判决变更行政协议”但兜底条款“其他有关行政协议的订立、履行、变更、终止等诉讼请求”提及了“变更”。《最高人民法院关于适用〈中华人民共和国行政诉讼法〉的解释》第十五条第二款已经规定“原告请求解除协议或者确认协议无效”属于行政协议案件受案范围，既然解除、无效属于行政协议案件受案范围，那么变更、撤销当然亦属于行政协议案件受案范围，否则就无法构建完整的行政协议救济体系[①]。第二，从裁判方式出发，人民法院判决变更具有法律依据。《行政诉讼法》第七十七条第一款规定“行政处罚明显不当，或者其他行政行为涉及对款额的确定、认定确有错误的，人民法院可以判决变更”。基于行政协议所具有的“行政性”，对于行政机关运用行政权力确定的协议内容，而非基于当事人双方意思自治形成之事项，可纳入上述条款“其他行政行为涉及对款额的确定、认定确有错误”之范畴。

2. 民事法律规范舍弃“变更”背景，价值追求与行政协议并不兼容

按照民法原理和立法例，于法律行为的意思表示存在瑕疵情形时，赋予受损害一方撤销权，通过撤销权之行使，消灭有瑕疵法律行为的效力，使当事人双方恢复到该法律行为成立之前的状态，以纠正当事人之间的不公，故民事法律规范舍弃可变更规则，究其理由，一是实践中当事人选择变更的案

---

① 危辉星等：《行政判决可以直接变更行政协议——浙江杭州中院判决王忠明、陈向前诉余杭区良渚街道办事处征迁行政协议案》，载《人民法院报》2017 年 1 月 5 日第 6 版。

例不多，且难以得到法院支持①；二是可变更合同的规定实际是以一方当事人的意思或法院的意思改变合同内容，不符合意思自治原则，且不利于保护无过错相对人的合法权益，违背公平原则。② 换言之，这是从价值层面指摘可变更合同规则与民法精神相抵牾，进而否定该规则的正当性③。行政协议案件参照适用民事法律规范关于民事合同的相关规定，并非拿来就用，而是要从价值层面检验是否水土不服。对于诸如征迁补偿协议中核心的安置人口认定事项，实则根据法律及政策文件进行认定，明显存在运用行政权痕迹，并非纯意思自治范畴，如经审查认为应增加安置人口而进行变更，不仅不违背公平原则，反而是保护无过错相对人合法补偿安置权益。从另一个角度看，《民法总则》第一百三十六条第二款规定，行为人非依法律规定或者未经对方同意，不得擅自变更或者解除民事法律行为。行政协议司法解释规定行政机关在履行协议过程中，对于可能出现严重损害国家利益、社会公共利益的情形时，可以单方变更、解除协议。在此情形下，通过赋予相对人诉请人民法院变更协议的权利，更能体现对于处于弱势地位相对人的公平保护。故从价值层面，行政协议案件无法直接参照民事法律规范舍弃“变更”。

3. 案由规定不能作为判断能否提起变更诉讼的标准

最高人民法院印发《关于行政案件案由的暂行规定》（以下简称《暂行规定》）的通知（法发〔2020〕44 号）第六部分“应注意的问题”明确“要正确认识行政案件案由的性质与功能，不得将《暂行规定》等同于行政诉讼的受理条件或者范围。判断被诉行政行为是否属于行政诉讼受案范围，必须严格依据行政诉讼法及相关司法解释的规定”。“由于行政管理领域及行政行为种类众多，《暂行规定》仅能在二、三级案由中列举人民法院受理的常见案件中被诉行政行为种类或者名称，无法列举所有被诉行政行为。”故《暂行规定》案由仅列举撤销、解除行政协议，并不能成为当事人不能提起变更行政协议之诉的理由。

---

① 梁慧星：《〈中华人民共和国民法总则（草案）〉：解读、评论和修改建议》，载《华东政法大学学报》2016 年第 5 期。

② 马俊驹、余延满：《民法原论》，法律出版社 2010 年版，第 210 页。

③ 蔡睿：《民法典恢复“可变更合同”规则之必要性——围绕“重大误解”与“显失公平”案件的实证分析》，载《北方法学》2020 年第 1 期。

三、非行政协议相对人的利害关系人是否具有提起变更之诉的原告资格?

一种观点认为,依据民事法律规范,有权提起变更之诉的原告应当是合同“当事人一方”,未计入安置人口的原告,难以界定为“当事人一方”;另一种观点认为,行政协议相对人或其他利害关系人有权提起变更之诉。

协议外第三人是否具有原告资格争议已久,主张协议外第三人不具有原告资格的主要理由为应遵守合同相对性原则;主张协议外第三人具有原告资格的主要理由是考虑行政协议所兼具的“行政性”和“合同性”,行政协议的签订和履行不仅涉及协议当事人的权利义务关系,也涉及协议当事人以外利害关系人的权利义务。基于此,行政协议司法解释第四条对协议外利害关系人原告资格作了专门规定,在赋予协议外利害关系人原告资格的同时,将协议外第三人限定为“与行政协议有利害关系”,其中列举了“认为征收征用补偿协议损害其合法权益的被征收征用土地、房屋等不动产的用益物权人、公房承租人”以及兜底条款“其他认为行政协议的订立、履行、变更、终止等行为损害其合法权益的公民、法人或者其他组织”。

如何权衡“与行政协议有利害关系”的范围,使其能够保护协议外第三人的合法权益,又不至于走得太远而破坏协议安定性?笔者倾向于,对于征收集体土地房屋补偿安置协议而言,协议第三人主张其应作为安置人口请求变更协议,应赋予原告资格,理由如下:第一,2014 年修订的《行政诉讼法》将行政协议争议从民事诉讼调整到行政诉讼,是为了更有效地监督行政机关依法行使职权,更有利地保护公民、法人和其他组织合法权益,更实质性地解决行政争议。所以,对于利害关系人,行政诉讼的救济功能不应低于民事诉讼。若将行政协议受案范围局限于《行政诉讼法》第十二条第一款第(十一)项的规定,利害关系人在很多情况下将无法寻求救济,不符合新行政诉讼法的立法本意[①]。第二,协议中所确定的安置人口是补偿安置权益确定的基础,集体土地房屋补偿安置协议相对人一般为“户”,可能存在户籍与产权不一致等情形,需要对安置与补偿作区分处理。对补偿安置对象的确

① 危辉星等:《行政判决可以直接变更行政协议——浙江杭州中院判决王忠明、陈向前诉余杭区良渚街道办事处征迁行政协议案》,载《人民法院报》2017 年 1 月 5 日第 6 版。

定，结合批地建房申请人、土地使用权人、实际建房者综合判断，以及根据地方性法规或者政策文件确定“可计入安置人口”等，如结婚三年以上的配偶；在户口所在地无人赡养，并在拆迁范围内实际居住二年以上的被拆迁人双方父母等。若直接否认原告资格，相当于对其能否计入安置人口从实体上进行了审查和否定，逻辑无法自洽。第三，在业已签订协议的情况下，协议外第三人单独就安置人口认定提起诉讼或者另行提履职之诉，不符合权利救济的直接性，应尊重相对人对救济途径的选择权。第四，协议对于以“户”为单位的补偿安置，相当于打包处理，有时难以明确户内成员个人所享有的份额，第三人另行提起其他诉讼可能与协议中确定的安置补偿权益存在交叉，审查难度加大，在协议之诉可统筹考量的情况下，应尽可能减少相对人诉累。

四、若允许提变更之诉，对请求变更的内容有无限定？

有观点认为，利害关系人虽可就协议提变更之诉，但要对原告请求变更的内容进行限定，仅可对“涉及对款额的确定、认定确有错误的”提变更，不能就“安置人口认定”提变更。理由为：人民法院针对征收补偿安置协议中的安置人口事项直接判决变更尚缺乏法律依据，且个案中增加或者变更被诉协议确定的安置人口还将涉及安置面积、安置房户型、价格结算以及其他事项，需要行政机关综合裁量确定，法院不宜直接判决变更。

笔者倾向于，在认可利害关系人具有就行政协议提变更之诉原告资格的情况下，原告诉请变更协议的具体内容，包括征收补偿安置协议中的安置人口事项，均属于实体审查范畴，并非起诉条件层面的审查。

五、人民法院能否直接判决变更？裁判时机不成熟，如何处理？

（一）行政协议采用变更判决的制度空间

1. 法律依据：《行政诉讼法》第七十七条

在 1989 年行政诉讼法制定时，是否规定变更判决的争议较大。争议背后是司法权与行政权之界限问题。反对意见认为法院代替行政机关作出决定，是司法权越界了。支持意见则是从有利于尽快解决争议，防止因行政机关成见重复行政的角度建议确立变更判决[①]。笔者认为，针对目前行政诉讼存在的程序空转严重，行政协议纠纷较一般行政行为更为复杂等实际情况，应从推动实质解决行政争议角度，减少循环诉讼、减少撤销并责令重作等判决可能带来的执行困境，在原告诉请变更且裁判时机成熟的情况下，运用变更判决，彰显司法担当。

2. 司法实践中不乏认同变更判决的观点

“有的行政协议约定行政协议当事人可以依照协议约定的情形进行变更，当事人对于是否出现协议约定的变更情形产生争议的，也可以向人民法院提起行政诉讼。当然，如果行政协议中并未约定当事人可以变更，相对人认为行政协议依照法律规定应当变更的，也可以提起行政诉讼。例如，相对人和政府在签订征收补偿协议之后，认为其户口人数应当增加，请求法院判决变更行政协议等。”[②] “简单来说，行政协议履行中的行政处罚案件和涉及数额认定、确认的行政协议行为，人民法院应当适用变更判决，直接对罚款的各类、罚款数额等作出变更，或者纠正相关数额的认定、确定行为，直接作出款额认定或确认判决。变更判决不受司法权不能替代行政权的限制。例如被告与原告达成安置补偿协议，对原告一家五口人补偿 125 平方米的公寓房。协议签订后，原告即提起行政诉讼，请求撤销补偿协议，按照本次征收的补偿方案对其进行补偿安置。人民法院经审理发现，按照补偿方案约定，原告一家五口人应当获得共计 250 平方米的连体别墅补偿安置，应当依法变更安置户型和面积，直接判决被告对原告一家五口人予以 250 平方米连体别墅的补偿安置。”[③]

（二）行政协议变更判决的适用范围及条件

虽然存在变更判决的制度空间，但仍应恪守司法权与行政权的分工原则，限定适用范围及条件：

1. 原告诉请变更。必须当事人的诉请是变更协议，法院不能依职权直接变更，如仅诉请撤销时，不宜判决变更。

---

① 信春鹰主编：《中华人民共和国行政诉讼法释义》，法律出版社 2014 年版，第 202 页。

② 梁凤云：《行政协议司法解释讲义》，人民法院出版社 2020 年版，第 62 页。

③ 最高人民法院行政审判庭编著：《〈最高人民法院关于审理行政协议案件若干问题的规定〉理解与适用》，人民法院出版社 2020 年版，第 377 页。

2. 裁判时机成熟。一旦囿于各种客观条件难以对行政行为内容作出判断时，法院作变更判决的基础欠缺，就不宜作出变更判决[①]。比如个案中，不仅涉及增加安置人口，还涉及安置面积、安置房户型、价格结算以及其他事项调整，需要行政机关综合裁量先行确定，变更裁判时机尚不成熟，法院不宜判决变更。

3. 平衡减少诉累与行政先行，诉讼类型适时转换。从法理层面而言，撤销诉讼是认为行政行为违法侵犯其合法权益而请求法院撤销该行为的诉讼类型，通过撤销为原告设定的负担性行政行为的方式形成权利；通过变更形成诉讼，使行政法律关系直接发生变动效力，无须成为强制执行的标的，故在变更诉讼条件具备时，应优先考虑变更诉讼，减少诉累。

相对人诉请变更而裁判时机尚不成熟时，不宜以提变更之诉不符合起诉条件为由径行裁定驳回起诉或者从实体上判决驳回请求变更的诉讼请求。有别于原合同法“当事人请求变更的，人民法院或者仲裁机构不得撤销”之规定，行政协议案件不能忽视行政诉讼具有的客观诉讼属性，应考量可撤销与可变更的同质性，经审查认为安置人口认定确有错误的，视情将变更之诉转换为撤销之诉，通过判决撤销或者部分撤销并责令重作或者采取补救措施，甚至考虑部分变更安置人口并责令就与之相应的其他权益采取补救措施等方式，在减少当事人诉累与尊重行政先行之间尽力寻求平衡。

六、结语

行政协议诉讼有两个面向，一个是面向行为，即行政机关单方变更行政协议的“行为之诉”，偏重适用公法调整。另一个是面向协议，即行政协议当事人之间的行政法律关系的“履约纠纷”，偏重适用私法调整。基于行政协议独特的价值追求，民事法律规范舍弃“可变更”的规定，并不直接影响行政诉讼中将行政协议作为“行政行为”，依据行政法律规范适用变更判决，但应注意适用范围及条件，审慎运用变更权。

（作者单位：浙江省高级人民法院）

① 信春鹰主编：《中华人民共和国行政诉讼法释义》，法律出版社2014年版，第202—203页。

行政协议无效的司法审查规则研究

冉依依　宋媛玉　张凌雲

伴随政府管理理念创新，合作行政成为“新常态”，行政协议在公共管理领域的应用日益广泛。行政协议作为一种行政法律行为，其是否有效，关涉法律价值的判断，系审查案件面临的首要问题，而行政协议效力受到合法性问题影响产生的法律后果之一即是导致无效，请求确认行政协议无效之诉的案件也占了行政协议案件的相当比例。[①] 2019 年 11 月 12 日，最高人民法院通过《最高人民法院关于审理行政协议案件若干问题的规定》（以下简称《行政协议若干规定》），对行政协议司法审查中的相关问题作了进一步明晰，第十二条在行政协议无效认定上，采用了行政诉讼法与民事法律规范项下无效的双重标准。行政协议的双重属性、无效判断的双重标准，给人民法院行政协议无效司法审查带来了诸多值得研究的新难题。基于此，笔者结合典型案例，从程序审查及实体审查两个方面对行政协议无效案件的司法审查进行了探讨，以期厘清规则，裨益裁判尺度之统一。

一、行政协议无效案件程序性裁驳之探究

笔者通过中国裁判文书网将诉讼类型限定为“行政诉讼”，时间限定为 2015—2020 年，以“行政协议无效”为关键词进行检索，共搜索案件 5027 件，其中程序性裁驳案件共计 2264 件，占无效诉讼案件 45.04%。2015 年，受理行政协议无效案件 125 件，裁定驳回起诉 100 件，占比 80%；2016 年受理行政协议无效案件 162 件，裁定驳回起诉 85 件，占比 52.5%……2019 年受理行政协议无效案件 1137 件，裁定驳回起诉案件 585 件，占比 51.5%；至

---

① 王青斌、张莹莹：《论无效行政协议的起诉期限》，载《浙江学刊》2018 年第 5 期。

2020 年受理行政协议无效案件 2290 件，裁定驳回起诉 656 件，占比 28.65%。从上述数据，可以反映出两个趋势：一是诉行政协议无效案件受案数逐年攀升，从 2015 年到 2020 年受案数增加 2165 件，增幅约 17 倍；二是程序性裁定驳回起诉比例占比较高，除 2020 年有所下降外，2015—2019 年始终过半（详见表 1）。

表 1　行政协议无效案件及其中裁驳案件数量统计表

年度	行政协议无效类案件		其中裁定驳回起诉案件		裁定驳回起诉案件占比
	数量	同比增长率	数量	同比增长率	
2015	125 件	/	100 件	/	80%
2016	162 件	29.6%	85 件	-20%	52.5%
2017	440 件	171.6%	287 件	237.6%	65.2%
2018	873 件	98.4%	551 件	92%	63.1%
2019	1137 件	30.2%	585 件	6.2%	51.5%
2020	2290 件	101.4%	656 件	12.14%	28.65%
合计	5027 件	/	2264 件	/	45.04%

案件是否裁定驳回起诉，决定着诉行政行为无效是否应进入人民法院司法审查的范围，如裁定驳回起诉比例畸高且理由不当，则不能有效发挥行政审判职能作用，亦不能切实保护行政相对人的实体权益，影响司法公信力与权威性。笔者对上述 2264 件程序性裁驳案件进行了梳理，该类案件中，人民法院裁定驳回起诉的事由主要集中为三种类型：一是不属于行政协议受案范围；二是协议签订时间早于 2015 年 5 月 1 日新法施行前；三是超过法定起诉期限。故，笔者着重结合上述三种情形对行政协议无效案件程序性裁驳问题进行分析。

（一）是否属于行政协议受案范围

2019 年 11 月 27 日最高人民法院发布《行政协议若干规定》，在行政诉讼法及相关解释的基础上，对行政协议的概念和受案范围作了更进一步的明确和扩展。第一条将行政协议定义表述为“行政机关为了实现行政管理或者公共服务目标，与公民、法人或者其他组织协商订立的具有行政法上权利义务内容的协议。”第二条对行政协议进行了列举性规定，在行政诉讼法“政府特许经营协议、土地房屋征收补偿协议等协议”的基础上作了更加全面的补充，将征收征用、自然资源使用权出让、保障性住房租赁与买卖、资本合作等协议明确纳入行政协议范围。至此，行政协议的概念及受案范围经多次修订与完善，已渐全面，但即便如此，司法实践中仍存在争议。从对前述2264件裁驳案件的分析中得出，以不属于行政协议受案范围为由裁驳的案件主要集中在国有土地出让协议案件分类中。

就前述问题，笔者在裁判文书网分别设定案由“建设用地使用权合同纠纷”、案件类型“民事案件”和案由“行政合同”、案件类型“行政案件”、全文检索“国有土地”，经筛选，2014年至2020年间，国有土地使用权出让协议进入民事诉讼19860件，进入行政诉讼591件，其中以民事案由审理的占绝大多数（详见表2）。

表2　国有土地出让协议民事与行政案件统计表

年度	民事案件	行政案件
2014	880件	9件
2015	1337件	55件
2016	2486件	64件
2017	3531件	69件
2018	4175件	135件
2019	4277件	120件
2020	3174件	139件
合计	19860件	591件

认为属于民事诉讼的，从所有权的角度出发，国家以国有资产为基础参与各种民事关系时，其身份自然是民事主体。在《城镇国有土地使用权出让和转让暂行条例》《最高人民法院关于审理涉及国有土地使用权合同纠纷案件适用法律问题的解释》《民事案件案由规定》的相关条目中，均将国有土地出让协议作为民事诉讼予以规定。由此可见，采用民事救济途径解决国有土地出让协议纠纷系契约属性的应有之义。这大概也是《行政协议若干规定》第二条第（三）项采用矿业权作为国有自然资源代表示例，放弃使用常见的国有土地出让协议的原因。至今，仍有大量国有土地出让协议通过民事诉讼予以受理审查，如原凯里市国土资源和规划局就其与凯里市榕筑房地产

开发有限公司签订《国有土地出让协议》，向人民法院提起民事诉讼，请求确认协议无效案；内蒙古锡林郭勒盟黑城子示范区管理委员会就其与内蒙古金绿源绿色工程有限责任公司签订的《国有荒山、荒地土地使用权出让合同》，向人民法院提起民事诉讼，请求确认合同无效案。

认为属于行政诉讼的，《行政协议若干规定》第二条第（三）项明确“国有自然资源使用权出让协议”属于行政协议，提起行政诉讼应予受理，而国有土地系典型的国有自然资源，该司法解释已为国有土地出让协议正名。同时，对国有土地出让协议归属定位不应仅拘泥于所有权的角度，而要更深入地探寻所有权的享有者和出让的目的与方式。第一，国有土地系国家所有，由土地行政管理部门代行开发与管理职责，即签订出让协议的一方为行政主体。第二，出让的目的亦是追求公共利益，合理配置土地资源，而非追求个体利益的最大化。第三，出让协议中出让土地位置、面积、用途、容积率等条款系行政机关基于行政管理需要预先设定，具有行政法上的权利义务关系。据此，国有土地出让协议侧重公法上的关系，应属行政协议。较为典型的是赤水市自然资源局诉贵州群立房地产开发有限公司出让协议无效案，人民法院在本案中详细阐明了国有土地出让协议属于行政诉讼受案范围。在怀化晟源房地产开发有限公司诉怀化市国土资源局履行出让协议案中，人民法院认为，涉案国有土地出让协议是被告在履行公共行政管理职能中与原告签订的具有行政法上权利义务内容的行政协议。

笔者认为，行政诉讼法将行政协议明确纳入行政诉讼受案范围后，国有土地出让协议亦应一并纳入行政诉讼受案范围，综合运用行政法律规范与民事法律规范审查更为符合立法本意及客观实践。

（二）诉 2015 年 5 月 1 日前签订的行政协议无效是否受理的问题

在全国各级人民法院诉行政协议无效的 2264 件程序性裁驳案件中，大量案件都涉及新法溯及力问题。关于 2015 年 5 月 1 日前签订的行政协议应否纳入行政诉讼受案范围，虽《行政协议若干规定》第二十八条第二款规定“2015 年 5 月 1 日前订立的行政协议发生纠纷的，适用当时的法律、行政法规及司法解释”，但因涉及新法溯及力的理解与把握，司法审查中仍存在不同处理方式。一种观点认为，新法施行前签订，施行后提起行政诉讼的，只要符合一般受理条件，应予受理审查。另一种观点认为，法不溯及既往，新法施行前签订协议应适用行为时法律规定，不能适用新法规定。笔者认为，以民事诉讼抑或行政诉讼受理，系人民法院内部分工，在《行政协议若干规定》施行初期，司法审查仍未厘清诸多争议的背景下，更不应对诉讼能力有限的公民、法人或其他组织苛刻要求，人民法院对2015年5月1日前签订行政协议的受理审查，应当综合考虑诉权保护及争议实质化解，审慎处理。如已经提起民事诉讼或者已经为人民法院民事裁判文书羁束，当事人再行提起行政诉讼，本着权利不重复救济原则，应当裁定驳回起诉。如就新法施行前签订协议未提起民事诉讼或被民事诉讼拒之门外，基于当事人诉权的保护，人民法院审查符合行政诉讼受理条件的，可以考虑予以受理，避免行政相对人受诉讼程序周折。

那么2015年5月1日前签订的行政协议，无效之诉应否纳入行政诉讼受案范围?《最高人民法院关于适用〈中华人民共和国行政诉讼法〉的解释》第一百六十二条明确规定，对2015年5月1日之前作出的行政行为提起确认无效诉讼，人民法院不予立案。部分法院认为，行政协议无效之诉受上述规定拘束。故司法实践中，大量2015年5月1日前签订行政协议无效之诉被裁定驳回起诉，如董开心诉绍兴市越城区灵芝街道办事处房屋征收协议无效案件、吴某杰诉葫芦岛连山区住房和城乡建设局房屋征收协议无效案件等。笔者认为，关于新法施行前签订的行政协议无效之诉，不宜完全参照行政协议履行、变更等类型诉讼予以处理，应当结合具体案件具体分析。司法实践中，一方面，随着我国治理体系和治理能力的现代化发展，行政与司法越来越重视权利的实体维护，对被民事诉讼拒之门外的行政协议无效之诉给予权利救济途径，如廖某诉成都市龙泉驿区政府大面街道办事处房屋拆迁安置补偿协议无效案，被诉协议于2014年签订，但人民法院考虑廖某曾就被诉协议无效提起民事诉讼，被裁定驳回起诉，提起行政诉讼后，基于对廖某诉权及实体权益的保护，予以受理审查。另一方面，人民法院在对当事人提出的协议之诉例如履行协议之诉进行实体审查时，审查的起点通常是协议的效力问题，故行政协议效力的审查并没有因此完全被挡在行政诉讼门外，如范某仕诉内蒙古自治区满洲里市政府撤销该市政府作出的撤销《草原承包经营协议》的批复并履行《草原承包经营协议》一案，涉案协议签订时间为2012年，虽范某仕提起的是履行协议之诉，但人民法院经审查后认定涉案行政协议无效进而驳回其诉讼请求，新行政诉讼法施行前签订的行政协议效力审查得以此方式进入行政诉讼范围。

（三）是否适用起诉期限问题

行政协议无效，牵涉协议双方利益以及司法秩序，究竟是舍弃行政管理的稳定性，还是利害关系人的“过期”利益，抑或保障司法效率，关系到行政协议无效诉讼是否适用起诉期限的抉择。司法实践中，大量行政协议无效诉讼因超过《行政诉讼法》第四十六条及《最高人民法院关于适用〈中华人民共和国行政诉讼法〉的解释》第六十四条规定的起诉期限被挡在实体审查之外。如曾某举诉重庆经济技术开发区国土管理所征收补偿协议无效案、杭州百居易地板制造有限公司诉浙江杭州未来科技城管理委员会及杭州市余杭区政府仓前街道办事处《〈升佳综合体〉道路出让协议》无效案等案件。

那么，行政协议无效之诉应否受起诉期限限制？基于行政协议行政属性，笔者整理了关于行政行为无效诉讼应否受起诉期限限制的不同观点。持肯定说的认为，一是行政行为无效诉讼属于行政诉讼范围，在法律没有明确排除受起诉期限限制的情况下，应受期限约束；二是基于维护行政管理秩序，尤其是公法秩序的稳定，应当督促权利人及时行使诉权，解决行政纠纷，如果时过境迁后旧事重提，不排除滥用诉权之嫌疑。即便持肯定说，就适用何种起诉期限，亦存在分歧，一种认为适用六个月或一年的起诉期限；另一种则认为适用五年或二十年的最长起诉期限。持否定说的认为，一是行政行为一旦无效，系自始无效，不因时间推移而产生拘束力；二是起诉期限是为了督促当事人及时行使诉权，从而维护法律关系之安定，如果无效的行政行为因期限限制而有效，将造成公共利益损害与法律安定的冲突；三是根据《最高人民法院关于适用〈中华人民共和国行政诉讼法〉的解释》第九十四条规定之逻辑，不论是否超过起诉期限，对请求确认行政行为无效之诉，人民法院均应对是否存在无效情形进行实体审查，即不受起诉期限限制。德国学者毛雷尔认为，“法的安定性原则要求赋予行政行为存续力，即使行政行为可能存在瑕疵，但在行政行为是有明显并且重大瑕疵的情况下，不再适用法的安定性，而应当适用实质的正当性原则”。[①] 即行政诉讼的本质和根本价值取向应当是权利救济，当行政行为瑕疵达到明显且重大程度，与权利救济冲突时，

---

① ［德］哈特穆特·毛雷尔：《行政法总论》，高家伟译，法律出版社2000年版，第250页。

起诉期限不再有存在的基础。就此问题，最高人民法院在 2018 年 9 月 10 日作出的《对十三届全国人大一次会议第 2452 号建议的答复》明确“倾向于认为提起确认行政行为无效之诉不受起诉期限的限制”，至此，行政行为无效诉讼是否受起诉期限限制争议应当画上句号。同时，因行政协议兼具契约性，民事诉讼中合同无效之诉因诉讼时效只适用于请求权，不适用于形成权，请求确认效力属于间接形成权，不适用诉讼时效相关规定已是共识。故除了无效行政行为不受起诉期限与无效民事合同没有诉讼时效要求的双重借鉴，无效行政协议的起诉期限不应该受到限制也是利益衡量的必然选择。[①]

二、行政协议无效事由之实体审查探究

行政协议兼具行政性与契约性，因此在效力认定上，通说认为可以兼采行政法律规范与民事法律规范中有关行政行为效力与合同效力的认定规则。在行政协议诉讼较为成熟的德国，对行政协议无效的认定考虑到了民事法律规范和行政法律规范的适用。德国《联邦行政程序法》第 59 条第 1 款规定了“因准用民法典规定而生无效性的公法合同无效”，第 2 款第（1）项规定“第 54 条第 2 句所指的合同在下列情况下无效：（1）如果行政处理具有相应内容即无效的……”[②] 我国《行政协议若干规定》第十二条第一款和第二款明确规定“行政协议存在行政诉讼法第七十五条规定的重大且明显违法情形的，人民法院应当确认行政协议无效。人民法院可以适用民事法律规范确认行政协议无效”。

（一）行政协议无效适用行政行为无效的判断标准

在行政协议中，行政机关享有行政优益权，行政相对人及其他利害关系人往往处于相对弱势地位，行政诉讼的目的之一是保障行政相对人及其他利害关系人的合法权益。基于此，与人民法院审理民事合同纠纷“不诉不理”原则不同，在行政诉讼中，人民法院需要对行政行为的合法性进行全面审查，不受原告诉讼请求拘束。一般情况下，除了直接诉请确认行政协议效力外，原告起诉不履行协议、变更或者解除协议等行为，人民法院审理时，除了审

---

① 王青斌、张莹莹：《论无效行政协议的起诉期限》，载《浙江学刊》2018 年第 5 期。

② 平特纳：《德国普通行政法》，朱林译，中国政法大学出版社 1999 年版，第 241 页。

查被诉行政协议行为是否符合协议约定外，也需要全面审查行政协议是否符合法律规范的规定，包括主体资格、作出程序、适用法律规范是否正确、有无明显不当等问题。

根据《行政诉讼法》第七十五条的规定，行政行为有实施主体不具有行政主体资格或者没有依据等重大且明显违法情形，原告申请确认行政行为无效的，人民法院判决确认无效。《最高人民法院关于适用〈中华人民共和国行政诉讼法〉的解释》第九十九条对上述“重大且明显违法”作了具体规定。具体而言，行政协议无效判断适用行政诉讼法中关于无效行政行为的规定主要体现在以下几个方面：

1. 实施主体不具有行政主体资格或行政主体无权限

关于行政主体资格，依据《行政诉讼法》第二条的规定，行政主体包括行政机关及法律、法规、规章授权的组织。因此，判断实施主体是否具有行政主体资格，其一，要看其是否为行政机关。司法审查中一般不存在争议，但仍需指出，各级党委、组织部等党政机关及事业单位非行政机关，一般不具有行政主体资格。其二，要看其是否为法律、法规、规章授权的组织。此种情形下，授权组织须在授权范围内行使职权，超过范围，则不具有行政主体资格。关于行政主体“无权限”，我国行政诉讼法以及其司法解释中暂未明确规定其概念，实践中行政主体“无权限”实施行政行为的例子却屡见不鲜。通说认为“无权限”是指行政主体根本不具有这种权力而行使了这种权力。当然，此处的“无权限”无效的判断仅限于行政机关，排除法律、法规、规章授权的组织，如授权的组织“无权限”，则本身不具有行政主体资格。司法审查中，常将“无权限”与“超越职权”混淆，但二者是有一定区别的，“超越职权”是执法主体有一定权力，只是超越了这种权力的范围和幅度，[①] 系《行政诉讼法》第七十条第（四）项规定的撤销行政行为的法定条件。为避免二者混淆，人民法院有时会加上“重大且明显”的程度限制。如泰富达鞋材有限公司诉仙桃市胡场镇政府履行《合同书》义务一案中，涉案《合同书》中约定胡场镇政府为泰富达鞋材有限公司办理土地证等证件，土地出让年限为20年，而胡场镇政府实际对土地证的办理、土地出让年限等

① 孟鸿志：《浅谈违法行政的两种主要行为——行政超越职权和滥用职权》，载《甘肃政法成人教育学院学报》2001年第3期。

事项无管辖权即无权限，人民法院在审理中认定：胡场镇政府“超越职权”，该约定属于行政协议无效情形。这种表述就易与《行政诉讼法》第七十条撤销判决的“超越职权”混淆。故，司法实践中，仍需对“超越职权”与“无权限”进行一定的区分，经审查，如行政协议存在行政主体“无权限”依据的重大且明显违法情形，人民法院可以依据《行政诉讼法》第七十五条及《行政协议若干规定》第十二条的规定认定行政协议无效；如仅是存在“超越职权”之撤销情形，而原告诉请确认协议无效，人民法院应当依据《最高人民法院关于适用〈中华人民共和国行政诉讼法〉的解释》第九十四条的规定，向原告释明，若原告变更诉讼请求为撤销协议的，应当继续审理并依法作出判决，若原告拒绝变更诉讼请求的，则判决驳回其诉讼请求。

2. 行政行为没有依据

一方面，这里的没有依据专指规范依据，非事实依据。法无授权即禁止，没有依据要达到没有任何规范依据之程度，包括法律、行政法规、地方性法规、规章以及各层级的规范性文件。当然，如行政行为的规范依据与上位法抵触，则该规范理所当然不应成为行政行为合法之依据。另一方面，没有依据属重大且明显违法概念的下级情形，即没有依据应当达到重大且明显程度，自始无依据。

司法实践中，没有取得集体土地征地批复签订征地补偿协议，即集体土地“未批先征”，是否属于没有依据重大且明显违法情形，是否必然导致征地补偿协议无效，争议较大。一种观点认为，根据《土地管理法》第四十六条之规定，未批先征违反我国基本土地制度，属于没有依据的重大且明显违法情形，征地中的相关行为应当确认无效，且如不确认无效，则会使未被依法征收的土地通过确认违法的判决导致以判代征的后果，即便国家赔偿亦难以恢复被征收前的状况，故行政相对人以此为由请求确认征地补偿协议无效，人民法院应支持其诉讼请求。另一种观点认为，是否取得征地批复系基础性的行政行为，在诉协议无效案件中应当进行有限审查，在双方意思表示一致达成的征收补偿协议若无其他无效情形时，缺乏征地批复的基础性行为仅作为违法情形，不作为无效情形。仅以缺乏基础性批复行为确认协议无效可能会对已经完成的征地拆迁工作带来重大影响，危害公共利益，通过确认违法并国家赔偿已能弥补被征收人的合法权益。以杨某治以“未批先征”为由诉遵义市汇川区政府、遵义市汇川区高坪镇政府《房屋拆迁补偿安置协议书》

无效一案为代表，人民法院经审查，认为涉案集体土地征收是为了公共利益需要，且双方协商达成协议，补偿款已发放到位，协议已实际履行完毕。考虑涉案征收基于公共利益需要，再行确认协议无效不利于行政效能的实现，故对杨某治未取得征地批复应确认无效的理由不予采纳。持同样观点的还有冷某后诉重庆市永川区规划和自然资源局房屋拆迁货币安置协议无效案、陆本芳诉江苏省海安高新技术产业开发区管理委员会房屋征收补偿安置协议无效案等。随着市场经济的发展和行政管理方式的变革，越来越多的政府通过与被征收人协商签订协议的方式实现征收目的，以达到更高效率的行政管理目标，司法实践中，第二种处理模式占多数。笔者亦倾向于认同第二种观点，人民法院在个案审理中应区别不同情况，兼顾个人利益与公共利益，从维护法律关系的稳定性和保障绝大多数被征地农民合法的安置补偿权益角度出发，不简单以“未批先征”为由否定已签订的安置补偿协议的效力。

3. 行政行为的内容客观上不可能实施

这种客观上不可能实施，需要达到在任何情况均不能实现，且任何人均可明显判断的程度。例如，在协议中约定安置房屋修建在不存在的区域或者约定征收拆迁不存在的房屋。此种协议无效情形目前在实践中并不常见，司法审查中的运用也较少。

4. 其他重大且明显违法的情形

本项属于兜底情形，除了前四项列举的无效行政行为的情形外，只要属于行政行为“重大且明显违法”的均属于无效行政行为。采取重大且明显说的理论依据在于，“机关作成的行为倘违法瑕疵大到无法指望任何人去承认其拘束力的明显程度，由于一般人面对此类的行政行为，理智上都不会认为其有拘束力，进而对其产生信赖，因此采实质正义优先立场，直接令其归于无效，较不会有法安定性的顾虑。”[①] 当然，行政协议受到依法行政原则约束，何种情形下，其违法性达到不能期望一般人接受其约束力，仍需要在司法实践中进一步积累经验。

（二）行政协议无效援用民事法律规范合同无效的判断标准

根据《民法典》第一百四十三条、第一百四十四条、第一百四十六条、

---

① 翁岳生编：《行政法》，中国法制出版社2000年版，第708页。

第一百五十三条、第一百五十四条的规定，在民法理论的视角下，一个有效的协议应具备三个基本要件：一是具备民事行为能力，二是意思表示真实，三是不违反法律、行政法规的强制性规定，不违背公序良俗。行政协议无效民事法律规范层面的判断标准主要有以下几种：

1. 是否具备行为能力

行政协议无效审查适用《民法典》第一百四十四条之规定，主要区分行政机关与行政相对人两类主体。行政机关一方不具备“行为能力”，即其不具有行政主体资格或行政主体无权限，则行政行为无效，与《最高人民法院关于适用〈中华人民共和国行政诉讼法〉的解释》的规定交叉，此处不再赘述。行政相对人一方，若无民事行为能力，即未满八周岁的未成年人或不能辨认自己行为的成年人，签订的行政协议无效，不再区分是否属于接受奖励、赠与等情形。

2. 是否存在通谋

行政协议无效审查同样适用《民法典》第一百四十六条、第一百五十四条之规定，需要审查是否存在双方虚假意思表示或者恶意串通损害他人合法权益之情形。双方虚假意思表示需要双方均清楚自己所表示的意思不是双方的真实意思表示，协议欠缺效果意思；恶意串通则需要协议双方均出于恶意，相互串通，且损害了特定第三人的合法权益。司法实践中，是否构成双方虚假意思表示或者恶意串通很难认定，即便民事诉讼司法解释指引了恶意串通判断标准“人民法院确信该待证事实存在的可能性能够排除合理怀疑的，应当认定该事实存在”。在前述提到的原凯里市国土资源和规划局诉凯里市榕筑房地产开发有限公司《国有土地出让协议》无效案中，人民法院据以认定恶意串通的依据系生效刑事判决中认定的事实，即凯里市某房地产开发公司总经理杨某某为取得国有土地使用权、推进拆迁工作，向凯里市市长多次行贿。但司法审查中的相关案例较少。如在审查中确发现存在通谋虚伪行为或恶意串通损害他人合法权益之情形，人民法院除了需要审查协议效力，对发现的国家工作人员及行政相对人等违法违纪情况，还应当按照规定移送相关部门处理。

3. 是否违反法律、行政法规的强制性规定

与重视保护个体私益的民事合同相较，符合《民法典》第一百五十三条第一款规定的行政协议无效应是应有之义。

（1）问题一：限制行政协议效力的“法律、行政法规”是否亦参照民事合同限定为“全国人大及其常委会制定的法律和国务院制定的行政法规”

部分学者认为，从发挥行政协议功能、防止不当干预的角度而言，沿用民法上规定的立法权限，即仅限于法律和行政法规也是妥当的。[①] 部分学者认为，在行政协议中，为实现公共利益与公共管理，必然赋予行政机关一定优益权，协议双方实际地位不平等，为了保障行政相对人的合法权益，应对优益权行使予以严格的规范，即行政协议效力除了要符合法律、行政法规规定外，亦应遵守地方性法规、规章、规范性文件的指引。笔者认为，行政协议效力审查中，地方性法规、规章、规范性文件不应完全束之高阁，其作为一种最经常、最普遍、最基层的规范形式，将法律、法规具体化、细则化，使其更具有可操作性，是行政机关实施行政管理行为最直接的依据。故从行政协议行政性的角度考量，若行政行为违反地方性法规、规章、规范性文件，达到无权限、无依据等重大且明显违法情形，侵害公共利益，应当成为效力审查的依据。

（2）问题二：关于强制性规定的范围，最高人民法院在司法解释中将其限定为“效力性强制性规定”，进而排除管理性规定的适用，但何谓效力性强制性规定？

最高人民法院在法发〔2009〕40号文件中指出，“如果强制性规范规制的是合同行为本身即只要该合同行为发生即绝对地损害国家利益或者社会公共利益的，人民法院应当认定合同无效”。这种做法的实质就是通过“具体价值衡量说”来认定是否为效力性强制性规定，进而认定是否无效。[②] 这在行政协议的无效认定中也是可资借鉴的，在张某林诉北京市门头沟区政府征收安置协议无效案中，北京市第一中级人民法院在对被诉协议是否存在违反强制性规定之情形的认定上，采用了上述最高人民法院法发〔2009〕40号文件的精神。笔者认为，从理论上而言，在依据行政法律规范确定协议无效的审查中，并未区分管理性规定和效力性规定，只要法律规定的重大且明显的违法情形即可认定协议无效，已对管理性规定的适用规则留有一定空间。但既然是依据民事法律规范认定无效，应当侧重尊重双方当事人的合意及交易

---

① 王贵松：《行政协议无效的认定》，载《北京航空航天大学学报》（社会科学版）第31卷第5期。

② 王贵松：《行政协议无效的认定》，载《北京航空航天大学学报》（社会科学版）第31卷第5期。

秩序的问题，应是根据民事法律规范的相关规则来进行，强制性规定不宜扩大为与效力无关的强制性规定。

4. 是否违背公序良俗

根据《民法典》第一百五十三条第二款之规定，违背公序良俗的民事法律行为无效。公序良俗指公共秩序和善良风俗，公共秩序指法律秩序，善良风俗指法律秩序之外的道德。一方面，法律、行政法规难以对社会生活作出事无巨细的全面规定，且具有天然的滞后性。[①] 相比较而言，公序良俗的内涵和外延均不确定，存在解释空间，亦可与时俱进，有存在的必要性。另一方面，背俗无效将法律原则及道德引入协议效力判断，具有抽象性和不确定性，故其作为民事法律规范下协议无效判断的兜底条款，应当在穷尽其他效力判断规则时方能适用，与此同时，亦要警惕对背俗无效的扩大解释和滥用。司法实践中，以背俗为由认定行政协议效力，在征收补偿类协议案件中较为常见，徐某勋诉安丘市政府履行产权调换补偿协议案，安丘市政府在涉案协议中约定给予徐某勋两套安置房，但实际只向徐某勋交付了一套安置房。人民法院经审查，认为涉案协议中关于两套安置房屋的约定严重突破安置补偿方案政策，必将损害旧村改造之公共利益，该约定应认定无效。

三、无效行政协议的救济

行政协议被确认无效后，法律应当给予一定的救济渠道。如争议不能得到有效化解，或者不能相对公平地处理好法律关系，导致法律关系处于不稳定状态，将无法体现诉讼作为最后救济防线的功能，极易引发社会矛盾。《行政协议若干规定》第十五条及《民法典》第一百五十七条均对协议被确认无效后的救济作了规定，包括返还取得的财产，折价补偿以及采取补救措施、赔偿损失。

（一）关于返还财产、折价补偿的无效救济

行政协议被确认无效，即自始无效，其后果就是要将协议当事人之间的关系恢复到协议履行之前的状态，即恢复原状，不论双方对协议无效是否具

① 沈德咏：《〈中华人民共和国民法总则〉条文理解与适用》，人民法院出版社2017年版，第961页。

有过错。返还财产是恢复原状的一般形式，故返还财产系行政协议确认无效后优先适用的救济途径，且适用于协议双方。双方依照行政协议履行了所有物交付或者金钱给付，可以返还时，人民法院可以在确认协议无效的同时判决返还财产。实践中，行政协议标的多为特定物，当特定物被消费、毁损时，就出现财产不能返还的情形，此时人民法院应当判决折价补偿，以达到恢复原状之目的。如在房屋征收案件中，当事人诉请确认房屋征收补偿协议无效且房屋已被行政机关一方拆除，同时可以请求人民法院判决被告予以折价补偿。

（二）关于采取补救措施的无效救济

采取补救措施是一种“将侵害排除的救济”，以排除不利后果，避免损害扩大。虽然民法典规定了过错方补救制度，但根据《行政协议若干规定》第十五条第二款的规定，采取补救措施的无效救济，仅适用于因被告行为导致无效情形。在宋某荣诉请人民法院确认太湖旅游度假区管理委员会与第三人签订的农房拆迁安置补偿协议及补充协议无效案件中，人民法院经审查后，认定协议无效，虽未作出补救判决，但其在本院认为部分明确了被告应查明实际权利人并与其协商补偿事宜的职责。实践中，基于司法权对行政首次判断权的尊重，以及受限于行政法律规范无具体补救制度，人民法院多笼统裁判采取补救措施，或不直接作出补救判决，行政相对人或利害关系人的合法权益有可能无法在一次诉讼中得到充分救济。

（三）赔偿损失的无效救济

同补救措施救济相同，行政协议无效后赔偿损失的救济亦仅适用于被告原因导致行政协议被确认无效，给原告造成损失的情况。系在原告所遭受的侵害已形成无法除去的财产上或精神上的损害时，补偿其财产或精神上的损害，是对“既成损害之填补”。虽然《行政协议若干规定》规定仅在被告原因导致协议无效情形下适用赔偿救济，但就赔偿责任而言，笔者认为除应当将行政机关违法行为与行政相对人合法权益的减损纳入考量外，仍应综合考虑行政相对人的违法性，且赔偿亦应当由当事人提出诉讼请求，如当事人诉讼请求未包含赔偿损失内容，人民法院可以不直接作出包括赔偿内容的裁判，但责令行政机关采取补救措施判决可以包含相应赔偿要求，还可积极引导当事人提出赔偿请求。

实践中，存在争议的主要是赔偿范围问题。一种观点认为，2010年施行的《国家赔偿法》从现阶段经济社会发展的实际出发，适度提高了国家赔偿的标准，向着补偿性标准迈进了重要的一步，增加了第三十四条的部分条款以及精神损害抚慰金等。但从总体来看，修订后的国家赔偿法仍然采用抚慰性赔偿标准，在第三十六条第（六）项、第（八）项体现得尤为明显。行政协议行政性系其第一属性，应当考虑纳税人的利益，遵循国家赔偿的基本原则，赔偿损失的范围仅限于直接损失。另一种观点认为，依据《行政协议若干规定》第十九条、第二十条之规定，行政机关违约应当充分赔偿当事人的实际损失，该损失不仅包括直接损失，亦包括预期损失。[①] 且行政协议纳入行政诉讼受案范围后，即对原属于民事诉讼案件中应予支持的预期损失不予支持，难以弥补当事人的实际损失。在库尔勒塔里木饭店有限责任公司诉库尔勒市政府拆迁安置补偿协议纠纷案件中，人民法院认为如库尔勒市政府按照协议约定履行饭店交付义务，库尔勒塔里木饭店有限责任公司可以进行停车场经营收费，即停车场经营收益属于合同履行后可以获得的利益，属于应予赔偿的范围。但支持预期损失在司法审查中仍存在难以举证的困难，在该案中，人民法院认为经营收益损失的事实依据不充分，但库尔勒市政府延迟交付停车场必然会对塔里木饭店的权利造成影响，不能仅仅因为可得利益无法精确计算就予以全部驳回，进而判令库尔勒市政府作出赔偿决定。

行政协议确认无效引发赔偿范围是适用国家赔偿范围还是民事赔偿范围，目前法律没有明确规定。但鉴于现阶段市场经济的多元发展以及行政机关职能转变，行政协议相较传统行政行为，更加突出新型合作行政，在追求公共服务目标的同时，亦要兼顾私人主体盈利目的，单纯的直接损失并不足以弥补相对人一方因行政机关原因导致行政协议无效之损失，在赔偿范围上兼顾直接损失与预期损失具有一定合理性。但在具体案件中，仍需要考虑公共利益和社会稳定，如在征收项目中，因征收补偿协议无效引发赔偿问题，人民法院审理中应当兼顾其他被征收人的整体利益和纠纷的实质化解问题。

（四）采取补救措施与赔偿损失的并用规则

根据《民法典》第一百五十七条及《行政协议若干规定》第十五条第二

---

① 黄永维、梁凤云、杨科雄：《〈关于审理行政协议案件若干问题的规定〉的理解与适用》，载《人民司法》2020年第4期。

款的规定，当无效造成当事人损失时，除非补救或者赔偿已经弥补当事人全部利益，补救措施与赔偿损失可以并用，但二者的并用应当考虑先后顺序。如前文所述，补救措施的无效救济属于侵害排除的救济，当权利受到侵害时，应最先考量“如何将侵害排除”，使其权利不再受侵害，即行政法上的“第一次权利保护”优先原则。[①] 只有当所遭受的侵害已经形成无法除去的财产上或精神上的损害，则应采取“既成损害之填补”，即赔偿损失的无效救济。故，补救措施判决应当优先于赔偿损失判决予以适用。

四、结语

由于行政协议作为一种特殊的行政管理模式，既具有一般行政行为的行政属性，也具有民事合同的契约属性，决定了在无效性审查上必然要适用行政诉讼法的相关规定，也要准用民事法律规范的规定，但两种性质的法律依据必然带来诸多法律适用杂糅问题，虽然《行政协议若干规定》对涉及行政协议无效审查的主要问题作了规定，但这远远不能满足司法审查的需要。现阶段，仍要在坚持优先适用行政诉讼法律规范基础上，兼采具体价值衡量原则，在司法审查中不断总结经验，完善审判规则，通过发挥行政审判职能作用，对切实保障人民群众在行政协议中的合法权益、推进法治政府建设、优化法治化营商环境、提高政府行政治理能力有所裨益。

（作者单位：贵州省高级人民法院）

① 江必新、梁凤云：《最高人民法院新行政诉讼法司法解释理解与适用》，中国法制出版社 2015 年版，第 157 页。

国有土地上房屋征收背景下未登记建筑权利救济的反思与重构

张淑萍

【摘要】未登记建筑的认定与处理的合法性是国有土地上房屋征收及征补案件中常见的争议问题。实践中，未登记建筑认定及补偿执法与审判尺度不一，认定与补偿的正当性经常遭受行政相对人的质疑。本文通过回归行政法基本原则，将合法行政原则、正当程序原则引入未登记建筑认定与补偿工作，结合行政诉讼对行政行为主体资格和法定职权、事实依据、履行的程序和适用的法律的要素审查，确定未登记建筑认定与补偿专门性规定的主要内容，并根据法不溯及既往原则确定适用未登记建筑建造当时的法律作为合法性与否的认定标准，同时对未登记建筑认定与处理的救济渠道作出安排。

【关键词】征收　未登记建筑　认定标准　建造时点

伴随我国经济的不断发展，城镇化进程日益推进，大量人口从农村涌入城市，城市住房供不应求，棚户区的出现暂时缓解了这种紧张的住房供需矛盾，为大量新进入城市的人口提供了临时的居所。与此同时，为数不少的城市低收入者无力改善居住条件，居住在破旧不堪的旧城区。高质量发展要求城市建设规划得当、布局合理，棚户区、旧城区显然不符合高质量发展的要求，棚户区改造、旧城区改建遂提上日程，成为近年来各地政府改善群众居住条件的民心之举。国有土地上房屋征收是棚户区改造、旧城区改建的重要一环，对有产权登记的房屋的征收一般以产权登记面积作为征收补偿依据，对未登记建筑的补偿实践中各地做法不尽相同。未登记建筑的认定与补偿问题成为国有土地上房屋征收与补偿案件中最常见的争议焦点之一。确定统一、科学、合理的未登记建筑的认定与补偿办法成为行政执法与行政司法审判中亟待解决的课题。

一、未登记建筑认定与补偿的执法与审判现状

《国有土地上房屋征收与补偿条例》是国有土地上房屋征收与补偿案件的主要法律依据之一。笔者调取了T市某中级人民法院2011年1月19日《国有土地上房屋征收与补偿条例》施行以来审结的1335份房屋征收与补偿相关案件文书，通过分析发现，共有383份文书行政相对人主要的起诉理由之一为对未登记建筑的认定与补偿有异议，认为没有对未登记建筑进行认定与补偿，或者认定面积不足、补偿的数额不够，或者与相邻行政管辖区域的认定与补偿办法不一致。由此可见，未登记建筑的认定与补偿争议是国有土地上房屋征收与补偿案件中最常见的争议问题之一。

（一）未登记建筑认定与补偿行政执法尺度差异明显

未登记建筑的成因多样，认定过程复杂，细致的调查认定工作与实现行政管理的效率目标存在表象冲突，某些征收人[①]为了最大化地实现棚户区改造、旧城区改建的效率目标，对未登记建筑实行“一刀切式”地认定为违法建筑，一律不予补偿。另有某些征收人成立专门的未登记建筑认定工作组，对征收范围内的未登记建筑进行调查、认定，对认定为合法建筑的，由房屋征收部门予以补偿，对认定为违法建筑的，不予补偿。即使这些对未登记建筑进行分类认定的征收人，在进行未登记建筑的认定时也会采取不尽相同的标准，有的以某一年的航拍图为准，有的以地籍资料为准，有的以规划部门的意见为准等，作为认定未登记建筑是否合法的事实依据。实践中，未登记建筑认定与补偿的行政执法尺度存在较大差异。

（二）未登记建筑认定与补偿的实然裁判结果差异较大

统一类案裁判尺度是新一轮司法改革的重要内容，房屋征收与补偿案件往往涉及群体性利益和某行政区域范围的重点工作，牵一发而动全身，更需要统一的裁判尺度来保证司法的公信力。司法实践中，确保某一行政区域内的房屋征收与补偿案件裁判尺度统一是绝大多数法院的共识，这些案件中征

---

① 根据《国有土地上房屋征收与补偿条例》第四条第一款规定，“市、县级人民政府负责本行政区域的房屋征收与补偿工作”，市、县级人民政府为本行政区域的征收人。

收人一般对未登记建筑的认定与补偿采用了相同的程序与标准，行政执法尺度在本行政区域范围内是相同的，统一案件裁判尺度在操作层面并无难度。问题在于，各行政区域的征收人对未登记建筑的认定与补偿行政执法尺度不尽相同。如前所述，对能否认定为合法建筑、认定标准及是否给予补偿各行政区域的征收人持不同意见。极端的情况是，分属不同行政管辖的两个相邻片区，分别适用不同的未登记建筑认定与补偿标准，容易让不能获得或者少获得补偿区域的群众产生巨大的心理落差，质疑房屋征收与补偿的公平性。

司法的谦抑性要求法院在具体行政案件的审理中会充分尊重行政机关的专业知识和首次判断权，通常不直接对其合法性作出判断。[①] 未登记建筑的认定与补偿问题属于房屋征收与补偿案件中的专业事实问题，行政机关对未登记建筑的认定与补偿判断更具有专业性，故对未登记建筑的认定与补偿问题，法院通常会保持必要的克制，尊重行政机关的专业判断。即使对行政机关遗漏认定的情形，法院通常的做法是向行政相对人释明由行政相对人向征收人申请认定，而不会因征收人遗漏未登记建筑的认定与补偿而直接作出房屋征收与补偿决定违法的裁判。法院的裁判通常会维持某一行政区域内征收人关于未登记建筑的认定与补偿判断，而维持两个不同行政区域的不同判断，表现在裁判的实然结果上，就是明显的差异。

二、现有未登记建筑认定与补偿的正当性遭受质疑

在国有土地上房屋征收与补偿背景下，对未登记建筑合法性与否的认定是否正当以及基于合法性认定作出的相应补偿是否公平是未登记建筑认定与补偿方面的主要争议问题。具体表现为：

（一）认定与补偿办法规定不明

以“未登记建筑”作为关键词在法信数据库检索，共检索出59份地方规范性文件，其中有11份地方规范性文件专门规定未登记建筑的认定与补偿，其余48份地方规范性文件为国有土地上房屋征收与补偿办法等相关文件，这48份文件中除3份文件对未登记建筑认定与补偿作出较为具体的规定之外，

---

① 陶品竹：《正当程序原则与司法谦抑性——于艳茹诉北京大学撤销博士学位案的启示》，载《民主与法制时报》2017年第157期。

其余45份文件均仅作出征收国有土地上房屋应当对未登记建筑进行认定和处理的原则性规定。未登记建筑认定与补偿办法规定不明，相关行政主体执法过程随意性较大，规范性不足，行政相对人对未登记建筑的认定与补偿结论缺乏相对明确的预判，对未登记建筑的认定与补偿结论的合法性、合理性存在质疑。

（二）认定标准缺乏灵活性

前文已述，鉴于未登记建筑的形成原因具有多样化特征，对未登记建筑的认定是一项纷繁复杂的工作，它需要考虑针对不同成因的未登记建筑确定不同的调查程序和认定标准，并根据形成原因及建造年代适用相应的法律依据。实践中，相关行政主体或者出于保障征收补偿工作效率的考虑，或者因"懒政"思维作祟，对未登记建筑的认定倾向于适用"一刀切式"认定标准。例如以某一年航拍图为界限，航拍图上存在的建筑就认定为合法建筑，航拍图上不存在的，就认定为违法建筑。更有甚者，某些行政主体向规划部门函询征收范围内未登记建筑是否经过规划许可，以规划部门复函情况作为未登记建筑合法性认定的唯一事实根据，而不考虑未登记建筑的建造年代、形成原因、行政相对人有无其他居所等情况，而规划部门的复函结论一般是征收范围内未登记建筑均未经过规划许可，相应地，行政主体将征收范围内的未登记建筑一律认定为违法建筑予以拆除，而不予补偿。认定标准单一、缺乏灵活性，难以全面考虑到征收范围内未登记建筑权利人的具体情况，这种"一刀切式"的认定标准看似公平公正却导致行政相对人在获得补偿方面的实质不公正。

（三）行政相对人权利救济渠道不明

未登记建筑合法性与否的认定结论是否具有可诉性，《国有土地上房屋征收与补偿条例》并未作出规定，这就依赖地方规范性文件对此予以明确。59份地方规范性文件中，仅有4份规定了行政相对人对未登记建筑认定结论可以提出异议的权利，且对行政相对人提出异议的权利分别给予了不同程度的救济。其中1份地方规范性文件规定行政相对人对区工作组认定意见有异议的，应当在规定期限内向市工作组书面提出重新认定申请，市工作组收到重新认定申请在规定期限内可以责令区工作组重新认定，也可以自行认定，并书面告知行政相对人。[①] 1份地方规范性文件规定未登记建筑权利人对区政府认定意见有异议的，应在规定期限内向区政府书面提出重新认定申请，区政府应当组织相关承办部门和单位进行复查，并作出复核确认。[②] 1份地方规范性文件规定行政相对人应当在规定期限内向房屋征收事务中心提出书面复核申请，房屋征收事务中心应当在规定期限内将复核申请递交区房管局。区房管局应当会同区规土局在规定期限内予以复核，并将复核结果再次公示。[③] 1份地方规范性文件规定区规划部门应当将拟认定的结果书面通知被征收人，并公示、公告，告知、公告须载明被征收人享有听证、申辩等权利，被征收人或相关利害关系人对拟认定结果有异议的，可以在规定期限内向规划部门举证，规划部门对当事人提供的证据应当认真研究，决定是否采用，并回复当事人；还规定书面认定结论应当载明被征收人享有行政复议和行政诉讼的权利、途径、期限等。[④] 对相关行政主体作出的未登记建筑合法性与否的认定结果，行政相对人能否提出异议，以及对行政相对人异议的处理规定不明，是地方规范性文件的普遍问题。

伴随城镇化进程不断推进和长期以来各地方政府对土地财政的依赖，土地及房屋价值与日俱增，未登记建筑合法性与否的认定结论直接关系到行政相对人能够获得的补偿与安置，对行政相对人征收补偿权利具有重大影响，相关权利救济渠道不明，行政相对人将申诉无门，引发信访隐患，亦不利于房屋征收与补偿工作的整体推进。

三、未登记建筑认定与补偿实践困境的多重原因

现有未登记建筑认定与补偿工作的正当性遭受质疑存在多方面的原因，主要表现为以下三个方面：

---

① 参见济南市城市管理行政执法局、济南市城乡建设委员会、济南市国土资源局等《关于印发〈济南市国有土地上房屋征收范围内未登记建筑认定和处理办法〉的通知》第九条、第十条。

② 参见荆门市人民政府办公室《关于印发〈荆门市中心城区国有土地上房屋征收范围内未登记建筑调查认定处理办法〉的通知》第九条第（四）项。

③ 参见上海市虹口区住房保障和房屋管理局《关于印发〈虹口区国有土地上房屋征收范围内未经登记的建筑调查认定和处理办法〉的通知》第九条。

④ 参见上海市虹口区住房保障和房屋管理局《关于印发〈虹口区国有土地上房屋征收范围内未经登记的建筑调查认定和处理办法〉的通知》。

（一）未登记建筑认定与补偿工作复杂繁重

未登记建筑的形成原因复杂多样，有的是因为权利人未提出登记申请，有的是因为未经过规划许可，有的是因为权利受限或不能提供权利来源文件，有的是因为临时建筑不予登记，等等。[①] 对未登记建筑合法性与否作出认定首先应当对未登记建筑的形成原因、建造年代调查清楚，根据不同形成原因及建造年代分别予以不同处理，未登记建筑调查与认定工作难度大。此外，未登记建筑权属状况难辨、法律关系复杂，可能涉及建造人、使用人、出租人、承租人等诸多权利人，且未登记建筑是否具有所有权、具有何种性质的所有权以及所有权归属何方在理论界与实务界仍存在较大争议。此种背景下，如何公平合理地确定未登记建筑的认定与补偿方案成为执法难点。未登记建筑成因多样、法律关系复杂等特点导致对未登记建筑的认定与补偿工作琐碎繁杂，工作难度大，容易出现调查不全面、认定有遗漏、补偿不到位等情形。

（二）相关行政主体执法能力和水平不足

未登记建筑的认定与补偿工作复杂繁重极大地考验相关行政主体的执法能力和执法水平。做好未登记建筑的认定与补偿工作，相关行政主体需要制定具体可行的认定与补偿方案，在征收范围内逐户展开细致调查，并根据认定与补偿方案依靠专业知识作出专业判断，对相关行政主体的服务意识、执行力及专业性均提出较高要求。特别是涉及棚户区改造、旧城区改建的国有土地上房屋征收与补偿项目，一般征收范围广、涉及被征收房屋权利人众多，未登记建筑数量多、情况复杂，工作体量大，而行政机关编制及人员有限，更是考验着相关行政主体的执法能力和水平。实践中，部分相关行政主体执法能力和水平有限，主动降低了执法的标准，采用“一刀切式”认定标准，或者对未登记建筑不予认定为合法建筑并不予补偿，或者以单一标准作为未登记建筑是否合法的认定依据。这种“一刀切式”认定标准是相关行政主体现有执法能力和水平不足的情况下的无奈之举，尽管提高了未登记建筑认定与补偿工作形式上的效率，但是这种效率却是以不考虑未登记权利人具体情况、部分减损未登记建筑权利人利益而获得的，必然引发未登记建筑权利人

---

① 褚建好、张永魁、肖勇：《国有土地上房屋征收与补偿实务指南》，中国政法大学出版社2012年版，第186—189页。

的质疑。

（三）缺乏明确的法律指引

《国有土地上房屋征收与补偿条例》第二十四条规定，市、县级人民政府作出房屋征收决定前，应当组织有关部门依法对征收范围内未经登记的建筑进行调查、认定和处理。对认定为合法建筑和未超过批准期限的临时建筑的，应当给予补偿；对认定为违法建筑和超过批准期限的临时建筑的，不予补偿。该条规定是国有土地上房屋征收背景下，对未登记建筑认定与补偿的法律依据。根据该条规定，对未登记建筑进行调查、认定和处理的主体是“有关部门”；未登记建筑可以被认定为合法建筑、未超过批准期限的临时建筑、违法建筑、超过批准期限的临时建筑；其中对合法建筑、未超过批准期限的临时建筑应当给予补偿，对违法建筑、超过批准期限的临时建筑不予补偿。换言之，该条规定并未明确对未登记建筑进行调查、认定和处理的具体主体，亦未明确将未登记建筑认定为合法建筑、违法建筑的具体标准及相应程序。一方面，因法律规定不明，未登记建筑认定与补偿的行政执法主体、标准、程序均无具体法律规范可供遵循，导致行政执法尺度不一，减损了行政执法的权威性，容易引发行政相对人对认定与补偿结论的质疑。另一方面，因没有具体明确的认定与补偿标准，行政相对人往往对未登记建筑的补偿同有证房屋的补偿持相同期待，期待补偿数额一般远高于行政机关决定的补偿数额，这成为国有土地上房屋征收与补偿案件中最常见的争议问题之一。

四、未登记建筑权利救济的路径探索

行政法的基本原则是行政执法和行政审判应当遵守的基础性法则，包括合法行政原则、合理行政原则、程序正当原则、高效便民原则、诚实守信原则、权责统一原则等六项基本原则。在制定法规定不明的情况下，行政法的基本原则为具体问题的法律适用提供了基本准则。未登记建筑的认定与补偿应当符合行政法各项基本原则。

（一）未登记建筑的认定与补偿是征收必经程序

合法行政原则是行政法的首要基本原则，要求行政主体进行行政执法活动必须遵守法律规定。国有土地上房屋征收与补偿背景下，未登记建筑的认定与补偿的法律依据为《国有土地上房屋征收与补偿条例》第二十四条。根据该条规定，组织有关部门依法对征收范围内未经登记的建筑进行调查、认定和处理，是行政征收主体在作出房屋征收决定前必须要履行的程序，否则就违反了合法行政原则。因此，不对未登记建筑进行调查、认定和处理就直接作出房屋征收决定，或者对未登记建筑不进行调查就一律按照违法建筑予以拆除的行政行为，必然不具有合法性。

（二）未登记建筑的认定与补偿要有据可依

根据合法性原则，行政主体法职权法定，法无授权不可为，行政执法活动应当遵守法律规定。制定专门性的未登记建筑认定与补偿办法可以为未登记建筑的认定与补偿提供明确的法律指引，有关部门可以依据规范性文件的明确规定作出未登记建筑是否合法及是否应予补偿的判断，有助于提高行政执法效率与水平。同时，行政相对人可以根据规范性文件的明确规定对未登记建筑能否获得补偿以及获得补偿的数额作出预判，实际可获得的补偿与期待的补偿通常不会存在太大差距，有利于赢得行政相对人对未登记建筑认定与补偿工作的支持。此外，制定专门性的未登记建筑认定与补偿办法能够在很大程度上统一执法尺度，保护行政相对人的信赖利益，增强相关行政执法行为的公定力、确定力、拘束力、执行力，对顺利推进房屋征收与补偿工作大有裨益。

（三）未登记建筑的认定与补偿要程序正当

程序正当原则要求行政主体在进行行政执法活动时严格遵循法定程序，依法保障行政相对人的知情权、参与权和救济权。[①] 未登记建筑的认定与补偿应当全程贯穿程序正当原则。制定未登记建筑认定与补偿的专门性规范性文件，应当广泛征求征收范围内的群众意见，确保公众参与规范性文件的制定过程。在作出未登记建筑的认定结论之前应当履行调查程序，听取行政相对人的意见，作出认定结论后应当依法送达，并告知其救济渠道，保障行政相对人的各项程序性权利。

五、制定专门性未登记建筑认定与处理办法

前文已述，制定专门性的规范性文件是解决未登记建筑认定与处理难题

① 吴鹏：《行政法与行政诉讼法》，中国人民大学出版社 2013 年版，第 9—10 页。

的首要路径。鉴于未登记建筑成因的多样性、权属状况和法律关系的复杂性以及对行政相对人权利产生重要影响的现实性，未登记建筑的认定与处理应当遵循尊重历史、实事求是、程序正当、公开公正的原则。专门性的规范性文件需要至少涵盖未登记建筑的认定主体、认定程序、认定标准、补偿安排、救济渠道等内容。

（一）未登记建筑的认定主体

《国有土地上房屋征收与补偿条例》第二十四条规定未登记建筑的调查、认定和处理由市、县级人民政府组织“有关部门”进行。根据该条规定，参照目前各地方规范性文件的规定，对未登记建筑的调查、认定和处理应当首先由市、县级人民政府牵头组织成立专门的未登记建筑认定工作组，并将各“有关部门”纳入其中。“有关部门”可以理解为与国有土地上房屋征收与补偿工作有关的部门，包括房屋征收、规划、自然资源（原国土）、住建、综合执法部门（城市综合执法局、街道办事处）等，由各个部门委派专门工作人员作为联络员共同进驻未登记建筑认定工作组。由房屋征收部门负责未登记建筑基本情况的调查，以及对合法性未登记建筑的补偿工作。由规划和自然资源部门负责对未登记建筑的规划许可情况和土地使用权属情况进行审查。由住建部门负责对未登记建筑的施工许可、竣工验收备案等情况进行审查。由综合执法部门对未登记建筑的执法处理情况出具审查意见，并对认定为违法建筑的未登记建筑按照违法建筑处理的有关规定予以处理。各项工作的衔接可以由各部门派驻未登记建筑认定工作组的联络员负责。

（二）未登记建筑的认定程序

对行政行为合法性的审查一般包含对主体资格和法定职权、事实依据、履行程序和适用法律等四个要素的审查，[①] 同理，行政执法行为的合法性也应当具备上述四个要素。具体到未登记建筑的认定方面，表现为：一是未登记建筑的认定主体应适格；二是未登记建筑合法性与否的认定结论有充分的事实依据支撑；三是履行了调查、认定、公示、送达等必要的程序；四是适用法律正确。

未登记建筑的认定主体前文已述，未登记建筑认定的法律适用主要是

① 程琥：《行政诉讼合法性审查原则》，载《法律适用》2019 年第 19 期。

《国有土地上房屋征收与补偿条例》和专门性规范性文件，在此均不赘述。未登记建筑认定结论的充分事实依据则依赖于房屋征收部门对未登记建筑情况的调查，包括向规划、自然资源、住建、综合执法等部门的核实情况，以及对行政相对人异议的核实情况。未登记建筑认定程序的合法性依赖于充分保障了行政相对人知情权、参与权、救济权等各项权利，这就需要对未登记建筑的调查情况、初步认定情况、最终认定情况进行公示和送达，对行政相对人异议进行复核回应。根据行政行为合法性的要素分析，结合对现有地方规范性文件梳理，未登记建筑认定的程序应当包括调查、核实、初步认定、公示及送达、复核、认定、再次公示及送达等程序。具体如下：

（1）调查。房屋征收部门对征收范围内未登记建筑的权属状况、建造时间、四至范围、建筑层数、现有审批手续等基本情况进行调查、汇总，委托具有资质的房产测绘机构进行测绘，并以户为单位建立调查台账，收集、整理相关调查资料，形成一户一档的案卷。

（2）核实。房屋征收部门将未登记建筑调查档案提交未登记建筑认定工作组，未登记建筑认定工作组通过有关部门联络员将调查档案资料分门别类移送规划、自然资源、住建、综合执法等部门进行审查，上述部门经过审查向未登记建筑认定工作组出具书面专业审查意见。

（3）初步认定及公示、送达。未登记建筑认定工作组根据各有关部门出具的专业审查意见，做出初步认定意见，在征收范围内予以公示，并向行政相对人送达。因涉及行政相对人重大切身利益，应告知其如有异议，享有申请重新认定的权利。

（4）复核。相关权利人在规定期限内对初步认定意见存在异议的，可以向未登记建筑认定工作组申请重新认定，说明理由并提供证据。未登记建筑认定工作组对有异议的未登记建筑进行复查，异议成立的，重新进行初步认定；异议不成立的，作出复核确认。

（5）认定、再次公示及送达。公示无异议或者异议经复核不成立的，未登记建筑认定工作组出具书面认定意见，经申请市、县级人民政府同意后，作出书面认定决定，加盖市、县级人民政府公章。书面认定决定在征收范围内进行公示，并向行政相对人送达。

（三）未登记建筑的认定标准及补偿安排

根据法不溯及既往原则，对未登记建筑的认定应当适用未登记建筑建造当时的法律规定。

1. 未登记建筑的认定标准

我国关于城市规划最早的法律规定为国务院于1984年1月5日发布的《城市规划条例》（已失效），在1984年1月5日之前建造的未登记建筑，按照当时的法律规定一般属于合法建筑。未登记建筑的建成时间、四至范围、层数等情况可以依据行政相对人提供的土地权属证明文件、房屋建设批准文件或者从有关部门调取的地图、地籍、房屋产权资料等档案资料予以认定。由于历史原因，1984年1月5日之前可能存在无法提供上述证明材料的情况，此时，为充分保障行政相对人合法权益，可以由未登记建筑所在地的社区居（村）民位会员出具证明、两名以上无利害关系人出具邻里证明，在征收范围内经过公示后作为认定依据。

《城市规划法》（已失效）于1990年4月1日起施行，对于1984年1月5日起至1990年4月1日之前建造的未登记建筑应当适用《城市规划条例》对其合法性进行认定。按照《城市规划条例》的规定，行政相对人或者有关部门能够提供土地权属证明或建设用地批准文件或者建设许可文件或者乡（镇）人民政府、街道办事处或者其他有关部门出具的建房批准文件的，可以认定为合法建筑。

1990年4月1日《城市规划法》施行后以及2008年1月1日《城乡规划法》施行后，按照当时有效的法律规定，符合下列情形之一的，可以认定为合法建筑：一是建设审批手续齐全且与审批要求基本一致的，但尚未取得房屋权属登记证明的已完工建筑；二是建设审批手续齐全且已完工部分与审批要求基本一致的未完工建筑；三是对影响城市规划尚可采取改正措施的违法建设，由规划部门责令限期改正并处罚款后，符合规划许可条件并缴纳相关税费的。

对未登记建筑的认定与补偿既要充分保障行政相对人合法权益，也要严格执法标准，避免行政相对人因违法行为而获益。对于严重影响公共利益的未登记建筑应当认定为违法建筑，例如占用城市公园、绿地、河道、道路、城市空地、地下管线和消防通道的建筑，在公产房屋上私自加层、扩建或占用公产房屋基地私自搭建的建筑，在人民政府作出征收决定前突击抢建的建筑等。

此外，对于临时建筑可以认定为未超过批准期限的临时建筑和超过批准期限的临时建筑。

2. 未登记建筑的补偿安排

对于认定为合法建筑、未超过批准期限的临时建筑的未登记建筑，由房屋征收部门予以安置补偿。对于认定为违法建筑、超过批准期限的临时建筑的未登记建筑不予补偿，并由综合执法部门按照违法建筑拆除的相关规定予以拆除。为践行以人民为中心的执法理念，传达行政执法的人文关怀，对于未登记房屋被认定为违法建筑，又无其他居所，且生活存在困难的行政相对人，房屋征收部门应当协调社会保障部门做好托底安置。

（四）未登记建筑认定与处理的救济渠道

无救济则无权利。虽然未登记建筑认定与处理作为整个房屋征收与补偿行为的一个中间环节，具有过程性行为的特征，不具有单独可诉性，但未登记建筑的认定结论关乎行政相对人能获得补偿的多寡，关系行政相对人重大切身利益，应当充分保障行政相对人获得救济的权利。除了保障行政相对人在行政处理程序中获得复核的权利外，在房屋征收及征补行政诉讼中应当将未登记建筑认定与处理作为一项重点审理内容，并在裁判文书论理部分充分回应行政相对人关于未登记建筑认定与处理结论的诉讼主张。尽管行政诉讼秉持司法谦抑原则，不对未登记建筑的认定决定中的专业判断过度审查，但即使是对未登记建筑认定程序合法性的审查，也会对行政主体履行正当程序起到督促作用，从而进一步保障行政相对人的合法权益。

（作者单位：天津市第一中级人民法院）

行政诉讼简易程序的“沉睡”与“唤醒”

——行政行为合法性审查标准的多重解构

邓 莉 傅 宇

【摘要】本文以2017年至2019年W中级人民法院适用行政诉讼简易程序的情况为样本进行实证考察，通过访谈调研的方式，对行政诉讼简易程序适用率低的原因进行分析，从客观和主观两个层面，得出当前行政诉讼简易程序适用率低的原因，是当前简易程序设计仅在审理步骤上加快了案件审理速度，加大了法官办案强度，法官适用简易的主观意愿低。本文从司法审查谦抑性、权利成本理论、行政诉权分层保障三个方面分析行政行为审查标准的不唯一性，并以行政诉讼保护相对人权益的立法目的为基准，利用权利位阶比较的方法，对行政行为合法性审查标准进行多重解构。提出对于原告不同位阶的权利保护应当采取不同的合法性审查标准，参照《最高人民法院关于适用〈中华人民共和国行政诉讼法〉的解释》第一百六十一条“一主体三明显”标准，对实施主体、行为基本要素以“明显重大违法”标准进行审查，然后聚焦争议核心，进行合法性有限审查。进而论证简易程序中采取有限审查标准的合理性，构建行政诉讼简易程序中的“自认规则”，从而为优化适用简易程序提出合理建议。

【关键词】行政诉讼　建议程序　审查标准　自认规则

随着司法改革的推进，民众对依法行政的要求不断提升，行政案件数量大幅度上升，案件类型日益多元，行政审判案多人少矛盾日益明显，行政案件繁简分流势在必行。在此背景下，《行政诉讼法》《最高人民法院关于适用〈中华人民共和国行政诉讼法〉的解释》相继发布，对简易程序作出规定。然而，司法实践中，行政诉讼简易程序适用率低，仍没有达到预期效果。

一、"沉睡"之困：行政诉讼简易程序适用率统计

笔者通过在重庆法院案件管理系统综合查询中输入"法院""案件类型""适用程序"，并将"结案时间"分别限制"2017 年 1 月 1 日至 12 月 31 日""2018 年 1 月 1 日至 12 月 31 日""2019 年 1 月 1 日至 12 月 31 日"这三个时间段，得出，2017 年至 2019 年，W 中级人民法院一审行政案件总数分别为 600 件、688 件、713 件，一审案件数量相对稳定并小幅增长；同期适用简易程序审结的案件分别为 121 件、131 件、26 件（见图 1），适用率分别为 20.2%、19.0%、3.6%，平均简易程序适用率为 13.8%。

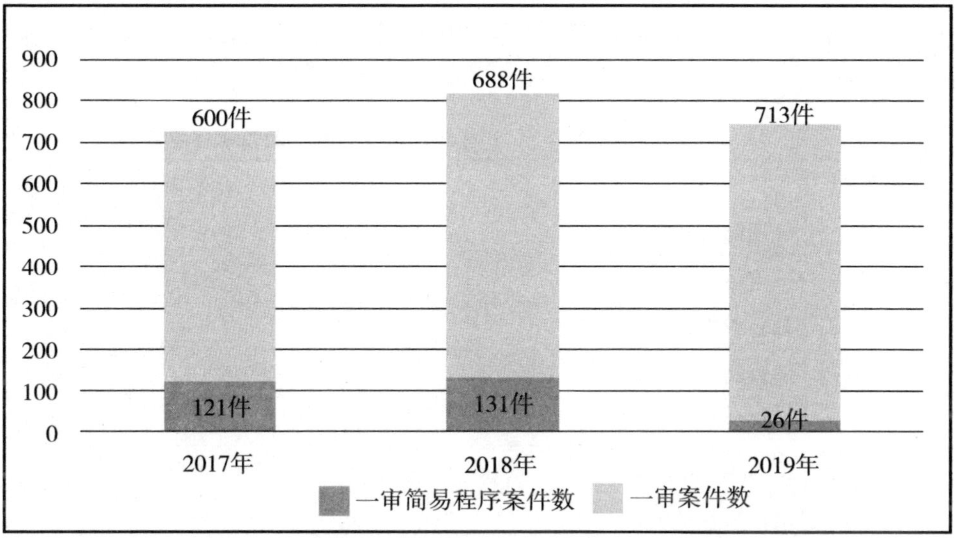

图 1　W 中级人民法院 2017 年至 2019 年一审案件数及简易程序案件数

为验证 W 中级人民法院适用简易程序现状的代表性，笔者将数据统计规模扩大，选取重庆市各中级人民法院 2017 年至 2019 年共审结一审行政案件 1294 件、1437 件、1617 件，其中适用简易程序审结案件数分别为 126 件、235 件、138 件，统计期 3 年内平均简易程序适用率为 11.5%；重庆市所有法院 2017 年至 2019 年共审结一审行政案件为 7139 件、7688 件、9575 件，其中适用简易程序审结案件数分别为 610 件、1159 件、1695 件，统计期 3 年内平

均简易程序适用率为 14.19%。[①] 可见 W 中级人民法院在 2017 年至 2019 年的统计期内，简易程序平均适用率与所在地区法院平均简易程序适用率基本一致，具有较强的代表性。

为验证 W 中级人民法院适用简易程序现状的典型性，笔者又选取同地区与 W 中级人民法院体量相似的 Y 人民法院，同地区基层法院结案数量最多的市辖区 J 人民法院，以及同地区基层法院中结案数量最少的远郊县 R 法院，用相同条件在重庆法院案件管理系统综合查询 2017 年至 2019 年数据并进行分析。Y 中级人民法院一审行政案件逐年小幅增长，J、R 区人民法院 2017 年至 2018 年一审行政案件有小幅增长，但 2019 年一审案件数量回落；简易程序适用率方面，Y、J、R 人民法院简易程序案件适用数量随一审案件总数变化，Y、J、R 人民法院 2017 年至 2019 年平均简易程序适用率分别为 11.6%、16.7%、11.8%（见表 1）。

表 1　Y、J、R 法院 2017 年至 2019 年一审行政案件及简易程序数据

法院	指标	2017 年	2018 年	2019 年
Y 法院	适用简易程序数	0	69	81
	一审结案数	446	399	422
	简易程序适用率	0.00%	17.29%	19.1%
J 法院	适用简易程序数	6	115	89
	一审结案数	425	483	387
	简易程序适用率	1.18%	23.81%	23.00%
R 法院	适用简易程序数	12	10	14
	一审结案数	110	127	67
	简易程序适用率	10.91%	7.87%	20.90%

可见，W 中级人民法院 2017 年至 2019 年简易程序适用率处于同地区平均水平，在同地区具有代表性，其一审案件数量节节攀升，适用简易程序的案件占比逐步下降，案件数量变化趋势也具有典型性，反映出 W 中级人民法院适用简易程序逐渐陷入“沉睡”，低适用率无疑会影响简易程序制度效能的发挥，无法实现案件繁简分流、诉讼效益提高的立法目的。

① 重庆市高级人民法院：《2019 年行政审判白皮书》，2020 年 6 月，第 8 页。

二、"沉睡"之因：简易程序困境的主客观原因分析

行政诉讼简易程序适用率低的现状，其原因是多方面的，客观上《行政诉讼法》及司法解释规定的行政诉讼简易程序范围较窄，适用简易程序案件中以信息公开案件为主，随着信息公开案件数量下降，简易程序案件数量也有所下降。主观上，行政诉讼当事双方对选用简易程序没有达成共识，因不同程序需求呈现出适用简易程序的不同倾向，因此，承办法官主观意愿成为简易程序适用的决定性因素，但由于受审查标准不简、具体规则不明、配套激励不足、舆情风险较大的制约，承办法官对依职权适用简易程序意愿不高。

（一）简易程序案件类型分析

《行政诉讼法》第八十二条规定了行政诉讼简易程序的适用范围，第八十二条第一款规定了适用简易程序的实质标准，即"事实清楚、权利义务关系明确、争议不大"，同时，第八十二条第一款规定了适用上述实质标准的三类具体类型案件：（1）被诉行政行为是依法当场作出的；（2）案件涉及款额二千元以下的；（3）属于政府信息公开案件的。从前后语义逻辑来看，这三类行政案件适用简易程序，不需要当事人的同意，人民法院可以直接适用。[①] 第八十二条第二款赋予了当事人的程序选择权，在当事人各方同意适用行政诉讼简易程序的前提下，其他满足第一款实质标准而非第一款列举的三类案件，人民法院也可以依职权适用简易程序。[②]

从W中级人民法院适用简易程序案件的实际情况来看，信息公开案件占到适用简易程序案件的大多数，2017年至2019年信息公开案件分别占简易程序案件审理的67.4%、75%、78.6%，三年间信息公开案件总占比达70.2%（见图2）。

---

① 葛先园：《新〈行政诉讼法〉第八十二条第一款适用问题研究》，载《学习与探索》2016年第7期。

② 杨寅、戴岩：《行政诉讼简易程序的新近发展与完善》，载《上海政法学院学报》2019年第6期。

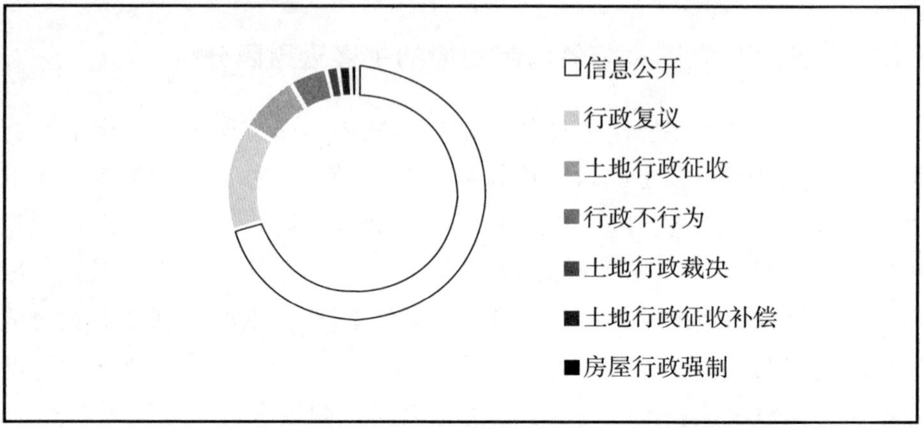

图 2　W 中级人民法院 2017 年至 2019 年适用简易程序案件类型分布

2017 年至 2019 年 W 中级人民法院审理的简易程序案件中没有出现《行政诉讼法》第八十二条第一款规定的“依法当场作出的”“案件涉及款额二千元以下”两种类型案件，其余适用简易程序的案件皆为当事人各方同意适用行政诉讼简易程序。

W 中级人民法院适用简易程序的案件，其主要构成是信息公开案件，近年来政府信息公开案件呈井喷式增长并趋于稳定，占行政诉讼案件总量的 17%左右，[①] 适用简易程序案件数量随着信息公开案件数量呈现波动变化。因《行政诉讼法》第八十二条第一款的规定，确定了法院依职权直接适用简易程序案件的范围，这三类案件数量在行政诉讼案件总量中占比较小，客观上造成 W 中级人民法院依职权直接适用简易程序案件较少。

（二）承办法官适用意愿是简易程序适用的核心因素

《行政诉讼法》第八十二条第二款规定当事双方均同意适用简易程序的，且符合简易程序实质标准的案件可以适用简易程序。但通过调研访谈，得知原被告双方很难就适用简易程序达成一致意见。主要原因是当事双方对于行政诉讼程序的需求截然相反，原告对于行政诉讼的程序需求是越快越好，而被告由于举证期限、对裁判时效性不敏感等原因，其程序需求反而是越慢越好。因此，承办法官适用简易程序的主观意愿，成为简易程序适用的决定

---

① 王明翌：《大数据视域下政府信息公开案件研究》，载《法制博览》2019 年第 2 期。

因素。

追求公平与效率是每名法官对诉讼程序的需求，在可能的情况下当然希望程序越简越好。但由于目前简易程序并不完善，承办法官的适用意愿并不高。在整个程序中体现出以下不足之处：

1. 审查标准不简

对于行政行为的司法审查标准，采取合法性全面审查标准，包括审查被告资格、原告资格、起诉期限、受案范围、作出程序以及法律依据和认定事实等内容。即使在简易程序中，法官仍然需要按照要全面审查的思路对行政行为的合法性进行审查，使得当前简易程序的制度设计，更像是“快进”版的普通程序，需要增加工作强度，将原本可以 6 个月完成的审理流程缩短为 45 天。

2. 具体规则不明

首先，由于缺乏配套具体简化审理规则，承办法官担心程序违法，所以具体如答辩、送达、开庭、宣判等环节依然按照普通程序审理，且简易程序没有相应的延期规则。[①] 其次，尽管近年来令状式、表格式、要素式裁判文书在全国多地探索试点，并取得了一批成果，但简式裁判文书易被当事人诟病，也是引起涉诉信访的敏感点，法官在使用上非常谨慎。[②]

3. 配套激励不足

承办法官如通过增加工作强度的方式，能够在简易程序审限内完成审判工作，但当前激励承办法官选择适用简易程序的因素不多。适用简易程序与适用普通程序审理的案件在单件绩效分上没有差异，但是，简易程序由于采取独任制、压缩审理时间，其改判、发回重审的风险高于普通程序案件，简易程序的收益和风险不完全匹配。适用简易程序还有可能降低结案效率指标，比如同样一件 40 天审结的案件，在简易程序中已经审限预警，而在普通程序中属于高效结案。

---

① 章志远、朱志杰：《我国行政诉讼中的简易程序制度研究》，载《江苏行政学院学报》2012 年第 5 期。

② 许好明：《裁判文书繁简分流改革研究——以简化文书改革为侧重》，载《社会科学动态》2019 年第 4 期。

4. 舆情风险较大

行政案件不同于民事案件，滥诉行为在全国各地法院普遍性存在。[①] 对于这部分滥诉的起诉人，其本意并不在诉讼的输赢，无论诉讼结果如何，对起诉人都没有实质的不利影响；但人民法院适用简易程序审理这类案件的程序细节，影响着社会对国家司法水平的评价，任何程序瑕疵对于该法院、具体承办法官来说，都可能造成极大的不利影响。对于这类案件，多数承办法官不愿冒社会舆情风险适用简易程序。

在全国各级法院对于加强法官适用简易程序的制度探索中，对于简易程序具体规则设计、配套制度建设、应对社情舆论均有尝试，唯独在合法性审查标准方面未见创新。这种情况的出现，一方面证明了合法性全面审查标准的科学性、权威性，另一方面也说明该因素已经成为制约法官适用简易程序主观意愿的重要原因。

三、“唤醒”之理：行政行为合法性审查标准的多重解构

《行政诉讼法》第八十二条、第八十三条、第八十四条仅对行政诉讼简易程序的适用范围、审判组织、审理期限、与普通程序的转换等问题作了简单规定，其中第八十三条、第八十四条与《民事诉讼法》第一百六十条、第一百六十一条、第一百六十三条立法思路非常相似。可见行政诉讼简易程序的设计原则与民事诉讼简易程序一脉相承，在民事诉讼简易程序中，法官仅需要对双方争诉焦点进行裁判，对当事人已经自认的内容，可以直接予以确认。但行政审判具有其特殊性，对于行政行为合法性的司法审查，一般采用全面审查标准。那么行政行为合法性审查是否仅有全面审查这唯一标准？

（一）当前行政行为司法审查标准的不唯一性分析

笔者试从司法审查谦抑性、权利救济成本理论、行政诉权分层保障三个方面，分析全面审查标准并非唯一标准。

1. 司法审查谦抑尊让的特性

行政诉讼以行政行为作为对象，行政行为本身就是一个认定事实、适用法律的过程，即法的“第一次适用”，因此行政诉讼具有“二次适用”的特

---

① 王敬波：《行政案件如何繁简分流》，载《人民法院报》2016 年 9 月 22 日第 2 版。

点，是对行政行为的重新审查，其得出的结论与原行政行为无关。如果忽视这种“复审性”，坚持全面审查，会导致行政机关自由裁量优势不能发挥，有违司法审查谦抑尊让之特性。故有学者认为，对于行政行为涉及政策、政治、技术、专业性以及行政行为本身就是基于简单事实作出的，行政审批需要浅弱审查，而非全面审查。[①] 从行政行为的发展来看，随着行政的基础理论由“控权论”向着“平衡论”发展，行政行为已经从传统的“命令—服从”的单方行为模式，逐渐发展出如行政协议、协商行政等双方行为模式。[②] 故行政机关作出行政行为，是基于与行政相对人达成了部分合意，这种双方合意的行政行为产生过程，其审查的方式与全面审查提出的“控权论”历史背景，已经有了本质上的区别。

2. 权利救济的最优成本追求

法谚有云“有权利必有救济”，司法对行政权审查的范畴界定，也体现着司法对行政干预意愿的强弱。[③] 若法院纳入更多元素于权利救济的成本与收益的考虑范围中，那么司法审查的边界就会扩大，司法判断替代行政判断的可能性也就越大。[④] 但这种司法判断扩大的前提，是司法审查投入足够的社会资源，其包括可以被量化的人力物力资源，也包括时间这种隐形资源，因此不区分原告寻求救济权利的位阶，而采取相同的全面审查标准，并不完全符合“社会资源投入与个人权益损失总和为正”的权利救济成本宗旨。[⑤]

3. 基于原告行政诉权行使方式的不同程度保障

有学者认为，以原告行使诉权的理性程度不同，可以将行政诉权分为“理性行使”“精明行使”“不当行使”“恶意行使”四种不同的诉权行使方式。[⑥] 针对不同的诉权的行使方式，对其寻求权利保障所采取的救济强度是不同的，在行政诉讼中，这种救济强度的不同，主要呈现为行政行为合法性审查标准的不同。比如恶意申请政府信息公开这一行使行政诉权的方式，已

---

① 江必新：《司法审查强度问题研究》，载《法治研究》2012 年第 10 期。

② 余凌云：《行政法讲义》，清华大学出版社 2019 年版，第 40—48 页。

③ 蒋红珍：《比例原则位阶秩序的司法适用》，载《法学研究》2020 年第 4 期。

④ 蔡培如：《均衡性原则司法适用解读及适用路径的精致化构造》，载姜明安主编：《行政法论丛》（第 19 卷），法律出版社 2016 年版，第 236 页。

⑤ ［美］史蒂芬·霍尔姆斯、凯斯·桑斯坦：《权利的成本》，毕竟悦译，北京大学出版社 2004 年版，第 7—10 页。

⑥ 章志远：《行政诉权分层保障机制优化研究》，载《法学论坛》2020 年第 5 期。

经因滥用诉权而被法律规制，相应观点已载入《最高人民法院公报》。这类案件若一概采取全面审查，将是对司法资源的极大浪费，同样也使“理性行使”诉权的原告得不到充分的程序保障，这也从另一个侧面印证了行政行为合法性审查并非仅有全面审查一种标准。

行政行为合法性审查标准并不唯一，在没有对行政诉讼简易程序中的行政行为合法性审查标准这一前提条件作出合理区分的情况下，优化简易程序设计，提高简易程序适用率，仅为治标之策。对此，笔者对行政行为合法性审查标准进行多重解构，以探寻“唤醒”简易程序的治本之策。

（二）行政行为所影响行政相对人权利的价值位阶

保护公民、法人和其他组织的合法权益，是行政诉讼的价值追求，故对于行政行为的合法性审查标准的解构，也应从保护行政相对人权利的角度加以分析。《行政诉讼法》第十二条列举了行政诉讼受案范围，可以得出，当前行政诉讼所保护的相对人权利为人身权、财产权、公平竞争权，因信息公开案件虽然未在《行政诉讼法》第十二条中列举，但信息公开亦属于行政诉讼范围，故知情权也是行政诉讼所保护的权利之一。上述四种权利可以大致分为三个位阶：

第一位阶是人身权。人身权指人身相联系或不可分离的没有直接财产内容的权利[①]，主要包括人格权和身份权两大类。在行政诉讼中，影响人身权的行政行为较为常见，如行政拘留，它属于影响自由权的治安行政处罚。

第二位阶是财产权。财产权是指以财产利益为内容，直接体现财产利益的民事权利，[②] 其价值位阶低于以生命权、健康权为内容的人身权。在行政诉讼中，影响财产权的行政行为也较为常见，如罚款就是最为常见的以减损行政相对人财产权为目的的侵益性行政处罚。

第三位阶是知情权和公平竞争权。随着行政诉讼发展，行政诉讼受案范围也经历了不断扩大的过程，从最初的保护人身权、财产权这两项基本民事权利，到《行政诉讼法》将影响知情权、公平竞争权的行政行为也纳入行政诉讼范围。从当前行政诉讼中所申请信息公开的类型来看，行政诉讼保护的

① 魏振瀛：《民法》，高等教育出版社 2010 年版，第 616—642 页。

② 马俊驹、梅夏英：《财产权制度的历史评析和现实思考》，载《中国社会科学》1999 年第 1 期。

知情权仅指公法领域内的一项政治权利，并不包括广义知情权的人格权部分。[①] 公平竞争权广义上是指民事主体在民事活动中享有的参与平等竞争的权利[②]，行政诉讼保护的是狭义的公平竞争权，即市场经营主体享有的竞争权利。从权利价值位阶视角来看，《行政诉讼法》新增的这两种诉讼类型，其保护的权利价值位阶不及人身权和财产权这两种基本民事权利。

（三）行政行为合法性审查标准的多重解构

监督行政权力运行，促进法治政府建设，是行政诉讼的立法目的之一，那么监督行政权力运行，是否仅有司法裁判一种途径？笔者认为监督行政权力运行，是行政诉讼的立法目的之一，但监督行政权力的途径，并非只有行政案件的裁判这一种方式，通过司法建议、情况反映、府院联动等方式，也能够起到监督行政权力运行的效果。因此，行政诉讼中的首要价值追求，应为保护当事人合法权益，因行政行为对上述三种位阶权利施加的影响不同，对行政相对人利益保护的价值追求不同，故对不同行政行为合法性的审查，应区分其施加影响权利的不同位阶权利，采取多重合法性审查标准。

1. 对行政相对人的人身权利施加影响的行政行为，应全面审查其合法性。由于生命权、健康权、自由权等人身权利对于行政相对人具有绝对的重要性，是两种基础民事权利之一，应予以严格保护。该理念在立法中也予以体现，如设置限制人身自由的行政处罚和行政强制措施，均为法律保留事项。因此，在行政行为的合法性审查时，也应采用最为严格的合法性审查标准，对行政行为进行全面审查。

2. 对行政相对人的知情权、公平竞争权施加影响的行政行为，应有限审查其合法性。因知情权、公平竞争权属于前述的第三权利位阶，故对该类权利保护的要求并不像两种基本民事权利一般严格。故对行政行为进行司法审查时，审查标准与全面审查标准应有所区别。对于该类行政行为的合法性审查标准，人民法院并不一定采取事无巨细的全面审查，而是首先参照《最高人民法院关于适用〈中华人民共和国行政诉讼法〉的解释》第一百六十一条“一主体三明显”标准，对实施主体是否具有资格，行政行为是否明显缺乏事实根据、是否明显缺乏法律法规依据，采取“明显重大违法”的标准进行

---

① 秦小建：《政府信息公开的宪法逻辑》，载《中国法学》2016 年第 3 期。

② 刘大洪、殷继国：《论公平竞争权》，载《西北大学学报》2008 年第 6 期。

审查、是否明显违法并损害被执行人合法权益进行审查。然后对当事双方共同认可的其他部分，如文书送达、公告方式等，人民法院可以不加审查即确认该部分的合法性；而对行政机关与行政相对人发生争议的部分，则需要人民法院重点审查。为与全面审查相区分，可暂且称为合法性有限审查。

3. 对行政相对人财产权施加影响的行政行为，应区分情况采取相应审查标准。财产权虽然属于两种基本民事权利之一，其价值位阶较高，但行政诉讼除了保证行政相对人的合法权利这一价值追求外，维护公共利益也是行政诉讼的价值追求，若行政诉讼所耗费的社会资源远大于行政相对人财产保护带来的收益，则不利于公共利益的保护。因此，对于该类行政行为的审查，应区分行政行为所影响的财产权益标的大小，若标的较大，则应采取全面审查的标准，若标的较小，则采取合法性有限审查的标准。

（四）行政行为合法性审查标准多重解构对简易程序的“唤醒”

通过对行政行为合法性标准的多重解构，可知对于不同类型行政诉讼，应区别采取全面审查和有限审查两种行政行为合法性审查标准。那么在简易程序中采用有限审查标准，一改全面审查标准，乃“唤醒”简易程序的治本之策。

从《行政诉讼法》第八十二条所列举的 3 种适用简易程序的案件类型来看，“案件涉及款额二千元以下”符合行政行为对标的较小的行政相对人财产权施加影响这一条件，“信息公开”符合行政行为对行政相对人知情权施加影响这一条件，故这两种适用简易程序的案件，在进行行政行为合法性审查时，均符合采用有限审查标准的条件，这从一个方面说明了简易程序中采用有限审查标准的合理性。

《行政诉讼法》第八十二条所规定的简易程序案件实质要件“事实清楚、权利义务关系明确、争议不大”，该实质要件若采用合法性有限审查标准，在行政行为无“重大明显违法”情形的前提下，对行政行为的事实、法律关系因为双方争议不大，无需进行审查，即确认该部分行政行为要素的合法性。不对行政行为进行大而全的全面审查，将大大提升简易程序审理效率，使行政诉讼简易程序直面行政争议焦点，减少对双方达成共识部分的反复确认，从结构层面破除“快进”版普通程序这一尴尬局面。

四、"唤醒"之机：行政诉讼简易程序的机制重构

以行政行为合法性审查多重解构为理论基础，简易程序的"唤醒"需要从全面审查标准转变为有限审查标准，在行政行为无"重大明显违法"情形的情况下，构建行政诉讼的"自认规则"对当事双方共同认可部分加以确认，同时构建"当庭宣判 + 简式文书"为核心审理方式，加强对当事人选用简易程序的利益牵引，充分对承办法官绩效激励，多头并进，完成简易程序"唤醒"的历史任务。

（一）构建行政诉讼的"自认规则"

从前文行政行为合法性审查的多重解构，可以得出简易程序应采用有限审查标准，即对当时双方无争议的行政行为事实和法律部分予以直接确认，需要借鉴民事审查中的自认规则，构建行政诉讼中的"自认规则"。

自认规则在民事审判领域已运行多年，2020 年 5 月 1 日生效的《最高人民法院关于民事诉讼证据的若干规定》对自认的具体情形进行了规定，其科学性无需多言。而在以保护当事人权利为追求，程序最为严格的刑事审判领域，也建立了认罪认罚从宽制度，仅 2020 年上半年已审理的案件中，适用认罪认罚从宽制度审结的人数占同期审结人数的 82.2%，[①] 由此可见，"自认规则"在行政诉讼中的构建，对于保护行政相对人的权利不但没有负面影响，反而会随着行政争议焦点更充分、更细致的审理，从而更好地实质性化解行政争议，维护行政相对人合法权益。

具体而言，人民法院在审查行政行为时，首先，对实施主体是否具有行政主体资格，行政行为是否明显缺乏事实根据、是否明显缺乏法律法规依据、是否明显违法并损害被执行人合法权益，采用"明显重大违法"标准进行审查。对作出行政行为的程序、文书是否依法送达、部分行政行为内容等要素，若当事双方均予以认可，则人民法院可不加审查即予以确认。而在后续审级程序中，上级法院也不宜因原审法院仅对争议部分要素进行有限审查为由，将案件改判、发回重审。通过行政诉讼自认规则的建立，减少承办法官对于

---

① 《最高检发布上半年检察机关主要办案数据》，载最高人民检察院官网，http：//www.spp.gov.cn/spp/zdgz/202007/t20200721_473499.shtml，最后访问时间：2020 年 7 月 21 日。

双方无争议事实的反复确认，将简易程序审理中心牢牢对准行政争议焦点，真正让简易程序审理内容重点突出、繁简得当。

（二）构建以“当庭宣判＋简式文书”为核心的简化审理方式

构建以“当庭宣判＋简式文书”为核心的简易程序审理方式，较能调动起广大一线法官适用简易程序的积极性，也符合当前各级法院开展审判工作实际。

1. 立案阶段。立案环节当场告知简易程序、当事人诉讼权利义务等事项，并且告知当事人适用简易程序异议期3日，逾期未提出异议即视为同意。既保证了当事人的选择权，同时从立案环节入手，拓宽适用简易程序案件的范围；同时，立案环节还需确认当事人简便送达地址信息和联系方式，方便后续开展简便送达法律文书。

2. 庭前准备阶段。双方当事人均同意立即开庭或缩短举证期、答辩期的，人民法院可以立即或近期开庭；若双方当事人同意，可在庭前采用邮寄或微信、短信、电子邮件等简便方式向人民法院提交质证意见的，庭审中不再质证。

3. 庭审阶段。在突如其来的新冠肺炎疫情中，全国法院普遍尝试了互联网庭审，取得了较好效果。案情较为简单、质证过程不复杂的简易程序案件，同样适合互联网庭审。笔者大胆建议，简易程序以互联网开庭为原则，并可以采用当事人一方到庭、一方互联网开庭的庭审模式，仅当如双方当事人均不同意互联网开庭、通信条件不具备或需要现场核实身份、证据等不适宜互联网庭审情形时，才采用传统现场庭审方式；庭审简化为“陈述争议”“查证辩论”两个环节，以听取事实分歧和法律适用问题，并对庭前阶段未质证的证据进行质证；庭审过程全程直播，由此可省略传统庭审笔录制作，辅以直播录像对庭审过程进行佐证。

4. 裁判方式。简易程序应以当庭宣判为原则，以定期宣判为例外；当庭宣判的案件，仅需制作载有“当事人信息”“案件由来”“裁判结果”以及“费用承担和上诉权利”的结论式裁判文书；定期宣判的案件，需制作传统裁判文书，但省略“本案现已审理终结”之后的对行政行为的叙述段落、省略原告诉称、被告辩称部分，在“本院经审理查明”部分的最后一段，概括原告起诉的主要理由和诉讼请求，证据部分对于双方都没有的争议的证据可不写。

（三）加强简易程序配套建设

简式程序的广泛适用，还需要相应配套制度，如绩效考核、信息化支持等制度的完善，方能更好地发挥作用。

1. 将相关指标纳入绩效考核，激励法院和法官广泛适用简易程序。行政诉讼简易程序的优化与推广，需要配套激励制度的建立和完善，在优化的过程中可以通过将简易程序适用率、简易办案质效等各项指标细化、量化，调整简易程序与普通程序的考核权重，纳入法院和法官个人的绩效考核平台。

2. 加强信息技术在行政审判领域中的应用，建立裁判文书说理文库，可以有效减少法官的重复性劳动。应用大数据、人工智能等信息技术，既可以在很大程度上规避因法官个人风格导致的文书不一致，又能大大提高效率，减少法官制作裁判文书投入的精力。

五、结语

行政诉讼简易程序试图在提高审判效率中保证司法的公正与权威，跟随诉讼成本低、审理快捷、结案迅速的社会步伐，为我国行政案件的审判开启了新的篇章。《行政诉讼法》第八十二条等法律法规很好地填补了行政性诉讼简易程序的立法空白，但随着行政诉讼案件的日渐增加，审判资源的紧缺与实现社会公平的矛盾也越来越尖锐，需要继续探索扩大行政案件简易程序适用范围，推动建立行政速裁工作机制，深化庭审方式和裁判文书改革。“唤醒”行政性诉讼简易程序将为我国行政性诉讼提供良好的程序支持与司法保障，也有助于缓解案件积压现象，减轻法官审理判决的压力，缓解行政机关与公民之间的矛盾，有助于法治政府建设，也将是立足全面建成小康社会基本国情，建设和谐社会，实现依法治国的重要一步。

（作者单位：重庆市第五中级人民法院）

对比与改造

——我国行政诉讼简易程序重构之反思

王江农　林清波

【摘要】 良善的诉讼制度安排，必然要求既重视公正又追求效率。然而，自《最高人民法院关于开展行政诉讼简易程序试点工作的通知》发布以来，行政诉讼简易程序从探索到建立，至今已近十年，但其在审判实践中却很少被适用，可能与当前行政诉讼简易程序适用范围的规定存在较大局限性与滞后性有关。本文对当前行政诉讼简易程序进行反思，并尝试提出简易程序重构之方案。

【关键词】 行政诉讼　简易程序　重构　效率

现代化的司法必然追求以良善的诉讼制度安排，达到既保障公正又促进效率的诉讼终极目标。然而，现行行政诉讼简易程序的立法规定存在局限性与滞后性，在一定程度上制约了诉讼效率目标的实现。诉讼效率亦关涉诉讼成本，我们绝不能无视诉讼制度的运行成本①。因此，有必要对我国行政诉讼简易程序制度进行反思。本文基于行政行为合法性审查的一般规律，以行政行为的合法性审查步骤为视角，有助于进一步厘清并研究行政诉讼简易程序重构之进路。

一、新时代行政诉讼简易程序意义再思考

简易程序的合理配置，是推进繁简分流机制、体现“成本—效益”相适应的原理、实现基层法院亲民司法的重要措施，有助于实现方便当事人诉讼，

---

① ［美］理查德·A. 波斯纳：《法律的经济分析》，中国大百科全书出版社 2003 年版，第 717 页。

减少诉讼成本、增加司法容纳力和集中资源解决复杂、疑难案件的可能性。[①]

（一）案多人少的“缓冲器”

现阶段，中国特色社会主义进入新时代，我国社会主要矛盾已经转化为人民日益增长的美好生活需要和不平衡不充分的发展之间的矛盾[②]，由各种利益诉求引发的矛盾纠纷持续增加，很多纠纷以诉讼的方式涌入法院，有限的司法资源难以满足人民群众不断增长的司法需求。仅 2018 年一年，地方各级法院受理案件 2800 万件，审结、执行 2516.8 万件。[③] 随着全国法院法官“员额制”改革的完成，当前全国法院大约只有 12.5 万名员额法官。[④] 按上述数字计算，地方各级法院员额法官年人均结案数需高达 224 件才能完成当年审判任务，由此可见法院案多人少矛盾十分突出。

对于行政诉讼而言，在 2014 年新行政诉讼法颁布及 2015 年立案登记制施行之后，行政诉讼案件受理数呈跳跃式增长。在 2009 年至 2013 年期间行政诉讼案件受理数基本维持在 13 万件左右，到了 2014 年行政案件受理数为 15.1 万件，2015 年的受理数则为 24.1 万件。[⑤] 司法资源是有限的，与刑事、民事审判资源相比，行政审判资源更显单薄。各地在行政审判资源的配置上，存在不平衡、不充分的发展情况。[⑥] 面对如此大量的行政诉讼案件，而普通程序需占用大量的审判资源且程序烦琐，当前大力推进行政诉讼案件繁简分流已是迫在眉睫。

（二）司法公正的“加速器”

理查德·A. 波斯纳曾言：“公正在法律中的第二层涵义是指效率。”普通百姓经历过诉讼，印象最为深刻的可能是诉讼周期长及诉讼程序繁杂。司法公正与司法效率均是新时代人民群众对于司法服务的新需求，但法院在审理行政案件中，一定程度上存在“重公正、轻效率”的问题。面对大量的行政

---

① 江伟、傅郁林：《民事诉讼法学》，北京大学出版社 2015 年版，第 278 页。

② 参见习近平 2017 年 10 月 18 日在中国共产党第十九次全国代表大会上的报告。

③ 参见周强 2019 年 3 月 12 日在第十三届全国人民代表大会第二次会议上所作的最高人民法院工作报告。

④ 《最高法：员额制改革后占法官位子不办案情况不再存在》，载中国新闻网，http：//www.chinanews.com/gn/2019/04-23/8817851.shtml，最后访问时间：2019 年 5 月 30 日。

⑤ 参见《历年最高人民法院工作报告（1980 年至 2017 年）》，载中国政府网，http：//www.gov.cn/guoqing/2008-03/21/content_2618088.htm，最后访问时间：2019 年 5 月 30 日。

⑥ 王华伟：《行政诉讼立案登记制源流及实施效果再思考》，载《湖北社会科学》2018 年第 11 期。

诉讼案件，解决好公正与效率的问题，刻不容缓。法谚有云：“迟来的正义非正义。”适用简易程序，可以在诉讼的各个环节，以较为简化的程序加快诉讼的推进。我国台湾地区学者陈清秀教授亦认为：“对于小额或轻微的诉讼案件，采取简易的诉讼程序，以提升效率，符合成本效益之诉讼经济原则。”①

（三）司法审判的“减压器”

我国行政法学家姜明安教授认为：“原《行政诉讼法》对于行政审判没有规定简易程序，所有行政案件都走普通程序。一个罚款几十元的案子，甚至一个警告处罚的案子，也要合议庭审理，经过一审、二审，甚至再审。这种程序涉及过分耗费司法资源，也不利于保护当事人的合法权益。”② 司法实践中，主审法官经常遇到一些行政行为事实清楚、证据确凿，适用法律、法规正确，符合法定程序的简单行政案件，本可以较快地作出裁判，但受限于普通程序的要求，只能按部就班地走程序，简单的案件却要按复杂的程序办理，如此办案受到很多诟病。对于案件不论繁简均适用同一程序，显然不符合“诉讼经济”原则。并且，案件必然有繁简之分，对于简单案件，适用简易程序，可以方便当事人起诉，且在传唤当事人、开庭审理、文书制作等环节减轻司法人员的负担，为法院有效配置审判资源提供基础条件。简易程序简化了诉讼，但并不影响案件的公正审理。

二、现行行政诉讼简易程序适用问题及原因分析

行政诉讼简易程序并非2015年行政诉讼案件大量涌入法院之后才被提起或重视，早在2014年的《行政诉讼法》修订之前，最高人民法院就于2010年发布了《最高人民法院关于开展行政诉讼简易程序试点工作的通知》，但从探索到建立，至今已将近十年，简易程序在行政审判中仍很少被适用。当然，也有部分法院在2014年的行政诉讼法设立简易程序后，对行政诉讼简易程序作出一定探索，譬如，江苏省南通地区法院，不仅敢于率先适用行政诉讼简易程序，还探索制定了《行政诉讼简易程序实施意见（试行）》。行政诉讼简易程序制度作为一个立法产品，存在以下几个问题：其一是“产品设计

---

① 陈清秀：《行政诉讼法》，法律出版社2016年版，第611页。

② 姜明安：《行政诉讼法》，北京大学出版社2016年版，第236页。

不佳”。我国《行政诉讼法》仅用三个条文对简易程序作出规定，寥寥几个条文显然无法构建起完善的行政诉讼简易程序制度。其二是“用户体验不好”。行政诉讼简易程序规定的审限只有短短四十五日，此规定忽视了司法实践的正常办案周期，行政专业法官往往会因为审限过短，相关案件无法在法定审限内结案而不敢轻易适用简易程序。其三是“产品宣传不够”。一直以来基于对行政诉讼属于“官民纠纷”，往往认为属于比较重大的案件，故行政诉讼简易程序在司法实践中不受重视，行政诉讼简易程序的程序价值并未深入人心。

三、现行行政诉讼简易程序立法规定的比较分析

实际上，对于行政诉讼简易程序，许多行政专业法官并非不愿适用，问题在于迄今为止，行政诉讼简易程序的适用范围仍存在较大的局限性和滞后性。为此，有必要对行政诉讼简易程序的立法作比较分析，以明其得失。

（一）与我国台湾地区的规范比较

我国行政诉讼法借鉴了我国台湾地区行政诉讼的规范，我国台湾地区的行政诉讼简易程序规定在其行政诉讼法的第二章地方法院行政诉讼庭简易诉讼程序中，与我国行政诉讼法规定的适用情形对比如下：

表1　大陆与台湾地区行政诉讼简易程序适用范围比较

地区 规范模式	大陆	台湾地区
概括式	事实清楚、权利义务关系明确、争议不大的，可以适用简易程序	
列举式	1. 被诉行政行为是依法当场作出的	1. 关于税捐课征事件涉讼，所核课之税额在新台币四十五万以下者
	2. 案件涉及款额二千元以下的	2. 因不服行政机关所为新台币四十万以下罚锾处分而涉讼者
	3. 属于政府信息公开案件的	3. 其他关于公法上财产关系之诉讼，其标的之金额或价额在新台币四十万以下者

续表

规范模式＼地区	大陆	台湾地区
		4. 因不服行政机关所为告诫、警告、记点、记次、讲习、辅导教育或者其他相类之轻微处分而涉讼者
		5. 关于内政部入出国及移民署之行政收容事件涉讼，或合并请求损害赔偿或其他财产上给付者
		6. 依法律规定应适用简易诉讼程序者
选择式	当事人各方同意适用简易程序的，可以适用简易程序	
排除式	发回重审、按照审判监督程序再审的案件不适用简易程序	

台湾地区的行政诉讼简易程序适用范围采用的是纯列举式的模式，其在法条中详细罗列了各类应该适用简易程序的案件类型。比较而言，大陆采用了“概括—列举—选择—排除”的模式，此种模式存在表述前后矛盾之嫌，即若非当场作出、款项小于二千元或属于政府信息公开案件，即使事实清楚，权利义务关系明确，争议不大的行政诉讼案件也不能适用简易程序。从比较中可以看出，大陆的行政诉讼法立法设置了较多限制，不利于简易程序的适用。

（二）与我国民事诉讼、刑事诉讼简易程序适用范围的立法比较

表 2　我国行政诉讼、民事诉讼、刑事诉讼的简易程序适用范围对比

简易程序适用范围＼诉讼类型	行政诉讼	民事诉讼	刑事诉讼
适用情形	《行政诉讼法》第八十二条规定的适用情形（具体详见表1）	基层人民法院和它派出的法庭审理事实清楚、权利义务关系明确、争议不大的简单的民事案件，适用本章规定。基层人民法院和它派出的法庭审理前款规定以外的民事案件，当事人双方也可以约定适用简易程序	基层人民法院管辖的案件，符合下列条件的，可以适用简易程序审判：（一）案件事实清楚、证据充分的；（二）被告人承认自己所犯罪行，对指控的犯罪事实没有异议的；（三）被告人对适用简易程序没有异议的。人民检察院在提起公诉的时候，可以建议人民法院适用简易程序

续表

诉讼类型 / 简易程序适用范围	行政诉讼	民事诉讼	刑事诉讼
排除情形	发回重审、按照审判监督程序再审的案件不适用简易程序	下列案件，不适用简易程序：（一）起诉时被告下落不明的；（二）发回重审的；（三）当事人一方人数众多的；（四）适用审判监督程序的；（五）涉及国家利益、社会公共利益的；（六）第三人起诉请求改变或者撤销生效判决、裁定、调解书的；（七）其他不宜适用简易程序的案件	有下列情形之一的，不适用简易程序：（一）被告人是盲、聋、哑人，或者是尚未完全丧失辨认或者控制自己行为能力的精神病人的；（二）有重大社会影响的；（三）共同犯罪案件中部分被告人不认罪或者对适用简易程序有异议的；（四）其他不宜适用简易程序审理的

民事诉讼、刑事诉讼与行政诉讼存在一定的共通之处，譬如都追求公正与效率的诉讼价值。从条文看，我国民事诉讼简易程序适用范围采用了“概括—选择—排除”的方式，刑事诉讼简易程序适用范围则采用了“概括—排除”的方式。民事诉讼简易程序摒弃列举式规范，可以避免规定的局限性与滞后性，也为具体适用留下较大空间。刑事诉讼则根据犯罪事实是否清楚、证据是否确凿充分及当事人的认罪态度，对简易程序的适用作出规定，方便主审法官根据具体案情适用。

四、对我国行政诉讼简易程序适用范围立法模式的检讨

现就我国行政诉讼简易程序的立法模式分析如下：

（一）概括式之检讨

概括式，采用成文法的归纳逻辑模式对简单类型案件的基本特征加以概括式的定义，以确定简易程序的适用范围。这种模式的特点是较为抽象，容易在实践中引发不同的解读，造成操作的任意性。[①] 概括式的立法模式其优点在于对简易程序适用范围的规定较为开放，但过于抽象的规定不利于审判

① 江必新：《中华人民共和国行政诉讼法条文理解与适用》，人民法院出版社 2015 年版，第 537 页。

实践的指导。有部分学者认为适用简易程序审理的行政案件，一般应是案件性质轻微、情节简单、争议不大、影响面较小的案件。但是，从司法实践角度看，仅此范围仍显抽象，依然不具有切实的运用价值。[①] 从当前的立法规定来看："事实清楚、权利义务关系明确、争议不大的一审行政案件，可以适用简易程序"确实存在缺乏实际运用价值之弊端。

（二）列举式之检讨

列举式，对可以适用简易程序的案件类型加以详细列举，其弊端在于对于一些本可适用简易程序之案件无法全部列举入内，并且所列举之内容容易出现滞后之弊端。从当前的立法所列举的案件类型来看，具体可以细分为：

1. 以金额之大小区分繁简

首先，对于公权利而言，金额大小并不等同于权益之大小，故以金额区分繁简的立法选择受到学者诟病。比如我国台湾地区学者吴庚、张文郁认为："因为本法规定之简易事件多以税额、罚锾或给付标的之金额为准，而行政处分违法侵害人民权益，其法律上之评价不因金额多寡而有异；再者，金钱数额之多寡对不同之当事人，所显示之意义并不相同……"[②] 其次，以金额为区分的模式主要适用在行政处罚中，然而从现代行政的发展来看，行政处罚未来可能不再居于主流。"随着民主理念的深入和服务行政观念的普及，在制度上和实践中，相对方的地位都得到极大提升。当代的公共行政过程，不再是由行政机关一方独自掌控的格局，而是行政机关与行政相对人围绕行政管理事务相互交流、合作、协商、博弈而最终实现公共治理目标。"[③] 可以预见的是，行政合同、行政指导、行政给付、行政协助、行政奖励等行政方式将更受青睐。最后，即使是行政处罚案件，处以罚款往往也并非单独作为处罚之内容。在相关立法中，在罚款之外经常还存在责令改正、没收违法所得等内容。因此，对于还存在其他处罚行为的案件是否可以按《行政诉讼法》第八十二条的规定适用简易程序就存在较大争议。

2. 以是否当场作出区分繁简

"法无规定不可为"，行政行为只有在法定的情形下才可当场作出。当前

---

① 吴偕林：《行政诉讼简便程序之实践问题》，载《法律适用》2005 年第 8 期。

② 吴庚、张文郁：《行政争讼法论》，元照出版有限公司 2016 年版，第 461 页。

③ 罗豪才、湛中乐：《行政法学》，北京大学出版社 2017 年版，第 7 页。

的行政更加注重行政行为作出之前的调查、沟通交流、听取陈述申辩，因此仅有少数的情形可以当场作出行政行为。从相关法律、法规的规定来看，《治安管理处罚法》第一百条、《行政处罚法》第三十三条、《行政许可法》第三十四条、《行政强制法》第十九条对当场作出行政行为作出了规定。追溯到上述法律、法规规定的情形，能够当场作出行政行为的也只能是涉案金额较小、权利义务关系明确或情况紧急的，故与“以金额之大小区分繁简”存在一定的重复性，且适用情形十分有限。

3. 以案件案由区分繁简

任何一个案由的行政案件均有繁简之分，而相关案由显然无法在行政诉讼法的相关条文中作出完全列举。当前的《行政诉讼法》第八十二条对政府信息公开类案件单独作出规定，但从司法实践来看，政府信息公开案件在审查是否属于政府信息、政府信息是否存在、政府信息答复是否完整等问题上面临较多争议，因此，无充分之理由认为政府信息公开案件更符合适用简易程序的情形。

（三）选择式之检讨

选择式，赋予了当事人对案件程序的选择权。一般而言，行政诉讼中“官民矛盾”较为突出，对于适用程序之合意往往难以达成。并且，与其他审判相比，行政审判的司法公正面临考验，因此适用行政诉讼中，原告一般不会主动要求法院适用简易程序进行审理。不可否认，当事人各方同意适用简易程序之规定是基于立法周延而规定，为行政诉讼简易程序的适用预留了一定的空间。但司法实践中当事人基本不可能会一致要求适用简易程序，故对于该规定也少有适用之余地。

（四）排除式之检讨

排除式，对不适宜适用简易程序的案件类型进行了排除。然而，立法规定发回重审及按照审判监督程序再审的案件不适用简易程序，存在一定的立法重复。首先《行政诉讼法》第一百零一条已经规定：“人民法院审理行政案件，关于……简易程序……本法没有规定的，适用《中华人民共和国民事诉讼法》的相关规定。”《民事诉讼法》第四十条、第二百零七条已经分别规定了发回重审的案件、再审案件，应当另行组成合议庭，也就排除了简易程序的适用，故此处立法显得多余。

综上，从现行行政诉讼简易程序适用范围的立法规定，可以看出立法者内心的矛盾，其既想通过立法回应司法的新需求，又极力避免简易程序被不适当地扩大适用。

五、完善行政诉讼简易程序的建议

构建新型的行政诉讼简易程序适用范围，必须剑指当前简易程序适用范围存在的“不够用、不好用、不敢用”的问题。“不够用”是因为可适用案件范围过窄；“不好用”是因为适用范围模糊；“不敢用”是因为审限过短。当前，唯有厘清行政诉讼简易程序适用范围存在的问题，进而对行政诉讼简易程序制度进行重构，才能让简易程序在行政诉讼中获得新生，真正回应司法需求。

（一）扩大或限缩？

现行的行政诉讼简易程序适用范围的立法规定是以限制适用范围为导向，而民事诉讼简易程序适用范围的立法则以扩大适用范围为导向，采用了较为开放的立法路径，为简易程序的适用留下较多余地。从简易程序的适用效果来看，近年来，个别省份民事诉讼简易程序适用率高达 70%。[①] 民事诉讼简易程序的大幅适用既提升了司法效率，又减少了司法成本。从简易程序在民事诉讼中取得的成功，但在行政诉讼中却遭遇“水土不服”来看，主要差异是因立法理念之不同。当前的行政诉讼简易程序适用范围应走出故步自封，以扩大适用范围为立法导向，划定较为灵活开放的适用范围。同时，考虑到行政诉讼制度是承载着民主与法治、公平与正义等多元价值的重要法律制度，对于推进依法行政，建设法治中国具有不可替代的重要作用，[②] 再对部分行政案件作出排除适用。

（二）模式之选择

从当前行政诉讼简易程序适用范围的规定来看，仅以概括式规定行政诉讼简易程序适用范围，无法避免过于抽象及不实用的弊端。相比较而言，列

---

① 周青莎：《我省法院案件繁简分流机制改革效能初显 民事案件简易程序适用率近七成》，载《河南日报》2017 年 9 月 25 日第 2 版。

② 马怀德、孔祥稳：《改革开放四十年行政诉讼的成就与展望》，载《中外法学》2018 年第 5 期。

举式虽然存在难以穷尽可以适用情形的弊端，但方便司法审判之适用，且存在较大的完善空间。选择式的适用规定，实际适用效果不佳，在对行政诉讼简易程序进行完善之时，可以考虑删除该规定。排除式的规定可以将一些不适宜适用简易程序的案件排除在外，有利于立法上之圆融，可以作为改良后的排除式之补充。

（三）重构之设想

民事诉讼主要审查请求权基础，一般以案由区分繁简；刑事诉讼审查被告人的罪与非罪、此罪与彼罪、一罪与数罪、罪轻或罪重，一般以罪名或罪数区分繁简；行政诉讼则是对行政行为的合法性进行审查，基于上述规律，可以以行政行为合法性审查步骤为视角，对当前行政诉讼简易程序进行重构。行政诉讼简易程序适用范围的界定问题，本质上是行政诉讼案件“是繁或简”的识别问题。行政诉讼案件的审理有其固有的步骤，首先审查的是原告的起诉是否符合法定起诉条件，在确定符合法定起诉条件之后，再进一步围绕行政行为是否合法进行审查，因此可以结合行政诉讼案件上述审理特点构建新型的“列举—排除”式的行政诉讼简易程序立法方式。

表3　新型的“列举—排除”模式之设想

重构之设想	简易程序适用范围
新模式	以扩张适用为导向，构建既开放又不失控的适用范围
列举	基层人民法院管辖的案件，具有下列情形之一的，可以适用简易程序审理：（一）初步审查可能驳回起诉的案件，（二）原告仅对行政行为的程序合法性有异议的案件；（三）对被诉行政行为认定的事实没有异议的案件；（四）人民法院认为适宜适用简易程序审理的其他行政案件
排除	下列案件，不适用简易程序：（一）被指令继续审理的；（二）当事人一方人数众多；（三）社会影响较大的；（四）当事人对适用简易程序审理有异议的；（五）其他不宜适用简易程序审理的

在当前立案登记制之下，行政诉讼案件受理之后，行政专业法官仍需要对案件是否属于行政诉讼受案范围以及是否符合起诉条件再次进行审查。司法实践中，行政诉讼案件具有较高的驳回起诉率。譬如，2015 年全国行政一审审结案件中，裁定驳回起诉高达 18.2%，2016 年更是达到 22.4%。[①] 由此

---

① 耿宝建：《行政处罚案件司法审查的数据变化与疑难问题》，载《行政法学研究》2017 年第 3 期。

可见，有较多的行政诉讼案件在进入实体审查之前，也即在程序审查阶段就被排除在受案范围之外或不符合法定起诉条件，而被法院驳回起诉。2018 年 2 月 8 日起施行的《最高人民法院关于适用〈中华人民共和国行政诉讼法〉的解释》第一条对十种不属于行政诉讼受案范围的行为进行了明确的列举，对于此类案件，法院仅需进行程序审查，审理的难度一般会低于涉及实体争议之案件，故有必要增设驳回起诉案件在简易程序中的适用规定。

根据行政行为合法性审查的步骤，在确定受理的案件属于行政诉讼受案范围之后，需要依次对案涉行政行为是否存在超越职权、是否违反法定程序、主要证据是否确实、充分、适用法律法规是否正确、是否存在滥用职权、明显不当、是否履行法定职责进行审查，而其中是否违反法定程序的审查属于事实判断问题，相较于价值判断较为直观。且在行政诉讼案件中，不论是作为类案件还是不作为类案件，行政行为合法性审查均涉及对行政行为的程序及实体的审查。审判实践中，程序问题属于看得见的正义，相关行政法律、法规对于行政程序规定亦较为详细，行政行为违反法定程序或者程序轻微违法抑或程序瑕疵均比较容易被识别。故可以把“仅对行政程序有异议的案件”作为简易程序适用范围的另一个情形。

案件事实的认定往往是司法审判的难题，对于案件事实无争议的案件处理起来相较于事实难以查清的案件容易得多。因此，对于实体有争议的行政诉讼案件，若该实体问题不涉及案件事实，也即当事人对于行政机关作出的行政行为所认定的事实无异议，行政行为事实清楚、权利义务关系相对明确、争议不大的，此类案件亦可以适用简易程序进行审理。

对于一些一审裁定驳回起诉的案件，若二审法院指令继续审理，可见案情相对复杂，对于此类案件应排除在简易程序的适用范围之外。另外，对于一些涉及当事人重大利益、多数人利益、社会影响较大或者当事人对于行政诉讼简易程序的适用有异议的案件亦应排除适用。

六、结语

要让效率规范存活下来，就必须投入资源来推动这一规范。① 鉴于当前

① ［美］理查德·A. 波斯纳：《正义/司法的经济学》，苏力译，中国政法大学出版社 2002 年版，第 105 页。

行政诉讼简易程序的适用情况十分不理想，除了适用范围狭窄之外，还存在行政诉讼简易程序审理期限较民事诉讼简易程序缩短了一半的原因。从审理期限看，行政诉讼简易程序案件的审限只有四十五天，是民事案件适用简易程序审限的一半。而对于一个案件是否能适用简易程序，行政诉讼案件的判断不同于民事诉讼，行政诉讼的证据掌握方在行政机关，因此很多案件在立案之时无法对案件的繁简作出判断，只能在诉讼送达后，直至被告收到相关诉讼材料并应诉答辩之后，主审法官才能对案件难易程度及是否应进入实体审理作出正确的判断。因此，过短的审限导致主审法官即使发现案件应当适用简易程序，也无法及时作出相应之调整。故在考虑到相关送达及答辩的期限后，简易程序的审限必须作出适当延长，可以参照民事诉讼简易程序关于审限的规定，给予适用行政诉讼简易程序的案件三个月的审理期限，以为略显疲态的行政诉讼简易程序制度注入一针“强心剂”，使其重新焕发新的活力。

“立善法于天下，则天下治。立善法于一国，则一国治”。我国自古就有“大道至简”的哲学观，而简易程序的适用统筹兼顾了公正与效率，更符合现代化的司法价值理念，当前我们唯有以更开放的立法，为简易程序在行政诉讼的适用留下更大的空间，才能满足人民群众对于公正与效率的需求，才能切实提高人民群众对行政诉讼的满意度和获得感。

（作者单位：福建省泉州市鲤城区人民法院）

案例分析

未经备案的业主委员会主体资格的认定

林俊盛　李穗珍

【裁判要旨】

业主大会选举产生的业主委员会（未备案）对行政主体不予办理备案登记的行政行为不服，可以自己的名义提起行政诉讼。

【案情】

再审申请人（一审原告、二审上诉人）：佛山市禅城区利豪花园第二届业主委员会（以下简称利豪花园第二届业主委员会）。

被申请人（一审被告、二审被上诉人）：佛山市禅城区住房城乡建设和水利局（以下简称禅城区住建局）。

利豪花园第二届业主委员会因换届选举产生后，向禅城区住建局申请办理备案登记。禅城区住建局作出《关于不予办理备案登记的函》，认为利豪花园第二届业主委员提供的备案申请资料描述的业主大会表决程序及投票权数违反已生效的《佛山市禅城区利豪花园业主大会议事规则》第十一条第（二）项第1点以及《物业管理条例》第十五条、第三十七条的规定，决定不予办理备案登记。利豪花园第二届业主委员会不服向法院提起行政诉讼，请求撤销《关于不予办理备案登记的函》，责令禅城区住建局准予办理备案登记。

【审判】

佛山市顺德区人民法院经审理认为，利豪花园第二届业主委员未经行政管理部门备案确认，不属于已经依法成立的组织，因此不具有原告诉讼主体资格，据此裁定驳回利豪花园第二届业主委员会的起诉。

利豪花园第二届业主委员会不服，提起上诉。佛山市中级人民法院经审理认为，利豪花园第二届业主委员会未经备案，不能对外行使权利、承担义务，亦不能以其名义提起行政诉讼，杨某娥等 7 名诉讼代表人以利豪花园第二届业主委员会的名义起诉禅城区住建局不予备案行为，不符合行政诉讼的起诉条件，据此裁定驳回上诉，维持原审裁定。

利豪花园第二届业主委员会仍不服，申请再审。广东省高级人民法院经审理认为，本案是备案登记行政纠纷，争议焦点是申请人是否具有提起本案诉讼的原告主体资格。《行政诉讼法》第二十五条第一款规定："行政行为的相对人以及其他与行政行为有利害关系的公民、法人或者其他组织，有权提起诉讼。"《最高人民法院关于适用〈中华人民共和国民事诉讼法〉若干问题的意见》第四十条规定："民事诉讼法第四十九条规定的其他组织是指合法成立、有一定的组织机构和财产，但又不具备法人资格的组织，包括……(9) 符合本条规定条件的其他组织。"《最高人民法院关于适用〈中华人民共和国行政诉讼〉的解释》第十八条第一款规定："业主委员会对于行政机关作出的涉及业主共有利益的行政行为，可以自己的名义提起诉讼。"《物业管理条例》第十六条规定："业主委员会应当自选举产生之日起 30 日内，向物业所在地的区、县人民政府房地产行政主管部门和街道办事处、乡镇人民政府备案。"《业主大会和业主委员会指导规则》第三十四条第一款规定："业委员会办理备案手续后，可持备案证明向公安机关申请刻制业主大会印章和业主委员会印章。"根据上述规定，业主委员会经业主大会选举产生之后，依法具有相应的权利能力。行政机关不予备案的行为针对的对象即是申请备案的业主委员会，如果不赋予其原告资格，其合法权益无从保障，因此，经业主大会选举产生的业主委员会（未备案）起诉行政机关对该业主委员会备案申请决定不予备案的行为，具有原告主体资格。本案利豪花园第二届业主委员会因换届选举成立后向禅城住建局申请备案登记，根据上述法律、司法解释的规定，其对禅城区住建局不予办理备案登记的行政行为不服，可以自己的名义提起行政诉讼。原一、二审裁定认定事实不清，适用法律不当，依法应予以纠正。申请人申请再审主张，其是本案适格原告，依法有权就禅城区住建局不予备案登记的行为提起行政诉讼，请求依法改判，理由成立。综上，利豪花园第二届业主委员会的再审申请符合《行政诉讼法》第九十一条第（四）项规定的情形。依照《行政诉讼法》第九十二条第二款的规定，裁定：本案指令佛山市中级人民法院再审。

【评析】

一、背景情况

近年来物业服务和业主委员会事务的案件纠纷不断攀升。在当前的司法实践中，除了物业服务纠纷、业主知情权、业主对业主大会决议撤销权纠纷等民事案件外，还有业主诉请撤销主管部门给予业主委员会备案、业主委员会对主管部门无法定正当理由不予备案、要求履行法定职责等行政诉讼案件。最高人民法院已明确业主委员会具有民事诉讼主体资格，但对未经备案的业主委员会是否具备行政诉讼主体资格尚未明确统一意见，各地法院做法也不尽一致。《行政诉讼法》第二十五条第一款规定："行政行为的相对人以及其他与行政行为有利害关系的公民、法人或者其他组织，有权提起诉讼。"《最高人民法院关于适用〈中华人民共和国行政诉讼法〉的解释》第十八条第一款规定："业主委员会对于行政机关作出的涉及业主共有利益的行政行为，可以自己的名义提起诉讼。"从以上规定可知，我国在行政诉讼立法方面，对原告主体资格采取适度宽松的标准，即与具体行政行为具有法律上利害关系的公民、法人或者其他组织对该行为不服的，均可以依法提起行政诉讼。在司法实践中，应当从"法律"和"利害关系"两个切入点着手，并结合具体案情作出合乎实际的判断。

二、确立裁判要旨的理由

《物业管理条例》第十六条明确规定"业主委员会应当自选举产生之日起 30 日内，向……备案。"其中"选举产生"这一概念说明业主委员会已经初步"成立"再依法申请"备案"。因此，经业主大会选举产生的业主委员会可认定属于《行政诉讼法》第二条规定的"其他组织"的范畴。《最高人民法院关于适用〈中华人民共和国行政诉讼法〉的解释》第十八条第一款已明确业主委员会具备诉讼主体资格。虽然该条解释未对“业主委员会”这一主体是否需要经过备案予以明确，但根据《物权法》第七十六条和《物业管理条例》第十一条、第十六条规定可以明确，由业主大会选举产生是业主委员会初步成立的标志。业主委员会本身是因为行政机关不予备案而提起诉讼，如果此时人民法院以业主委员会换届选举后行政机关未备案因而不具备诉讼主体资格为由驳回其起诉，就可能陷入了“先有鸡还是先有蛋”的无解循环中，相当于变相剥夺了业主委员会的诉权。

从法理看，“独立承担责任”并不是判断一个组织是否具有法律上诉讼主体资格的前提条件。业主委员会通常由物业管理区域内业主代表组成，代表业主的利益，并监督物业管理公司管理运作。业主委员会作为业主大会的执行机构，背后真正的权利义务主体是全体业主，业主委员会对外行为的法律后果，也是由全体业主来承担。

业主委员会在向行政主管部门申请备案之前，虽然已经由物业管理区域内小区业主通过召开业主大会投票选举产生，但根据住房和城乡建设部《业主大会和业主委员会指导规则》第三十三条、第三十四条以及《广东省物业管理条例》第二十七条、第二十八条等地方性法规的规定，如果业主委员会不履行备案登记手续，没有获得备案证明，就无法向公安机关申请刻制印章。而业主委员会刻制印章是其作为民事法律主体对外进行民事活动的重要凭证，业主委员会如果没有合法有效的印章，将很难进行实际运作且其代表全体业主所为的法律行为将不被外界所认可，这将对物业管理区域内业主的相关物业活动产生实际影响。

本案中，利豪花园第二届业主委员会因换届选举产生后，依法向禅城区住建局申请备案登记，禅城区住建局以业主大会表决程序及投票权数违反相关规定为由决定不予办理备案登记，该决定直接影响到利豪花园第二届业主委员会作为行政相对人的权利义务，应认定其与该决定具有法律上的利害关系。利豪花园第二届业主委员会对不予备案行为不服提起诉讼，如果不赋予其原告资格，其合法权益将无从保障。基于这种特殊情形，应赋予未备案的业主委员会针对行政机关不予备案行为提起诉讼的原告主体资格，更有利于涉案纠纷的实质性化解。

（作者单位：广东省高级人民法院）

行政协议撤销之诉法律规则适用

黄　瑶　宋媛玉　叶署铭

【裁判要旨】

《最高人民法院关于审理行政协议案件若干问题的规定》虽未明确一般违法行政协议撤销制度，但行政协议作为行政机关行使行政管理职权的一种替代方式，其行政性必然是第一属性，人民法院在对行政协议进行司法审查时应当适用行政法律规范。行政协议具有双重属性，应具体根据争议性质确定起诉期限、除斥期间规则适用。

【案情】

上诉人（一审第三人）：赵某义、赵某友。

被上诉人（一审原告）：赵某群。

被上诉人（一审被告）：织金县政府。

被上诉人（一审第三人）：织金县城市建设投资（集团）有限公司。

赵某群系织金县双堰街道太平社区沙滩组村民，赵某义、赵某友系其兄弟。1980 年第一轮土地承包到户时，赵某群家庭成员以赵某顺为户主向原织金县城关镇四方村承包了包含“烟登坡”在内的土地。之后，家庭成员对承包地进行分配，将“烟登坡”分配给赵某群承包管理。2015 年 4 月 15 日，原织金县顺达市政投资有限责任公司，现织金县城市投资（集团）有限公司（以下简称顺达公司）与赵某友就“烟登坡”签订了《金南路房屋拆迁安置协议》，实际签约人赵某义。2015 年 5 月 14 日，赵某群在得知被诉协议后，向顺达公司出具《郑重声明》，声明该公司与赵某友签订的协议所涉土地属于赵某群个人管理使用，该协议不具备法律效力。2018 年 9 月 1 日、10 月 20 日，赵某群分别就被诉协议提起确认无效之诉，人民法院均以该案不属于民事诉讼范围为由裁定驳回起诉。2019 年 3 月 5 日，赵某群向人民法院提起行政诉讼，请求撤销前述《金南路房屋拆迁安置协议》。

【审判】

一审法院经审理认为本案的争议焦点如下：

第一，赵某群是否是本案适格主体。赵某群作为第一轮承包时赵某顺户的家庭成员，承包了被诉协议所拆迁的“烟登坡”在内的土地，其与被诉协议有利害关系，其主体适格。

第二，赵某群的起诉是否超过起诉期限。赵某群从 2015 年 5 月 14 日出具《郑重声明》时就已经知道了被诉协议的存在，但从其主张权利的方式来看，不能证明其在当时就已经知道签订被诉协议的实际主体是织金县政府，故对赵某群的起诉期限，应当从 2018 年 9 月 11 日即织金县人民法院作出（2018）黔 0524 民初 3982 号民事裁定告知其被诉协议是由织金县政府委托签订之日起计算，故本案未超过起诉期限。

第三，被诉协议是否应当被撤销。织金县政府在签订被诉协议之前，应当对协议所涉土地面积及权属等调查核实。本案中，织金县政府未提交证据证明其在签订协议之前已对上述内容进行调查。且对于被诉协议约定拆迁的“烟登坡”土地，赵某群家庭成员赵某义、赵某友、陈某英均认可已分配给赵某群管理使用。虽赵某群曾以“周某”的身份嫁至安徽，但无论“周某”是否在安徽取得承包土地，均不能对抗“赵某群”这一合法身份应当享有的权利，且赵某群现户籍地仍在沙滩组，其属于该农村集体经济组织成员。因此，织金县政府委托签订被诉协议主要证据不足，且侵犯了赵某群的合法权益，根据《行政诉讼法》第七十条第（一）项之规定，应当予以撤销。据此，一审法院判决：撤销织金县政府委托顺达公司与赵某义以赵某友的名义签订的《金南路房屋拆迁安置协议》。

宣判后，赵某义、赵某友提起上诉，请求撤销一审判决，依法改判或发回重审。

二审经审理认为本案的争议焦点如下：

第一，赵某群是否具有诉讼主体资格。“烟登坡”系第一轮承包时赵某德户家庭承包地，赵某群系家庭成员，且赵某义、赵某友、陈某英均认可

“烟登坡”承包地经家庭内部分配至赵某群名下，赵某群与涉案土地有利害关系。根据《妇女权益保障法》第三十三条及《农村土地承包法》第六条、第三十一条精神规定，结婚出嫁并非已婚妇女丧失其原先所在农村集体经济组织成员资格的法定条件。基于充分保障妇女合法权益，实行男女平等的基本国策，在赵某群外嫁外地并未分配到土地承包经营权的情形下，其在娘家因家庭内部分配获得的承包经营权不应被剥夺。根据《最高人民法院关于审理行政协议案件若干问题的规定》（以下简称《行政协议规定》）第五条第（三）项的规定，赵某群具有原告主体资格。

第二，赵某群起诉是否超过起诉期限。根据《最高人民法院关于适用〈中华人民共和国行政诉讼法〉的解释》第六十四条第一款之规定，赵某群知晓被诉协议系织金县政府委托签订的最早时间可追溯到其收到织金县人民法院作出的（2018）黔 0524 民初 3982 号民事裁定书时。本案起诉期限即便从上述案件立案时间 2018 年 9 月 3 日起算，亦未超过一年起诉期限。

第三，被诉协议是否应予撤销以及是否适用除斥期间。织金县政府作为集体土地征收与补偿工作的法定主体，有权代表国家组织实施土地征收，也负有对被征收土地面积、权属等情况组织调查核实，以确保被征收人通过签订协议或者以补偿决定等方式取得公平补偿的义务。涉案土地已经家庭内部分配至赵某群名下，且赵某群户籍仍在沙滩组，织金县政府未能提供证据证明其已查明涉案土地权属情况下即签订被诉协议，主要证据不足，一审法院以《行政诉讼法》第七十条第（一）项之规定，判决撤销被诉协议，并无不当。

另，行政协议既有合同性的一面，又有行政性的一面，应具体根据争议的性质来确定起诉期限、诉讼时效、除斥期间规则的适用。本案系适用《行政诉讼法》作出行政行为主要证据不足予以撤销的规定，未适用原《合同法》第五十四条撤销条款，故不适用有关除斥期间之规定，上诉人认为本案超过除斥期间之理由，不予采纳。

关于上诉人提出被诉协议签订于 2015 年 5 月 1 日以前，不属于行政协议，不应当纳入行政诉讼受案范围的问题。二审法院认为，一般而言，对于 2015 年 5 月 1 日之前签订的行政协议，按照当时的法律法规处理。但对于 2015 年 5 月 1 日前形成的土地、房屋征收补偿协议，一般是行政机关履行补偿法定职责的方式，应当属于行政行为。且被诉协议经过（2018）黔 0524 民初3982号、4651号民事裁定均认为“不属于人民法院受理民事诉讼的范围”，参照《最高人民法院关于印发〈关于审理行政案件适用法律法规问题的座谈会议纪要〉的通知》中“在存在新旧法律衔接问题的情况下，人民法院审查行政行为的合法性，实体问题适用旧法规定，程序问题适用新法规定，但下列情形除外……（二）适用新法对保护行政相对人的合法权益更为有利的……”之规定的精神，为充分保护当事人诉权，应予以受理。

二审法院判决：驳回上诉，维持原判。

【评析】

一、问题的提出：行政协议撤销是否可以同时适用民事规范意思表示不真实及行政诉讼法一般违法撤销之规定

行政协议行政性与合意性的双重属性决定了对其可撤销性的审查系涵盖单方行政行为合法性与平等民事主体间民事合同合意性的交融式审查，无可避免地带来司法审查之困惑。虽然《最高人民法院关于审理行政协议案件若干问题的规定》（以下简称《行政协议规定》）第十四条规定“原告认为行政协议存在胁迫、欺诈、重大误解、显失公平等情形而请求撤销，人民法院经审理认为符合法律规定可撤销情形的，可以依法判决撤销该协议”之规定，将意思表示不真实适用于行政协议的可撤销判断，但行政协议撤销之诉的司法审查是否可以完全适用民事规范中意思表示不真实的合同可撤销规定，审判实践中存在争议。且该条规定并未言明行政协议可撤销审查是否适用《行政诉讼法》第七十条关于一般违法行政行为撤销的规定。该条款虽用了“等”字周延，但运用法律解释，此处周延亦难以得出原告有权依据《行政诉讼法》第七十条之规定请求撤销行政协议的结论。司法实践中对此亦存在不同认识。

二、比较法上的考察

在德国，由于立法者将基于行政协议私法面向的协议严守原则理解为协议应当无条件遵守，使得协议严守原则与基于公法面向的行政行为存续力相结合后——在观念上——行政协议相较于行政行为具有了更高的存续力。德国联邦行政法院法在行政诉讼制度上没有为当事人设定针对一般违法行政协议的撤销制度，对于未达无效程度的一般违法行政协议，不论是行政机关一方，还是私人一方，都没有有效的法律途径将其效力归于消灭。因而在德国法上对于一般违法行政协议的救济颇有争议。德国《基本法》第19条第4款规定，无论何人，其权利受到公共权力侵害的，均可提起诉讼之规定，[①] 对当事人提供了无漏洞的保护，第20条第3款亦要求行政需要受到法和法治的约束。但德国《联邦行政程序法》第59条为了保证一般违法行政协议的存续力，并未对其设定可撤销制度，使得行政协议相对人即便受到公权力侵害，亦无任何救济途径。德国学者毛雷尔就此指出，没有任何制裁意味着法律之效力被相对弱化，行政虽不可忽视法律之意图，但可以越过它。[②] 也正是由于一般违法但不能撤销之行政协议可能成为违法行政之挡箭牌，近年来，在德国司法实践中的趋势是尽量依据德国《联邦行政程序法》第59条第1款规定的"因准用民法典规定而生无效性的公法合同无效"转致适用民法上可兹使用之无效条款。

台湾地区学者李惠宗认为，我国台湾地区所谓"行政程序法"虽然继受于德国法，但是在具有瑕疵的行政协议法律效果的选择上，应当批判地继受，在无效和有效之间，可以承认因为一般违法而撤销的行政协议的存在。[③] 林臆书也认为，如果只承认违法行政协议仅有无效和违法有效两种形态，可能导致行政机关借用行政协议的履行方式规避作出行政行为可能被撤销的风险，实则对依法行政原则造成损害，因此，行政协议应当具有可撤销形态。[④] 同为我国台湾地区学者的江嘉琪则认为，能否通过法律解释就现行我国台湾地区所谓"行政程序法"第一百四十一条有关行政协议无效的规范，创设出可以撤销的一般违法行政协议类型，其实是存在疑问的。因为在没有法律法规明文规定的情形下，行政协议的撤销的条件、期限以及撤销的方式等是否能够直接类推适用单方行政行为可撤销规定存在不确定性，是否承认可撤销行政协议的存在，与行政协议的存续力、行政协议与单方行政行为的性质以及二者作出的程序差异密切相关，甚至还得考虑承认可撤销的行政协议是否会引发更大的不确定性。[⑤]

---

① Vgl. 21. Götz Frank, Nichtigkeit des substituierenden Verwaltungsvertrags nach dem Verwaltungsverfahrensgesetz, DVBL, 1977, S. 682 (685 f).

② Vgl. Hartmut Maurer, Allgemeines Verwaltungsrecht, Beck, 2011, § 14 Rn. 48.

③ 李惠宗：《行政法要义》，元照出版有限公司2007年版，第395页。

④ 林臆书：《论履行行政契约之行政处分》，高雄大学法律学系研究所2007年硕士学位论文，第92—93页。

⑤ 江嘉琪：《行政契约的瑕疵及其法律效果》，载《月旦法学教室》第61期。

三、我国行政协议可撤销事由之法律适用规则

（一）行政协议可撤销事由援用民事法律规范规则

结合《行政协议规定》第二十七条的规定，人民法院审理行政协议案件，可以参照适用民事法律规范关于民事合同的相关规定，《行政协议规定》第十四条中“法律规定”应当包含民事法律规范之意。

1. 重大误解之撤销事由

《民法典》第一百四十七条规定，基于重大误解实施的民事法律行为，行为人有权请求人民法院或者仲裁机构予以撤销。《最高人民法院关于贯彻执行〈中华人民共和国民法通则〉若干问题的意见（试行）》（以下简称《执行民法通则意见》）第七十一条规定，行为人对行为的性质、对方当事人、标的物的品种、质量、规格和数量等的错误认识，使行为后果与自己的意思相悖，并造成较大损失的，均可以认定为重大误解。

2. 意思表示不自由之撤销事由

在私法自治的原则下，行为人作出行为的意思表示应当是自由的，但是在其意志的形成与表达过程中，行为人可能受到来自他人的不当干扰，出现作出的意思表示并非自由作出的情形，具体包括受欺诈、受胁迫及乘人之危、显失公平等。

（1）受欺诈之行为

对于受相对人欺诈的法律行为，我国《民法典》第一百四十八条作了规定，该条与原《民法通则》第五十八条第一款第（三）项以及原《合同法》第五十四条第二款皆称“违背真实意思”，《执行民法通则意见》第六十八条对于受欺诈也称为“错误意思表示”，[①] 而《民法典》并未将意思表示自由作为民事法律行为有效的必要条件，而仅将之作为表意不真实的瑕疵之一，因此，并非所有的表意不自由均足以影响民事法律行为效力，只有当表意不自由致使意思表示不真实时，才存在撤销民事法律行为的可能，如果表意不自由并未导致表意不真实，则该意思表示不能撤销或者归于无效。[②]

对于当事人以外的第三人实施欺诈的行为，《民法典》第一百四十九条

---

① 朱庆育：《民法总论》，北京大学出版社 2016 年版，第 278 页。

② 沈德咏主编：《〈中华人民共和国民法总则〉条文理解与适用（下）》，人民法院出版社 2017 年版，第 987 页。

作了规定。和受相对人欺诈之撤销不同，当第三人实施欺诈行为，行为人因之实施了违背自己真实意思的民事法律行为，此时关于该民事法律行为效力的规定涉及行为人利益和相对人利益之间的博弈，以及意思自治和交易安全之间的平衡。故受第三人欺诈须在对方知道或应当知道第三人欺诈行为的情况下，受欺诈方才有权请求人民法院或仲裁机构予以撤销。

（2）受非法胁迫之行为

《民法典》第一百五十条对受胁迫而为的民事法律行为之撤销作了规定。受胁迫和受欺诈一样，均属行为人表意不自由，但胁迫行为的违法性比欺诈更为严重，对于表意人而言，受到欺诈后作出的表意系自我判断有误，而在受胁迫后作出的表意系不得不作出的意思表示。[①]

（3）乘人之危、显失公平之行为

《民法典》第一百五十一条规定，一方利用对方处于危困状态、缺乏判断能力等情形，致使民事法律行为成立时显失公平的，受损害方有权请求人民法院或者仲裁机构予以撤销。要构成该条所规定的因乘人之危导致显失公平的民事法律行为，须具备四个要件：一是须有一方当事人利用对方当事人危困或者具有弱势的行为；二是须利用方当事人属故意谋取不当利益；三是民事法律行为之作出时利用危困或弱势之行为的结果；四是该民事法律行为于成立之时显失公平。[②]

虽《行政协议规定》第十四条明确援引民事法律规范中意思表示不真实之撤销事由，但基于行政协议行政性的根本属性，不同于民事合同签订为追求私益，行政协议仍是行政机关为实现服务公共利益而采取的行政管理方式，其审查必然不能完全适用民事法律规范，而是应当修正性地准用，《行政协议规定》第十四条中的“法律”也理所当然包含行政法律规范。司法审查中，行政协议撤销之诉，在准用民事法律规范时，除了需要审查是否存在前述意思表示不真实的情况外，还需要综合目的性、效力等价值判断，在国家利益、社会公共利益和私人合法权益之间作出衡平。当然，基于行政机关行政管理职能的便利性以及依法行政原则的限制性，不论行政机关一方，还是行政相

---

① 沈德咏主编：《〈中华人民共和国民法总则〉条文理解与适用（下）》，人民法院出版社 2017 年版，第 998 页。

② 沈德咏主编：《〈中华人民共和国民法总则〉条文理解与适用（下）》，人民法院出版社 2017 年版，第 1008 页。

对人一方，通过胁迫、欺诈等瑕疵意思表示手段达成行政协议的情况较少，但亦不能完全排除其可能性。

（二）行政协议一般违法可撤销制度的适用

《行政协议规定》第十二条对行政协议重大明显违法无效及适用民事法律规范无效均作了明确规定，而第十四条却仅对意思表示不真实的协议撤销事由作了规定，未涉及一般违法之撤销，不免引起疑虑。那么，对于一般违法的行政协议我国法上是否也同德国法一样未设定可撤销制度？换言之，一般违法行政协议可否如同行政行为一般违法适用《行政诉讼法》第七十条的规定予以撤销？

1. 行政协议一般违法可撤销的理论基础

从行政协议的合意性面向观察，不设定行政协议一般违法可撤销制度，主要是基于行政协议缔结系基于双方合意，因此对于行政协议撤销也应当经过双方当事人协商一致。从行政协议的公法面向来看，由于受到依法行政原则以及信赖保护原则的约束，对于行政协议的撤销必然受到限制，对于受益性的行政协议更是如此。那么，对于一般违法行政协议是否可以诉请撤销，就涉及对协议严守原则与行政行为存续力的理解。首先，对于协议严守原则的理解。是否可以认为协议严守原则就是当协议一旦缔结就应当无条件遵守？这实际牵涉到协议或者说合同这一概念是否可以独立于法秩序。协议之所以有拘束力，并非因为协议本身具有的拘束力，而是因为法秩序以国家权威、国家机器为后盾为协议存续提供保护，对协议不履行后果、撤销、变更等问题作出具体设定。其次，对于是否应当赋予行政协议以类似于行政行为的存续力问题。既然行政协议与私法合同区分的关键在于其具有的行政性属性，除了应当注意到行政协议中行政机关与私人一方在缔约地位上的不对等，还应当考虑或赋予行政协议以类似行政行为的存续力。但即便是单方行政行为，我国行政诉讼法中仍给予行政相对人一般违法可撤销之救济。在违法行政协议的撤销制度上，亦可寻求依法行政原则与法的安定性之间的平衡。

即便仅从《行政协议规定》本身分析，第十四条虽未对行政协议一般违法撤销制度予以明确，但第十一条第一款合法性审查的规定，与《行政诉讼法》第七十条一般违法行政行为撤销事由相契合。此即意味着，行政协议之审查仍涉及行政行为合法性审查。

2. 行政协议一般违法撤销之利益平衡

现行司法实践中，对一般违法行政协议之撤销确实存在不同的认识和处理方式。以本案案情为例，第三方以协议签订主要证据不足为由起诉撤销协议，一部分法官认为鉴于协议严守原则和行政行为存续力，不宜在行政诉讼中直接判决撤销行政协议，当事人可通过民事诉讼主张权利；另一部分法官认为基于行政机关行政管理职能的便利性，其有条件并且应当在协议签订前查明相关情况，行政机关未能查明必要情况即签订协议，属于证据不足作出行政行为，应予撤销。这可能也是《行政协议规定》未直接明确一般违法行政协议撤销制度的原因。

笔者倾向于第二种处理方式：一是通过民事途径主张权利可能存在诸多障碍，致使当事人权益保护悬空；二是即便当事人可以通过民事诉讼主张权利，人民法院亦不应以此为由剥夺其通过行政诉讼主张权利的途径，以便尽快解决行政争议；三是如剥夺当事人行政诉讼权利，即意味剥夺了当事人对诸如行政补偿方式、标准等行政行为异议的权利。只是鉴于协议严守原则与行政行为存续力的双重加持，在给予行政相对人对行政协议一般违法之撤销的救济途径时，应当采取“利益衡量标准”，动态性、系统性地把握行政协议的双重属性，同时考虑行政机关、协议相对人与协议第三人三方主体，兼顾行政机关违法程度与相对方的恶意，衡平国家利益、社会公共利益和私人合法权益，以此判断具体的行政协议是否可撤销。[①] 例如，政府特许经营协议等授益型行政协议，由于其往往关乎民生，轻易撤销可能造成社会公共服务供给的中断，进而损害社会公共利益，故即便其符合一般违法之撤销条件，人民法院亦不宜判决撤销。

四、结语

虽《行政协议规定》为行政协议司法审查带来诸多可操作性指引，但基于行政协议的双重属性、法律适用的杂糅，行政协议之撤销审查仍存在困惑和难题。在未有明确制度指引的情况下，为实质化解争议，人民法院可根据不同案件的不同情况，考虑行政机关的违法程度，采取“利益衡量标准”，兼顾依法行政、契约自由、契约正义法治原则，对行政协议撤销案件予以审查，以衡平国家利益、社会公共利益、私人合法权益的保护。

（作者单位：贵州省高级人民法院）

① 张彧：《行政协议可撤销的判断标准及其修正》，载《政治与法律》2020 年第 11 期。

行政补偿案件适用变更判决的条件

——张建华诉海安市人民政府房屋征收补偿决定案

殷　勤

【裁判要旨】

行政诉讼中，变更判决是撤销并责令重作判决的例外。相对于撤销并责令重作，变更判决具有效率上的优势，能够避免当事人因为行政机关不重作或者乱重作而遭受“二次伤害”。对因征收产生的被征收人非居住房屋内的财物搬迁和安置费用等，宜结合《国有土地上房屋征收与补偿条例》有关居住房屋搬迁补偿规定精神，通过给予一定搬迁费用的方式予以公平补偿。行政机关作出房屋征收补偿决定仅遗漏搬迁补偿费用的，基于维护因公共利益需要而实施的征收和保障被征收人补偿安置利益统筹考虑，人民法院可以对补偿决定中给予征收补偿款等补偿内容判决变更，而不撤销行政行为。

【案情】

原告（上诉人）：张某华。

被告（被上诉人）：海安市人民政府。

2016年8月1日，海安市人民政府作出海政房征字〔2016〕4号房屋征收决定，并于当日发布征收决定公告，原告张某华案涉房屋位于征收决定范围内。2017年4月18日，南通建达房地产评估有限公司（以下简称建达评估公司）经依法选定为评估机构后出具《房屋征收分户估价报告》，载明“产权人张某华的车库面积为32.3平方米，单价为每平方米6800元，补偿额为219640元，装饰装修及附属物补偿合计44563.2元”。8月30日，海安市人民政府向张某华作出《房屋征收补偿决定书》，认定被征收人张某华的房屋坐落于海安县中城街道宁海中路××号-10，建筑面积为32.3平方米，用途为车库，被征收房屋价值补偿219640元、装饰装修及附属物补偿44563.2元、改变房屋用途停业损失补偿43928元，合计补偿308131.2元。张某华以海安市人民政府作出的房屋征收补偿决定实体和程序上均存在违法之处，给予原告的补偿标准远低于市场价值、侵犯其合法权益为由，起诉请求撤销该征收补偿决定。

【审判】

江苏省南通市中级人民法院一审认为，根据《国有土地上房屋征收评估办法》第九条的规定，对于已经登记的房屋，其性质、用途和建筑面积，一般以房屋权属证书和房屋登记簿的记载为准。由于涉案房屋未进行权属登记，评估机构经现场测绘，并结合房屋购买时的相关资料，认定涉案房屋用途为车库、确定被征收房屋合法面积为32.3平方米，符合客观事实。涉案评估机构系征收双方协商选定且经公证部门公证确定，评估报告认定涉案房屋用途为车库，与涉案商品房购销合同鉴证书、房地产开发销售发票、商品房规划图纸、照片等证据材料反映内容一致。虽然张某华将车库用于理发经营，但不能据此改变被征收房屋原有规划用途。

评估报告根据征收补偿方案有关“经规划批准建设的车库按补偿基准价结合相应的等级成新评估补偿”等规定，结合涉案房屋实际用于理发经营的事实，经综合考虑被征收房屋的区位、用途、建筑结构、新旧程度、建筑面积以及占地面积、土地使用权等影响被征收房屋价值因素，采用市场比较法评估确定被征收房屋评估单价为6800元每平方米，符合法律规定。

案涉征收安置补偿方案确定了两种补偿方式即货币补偿和产权调换，由于涉案房屋为商品房地上一层车库，是作为居住配套设施规划建设，该房屋性质并不因买受人所作不同用途而发生变化，且张某华至今未取得相应的权属证书。张某华坚持要求安置具有合法产权的经营性用房，超过法定补偿范围。海安市人民政府决定以货币方式补偿未侵犯张某华的补偿利益。但是，被征收房屋实际用途为经营理发业务，屋内生产生活用品确需予以搬迁的，将会发生搬迁补偿或者补助费用，被诉补偿决定未确定该有关费用，不符合法律规定精神。根据涉案征收补偿方案“征收商业经营性用房，按合法建筑面积给予每平方米50元搬迁补偿”的规定，结合被征收房屋合法建筑面积、实际用途等情况，海安市人民政府依法应当补偿搬迁补偿费用1615元。因此，判决变更被诉房屋征收补偿决定中“被征收房屋总补偿308131.2元”为“309746.2元”。

一审宣判后，张某华提起上诉。江苏省高级人民法院判决驳回上诉，维持原判。

【评析】

本案的主要争议问题是行政机关作出征收补偿决定遗漏了必要补偿内容时，人民法院能否径行以判决变更的方式代替行政机关作出判断，是否应当判决撤销后责令行政机关重新作出行政行为。

一、行政诉讼结构中的变更判决

在行政诉讼中，一般认为撤销判决是最为主要的判决方式，而确认判决、变更判决等属于对撤销判决的例外和补充。撤销诉讼的基本逻辑是行政权与司法权的权力分工，行政是对社会关系的第一次调整，而司法则对行政调整的合法律性进行复审。在发现存在行政违法情形时，出于对行政首次判断权的尊重，司法也仅为撤销行政行为，而并不代替行政机关径行设立或者变更新的行政法律关系[①]。《行政诉讼法》将“解决行政争议”增加为立法目的之一以后，表明行政诉讼的立场发生了一定的变化，即在尊重行政首次判断权的基础上，同时也充分考虑当事人的救济可得性问题。[②] 如果能够通过一起诉讼、一份判决、对一个行政行为的一次评价就解决行政争议，则应当避免行政机关二次行为、引发二次诉讼、形成二次判决。

“解决行政争议”的立法目的，首先表现在对义务诉讼判决方式的选择上。《行政诉讼法》第七十二条规定，人民法院经过审理，查明被告不履行法定职责的，判决被告在一定期限内履行。第七十三条规定，人民法院经过审理，查明被告依法负有给付义务的，判决被告履行给付义务。《最高人民法院关于适用〈中华人民共和国行政诉讼法〉的解释》第九十一条还规定，原告请求被告履行法定职责的理由成立，被告违法拒绝履行或者无正当理由逾

---

① 刘峰：《论行政诉讼判决形式的重构》，载《行政法学研究》2007年第4期。

② 郭修江：《以行政诉讼法立法目的为导向的行政案件审判思路》，载《法律适用》2017年第23期。

期不予答复的，人民法院可以根据《行政诉讼法》第七十二条的规定，判决被告在一定期限内依法履行原告请求的法定职责。可见，当人民法院查明行政机关依法负有原告请求的法定职责时，应当直接判决被告履行具体的义务，而非仅作出确认被告的行政不作为违法，或者判决被告履行法定职责。因此，在义务诉讼中，履行（抽象法定职责）判决和履行（具体法定职责）判决的相互关系，并非如一般认识的前者是常态、后者是补充，而是相互补充、互为联系的，这要求人民法院在行政诉讼中主动查明行政机关是否具有原告请求的具体法定职责或给付义务，抑或对原告请求事项仍有裁量判断的余地，并相应作出判决。① 对撤销诉讼而言，虽然法律没有明确规定判决撤销、判决撤销并责令重作、判决变更的优先适用关系，但人民法院根据解决行政争议这一立法宗旨，在符合法定条件时，主动选择适用变更判决，避免行政相对人受到“二次伤害”。

二、行政裁量权收缩作为判决变更的前提

相比撤销或责令重作判决，变更判决更有效率，但与撤销或责令重作判决仍为行政机关保留一定的裁量空间不同，变更判决直接以法院的裁量取代了行政机关的裁量，对行政权与司法权之间的权力分工冲击更大。“与民事诉讼和刑事诉讼相比，行政诉讼最大的特点就在于既要让司法权能够有效监督行政权，又要维护司法权与行政权之间的权力分工。变更判决是行政诉讼中对权力分工冲击最大的判决类型，因此法院在适用时必须谨慎。”② 变更判决能否适用的关键就在于，在诉讼效率和权力分工之间找到一个平衡点，这个平衡点必须既能发挥变更判决的效率优势又不至于危及权力分工。③ 由于人民法院是对行政行为的合法律性加以审查，因而实质上，变更判决也不是法院以自己（主观上）裁量取代行政机关的裁量，而是法院通过对照法律和事实，（客观上）认为行政机关并没有裁量和判断余地或者裁量权收缩为零，即只能作出某种特定行为。此时，法院即便替行政机关作出判断，也不会限制行政机关的裁量空间。

行政裁量一般包括要件裁量、决定裁量和效果裁量。当法律有关作出行

---

① 黄锴：《行政诉讼给付判决的构造与功能》，载《法学研究》2020 年第 1 期。
② 王锴：《行政诉讼中变更判决的适用条件》，载《政治与法律》2018 年第 9 期。
③ 李哲范：《论行政裁量权的司法控制》，载《法制与社会发展》2012 年第 6 期。

政行为的规定存在不确定法律概念时，行政机关享有要件裁量权；当法律对是否作出行政行为给予行政机关自行决定的空间时，行政机关享有决定裁量权；当法律规定对如何作出行政行为由行政机关选择时，行政机关享有效果裁量权。[①] 反之，如果法律对行政机关作出行政行为规定的明确、严格的适用条件，属于纯粹的羁束行政，行政机关则没有判断余地。

虽然行政机关对某一事项具有裁量权限，但由于内在或者外在的因素，行政机关的裁量空间收缩至零，即只有一个法律效果可供选择时，也认为行政机关没有判断余地。[②] 内在因素主要来自裁量规范的目的，即立法者为什么要在调整这种事实时联结一个如此严重的法律后果。这种重大性一方面通过其保护的法益的重要性体现出来，另一方面也取决于个案中法益具体受到侵害的程度。如对生命和健康的威胁越严重，警察干预的可能性就越大。外在因素主要来自裁量所处的外部环境，如比例原则要求行政机关在决定采取某项干预或者保护基本权利的措施时必须考虑妥当性、必要性和均衡性，只有这样才不会侵犯基本权利，而如果选择其他的行政措施都不合比例，那么裁量就会收缩为零。又如，行政机关通过平等原则形成自我拘束，即相同情况相同对待，因此基于行政相对人的信赖保护，可能导致裁量收缩为零。同时，与裁量规范处于相同位阶的法律规定也会对裁量收缩产生影响，如建筑法上的邻人保护条款会对有关拆除建筑物的裁量决定产生影响。

三、变更判决中对款额确认“确有错误”的判断

将变更判决适用于“行政行为对款额的确定、认定确有错误”是《行政诉讼法》修改后新增加的规定。该条与德国《联邦行政法院法》第 113 条第 2 款类似。规定了如果原告要求改变行政处理所确定的金额或者一个与此相关的确认，法院可以将其确定为另一数额或者用另一个确认来取代原有确认；如果为确定或确认金额所进行的调查需要巨大花费，法院可以在指明未被正确考虑或未被考虑的事实和法律关系的前提下，指定由行政机关基于上述理由计算出金额；行政机关应当立即将新的计算结果通知当事人，此通知的形式不限。德国《联邦行政法院法》虽然未明确将“行政机关对款额的确认确有错误”作为适用变更判决的条件，但实际上变更判决是作为撤销判决的

---

① 王贵松：《论行政裁量的司法审查强度》，载《法商研究》2012 年第 4 期。

② ［德］埃博哈特·海因等：《裁量与裁量收缩》，曾韬译，载《财经法学》2017 年第 4 期。

“前置程序”而存在的，即撤销一个金钱给付的行政处理是在无法变更它的情况下进行的。[①] 因此，撤销判决的可允许性对变更判决也是适用的。同时，德国法规定在行政法院变更不方便的情况下（确定或确认金额所进行的调查花费较大），可以判决由行政机关自行变更。

“确有错误”有广义和狭义之分。狭义的“确有错误”，主要指行政处理的“显然错误”，即行政处理因为书写错误、计算错误、疏漏或者自动化作业的错误等导致其所表现的内容与行政机关的意思不一致。因为，显然错误在客观上一望可知，即应如何改为正确十分明白，行政机关可以随时更正，并且不需要考虑相对人的信赖保护和法律安定。广义的“确有错误”，则包含了所有导致行政行为款额确认错误的原因，包括据以确认款额的事实不清，以及据以确认款额的法律错误。[②] 本案属于“据以确认款额的事实不清”的情形，即行政机关认为对非居住房屋的征收将不会产生搬迁补偿费用，但事实上被征收人长期将房屋用于理发经营，必然存在相应理发设备的搬迁补偿问题。同时，由于补偿安置方案明确了对搬迁补偿费用的计算标准为根据被征收房屋的面积按比例确定，而房屋的建筑面积是固定不变的，因而对搬迁补偿费用的计算数额也是确定的，即此时行政机关没有判断余地。一审、二审法院通过适用变更判决，确认行政机关应当增加的征收补偿金额，既避免行政机关久拖不决不对行政相对人另行补偿，也避免征收补偿决定被撤销后重作，将影响房屋征收项目按时有序推进，进而对公共利益造成影响。

（作者单位：江苏省南通经济技术开发区人民法院）

① 王锴：《行政诉讼中变更判决的适用条件》，载《政治与法律》2018 年第 9 期。

② 陈敏：《行政法总论》，新学林出版有限公司 2016 年版，第 386 页。

行政征收中变更征收决定的合法预期保护判断

熊娇娇

【裁判要旨】

行政机关原则上不得随意变更其作出的行政征收决定，如确需变更，必须基于公共利益等正当理由。法院在审查变更行为合法性的同时，亦要注意考量相对人合法预期保护判断问题。相对人的合法预期不仅包括实体权益，也包括程序权益。但是，纯属相对人主观愿望或虽有预期但没有信任行为表现的不在合法预期范围之内，且合法预期保护原则的适用不能因个人预期利益损害公共利益。若因变更行为导致相对人基于先前征收行为的信赖或者限制，而造成其法律上直接财产利益损失的，相对人亦可依法寻求补偿或赔偿性司法救济。

【案情】

原告（上诉人）：江西梦达彩色印务有限公司。

被告（被上诉人）：南昌市东湖区人民政府。

因东湖区香江家具旧城（城市棚户区）改造项目工程建设需要，2015年5月13日，被告（被上诉人）南昌市东湖区人民政府（以下简称东湖区政府）作出东征收〔2015〕第1号《南昌市东湖区人民政府房屋征收决定》（以下简称《征收决定》），原告（上诉人）江西梦达彩色印务有限公司（以下简称梦达彩印）坐落于南昌市东湖区青山南路×号房屋被列入征收范围。2018年10月31日，南昌市推进旧城改造工作指挥部办公室作出《关于明确江西梦达彩色印务有限公司不予征收的回复》，该回复原则上同意将原告的土地及房屋剔除出征收红线范围，不予征收。2019年12月17日，被告召开政府常务会议研究，确定将原告的房屋及土地在征收范围予以调整。2019年12

月30日，被告作出东府〔2019〕13号《关于变更东湖区香江家具城旧城（城市棚户区）改造项目工程征收范围的决定》（以下简称《变更决定》），载明：因征收过程中，原告提出不低于人民币一亿元的补偿诉求，使得无法达成征收协议，考虑到原告于2015年5月30日提出如不满足其补偿诉求，要求将原告的房屋及土地不列入改造项目征收范围，并曾向法院请求撤销《征收决定》。经研究，为充分尊重原告的征收意愿，本着和谐征收的原则，决定对征收范围进行调整，调整后的原告房屋不在征收范围内。

【审判】

南昌铁路运输法院经审理认为，《国有土地上房屋征收与补偿条例》规定了国有土地上的房屋征收需为了公共利益的原则。本案中，因原、被告双方对案涉房屋的性质及价值有巨大分歧，造成征收工作久拖不决，致使被告无法按时完成征收，侵害到公共利益的实现。且被告依法履行了正当程序。据此，一审法院依照《行政诉讼法》第六十九条之规定，判决驳回梦达彩印的诉讼请求。

一审宣判后，梦达彩印不服，提起上诉。

南昌铁路运输中级法院经审理认为，国有土地上房屋征收是人民政府为了保障国家安全、促进国民经济和社会发展等公共利益需要，确需征收群众房屋时，经过规划、论证、评估、补偿等一系列法定程序后作出的行政决定。人民政府是否决定征收，如何征收，征收多少，是其基于对国家利益、社会公共利益考量后作出的决策，并不受人民法院的审查、监督。但人民政府对外作出的房屋征收决定由于对被征收人及其利害关系人的权利义务产生了实际影响，并对他们直接产生了法律效果，故征收决定是可诉的，而本案的《变更决定》亦对上诉人的权利义务直接产生了实际影响，因而其也具有可诉性。本案争议焦点为被上诉人作出的《变更决定》是否合法。

首先，从实体方面看，被上诉人作出的《变更决定》是否符合实体要件，是否是基于对国家利益或公共利益的考量而作出的行政行为。公共利益为社会全部或者部分成员所享有的利益，强调利益享有者的公共性，受益范围一般是不特定多数人，应是在一定范围内带有共同性、普遍性、整体性的利益，同时还应涉及公平、秩序、稳定等基本的促进社会整体发展的因素。

本案中，双方因案涉房屋补偿分歧过大，造成征收工作久拖不决，致使被上诉人无法按时完成征收，主要影响的是案涉东湖区香江家具旧城（城市棚户区）改造项目的整体推进，影响不特定大多数人在一定范围内带有共同性、普遍性、整体性的公共利益，实际侵害到公共利益的实现。同时，上诉人于2015年5月30日曾提出如不满足其补偿诉求，要求将上诉人的房屋及土地不列入改造项目征收范围，其亦曾提起过撤销房屋征收决定之诉。故而，被上诉人对其作出的原征收决定进行变更具有正当性。

其次，从程序方面看，被上诉人作出的《变更决定》是否符合程序要件，包括行政机关是否具备法定的职责权限、是否遵循法定程序。《国有土地上房屋征收与补偿条例》第八条规定，为了保障国家安全、促进国民经济和社会发展等公共利益的需要，确需征收房屋的，由市、县级人民政府作出房屋征收决定。据此可知，市、县级人民政府具备作出房屋征收决定的法定职责权限。即对于房屋征收，本案被上诉人具备相应的“是否征收，如何征收，征收多少”的职责权限。同时该条例第十二条规定，市、县级人民政府作出征收决定前，应当按照有关规定进行社会稳定风险评估；房屋征收决定涉及被征收人数量较多的，应当经政府常务会议讨论决定。该条例规定虽并非系直接规定变更房屋征收决定作出程序的条款，但规定了行政机关作出的房屋征收决定并非具有随意性，须符合相应的法定程序。由此，行政机关作出的变更征收决定亦要符合相应的程序要求。本案中，被上诉人报相关部门批复，并经过区政府常务会议的决定，正式作出了《变更决定》并送达上诉人，履行了必要的正当程序。据此，二审法院依法判决驳回上诉，维持原判。

【评析】

在我国行政实务中，行政机关不能随意行使行政变更权，否则不利于行政秩序的稳定性与客观法的安定性。然而，为了公共服务或行政管理的需要，行政机关有时候也不得不变更过去之意思表示。众所周知，非理性的变更行为极易给相对人的权益带来不利之影响，包括相对人因对行政机关先前行为的信赖而产生的合法预期。①

---

① 陈海萍：《论行政相对人合法预期利益损害的救济》，载《政治与法律》2009年第6期。

通常认为，不在房屋征收决定范围内的房屋权利人无权针对该征收决定提起行政诉讼，但是由于行政机关先前行为已将其房屋纳入征收范围，后因变更行为导致其房屋从拟被征收状态变为不予征收状态的，该情形应当赋予该房屋权利人提起行政诉讼的原告资格。首先，从事实上，征收范围的调整已对房屋权利人的权利义务直接产生了实际影响。其次，无论从行政诉讼法立法目的，还是诉权保障的角度出发，房屋权利人均应有权对行政机关变更征收决定的行为提起行政诉讼。因此，变更征收决定具有可诉性是其应有之义。在此基础上，本案所争议的问题是在行政征收中行政机关变更征收决定的行为是否合法。而要将该问题抽丝剥茧予以清晰解答，需要在行政决定确定力和变更裁量规则的基础上，将其切分为三个层次的问题进行探讨：其一，在行政征收中行政机关变更征收决定是否会产生合法预期问题；其二，合法预期保护能否适用须考量判断的问题；其三，法院对涉及该合法预期的行政行为应当如何进行司法审查。

一、关于本案变更征收决定是否会产生合法预期问题

（一）信赖利益、预期利益和合法预期认识分歧的厘清

我国法律规定并未明确界定信赖利益、预期利益以及合法预期三者之间的概念。但在理论探讨和司法实践中，有必要厘清三者之间的差别。

信赖保护，发源于德国法，在有关授益或赋负担行政行为的撤回、撤销、废止理论中，细致入微地体现出对信赖利益的关怀与保护。[①] 我国《行政许可法》第八条从法律制度层面上确认了“信赖利益”的存在。主要指行政许可发放后，只要在其合法且期限未届满之前，行政机关不得随意改变已生效的许可，如行政机关因合法正当的理由变更或撤回许可，由此给相对人造成财产损失的，行政机关应当依法给予补偿。由此可知，信赖利益是在行政行为确定力、拘束力基础上，相对人基于对行政机关的信赖而采取相关行为所产生的必要利益，强调该种信赖因其具有正当性而应当得到保护时，行政机关不得变动行政行为，或者如果出于公共利益的考虑变动这种行为时必须补偿相对人基于信赖而遭受的损失。信赖利益的关键在于相对人对行政机关先前行为的信赖，没有这种信赖以及对该信赖采取的相关行为就没有信赖

① 余凌云：《行政法讲义》（第三版），清华大学出版社 2020 年版，第 103—104 页。

利益。[①]

预期利益，也称期待利益，这一概念来源于英美法系。一般是指当事人在合同得到正常履行时本可得到的价值。[②] 也就是若没有违约相对人本可以在此合约下期望获取的利益。在分析期待利益损失时，有时也包括附带利益的损失。[③] 基于本案，本文所探讨的预期利益是指，相对人基于行政机关作出的生效行政行为能得到正常履行时所期望获取的利益，如相对人基于信赖而采取减损措施所支出的合理费用。与信赖利益不同的是，预期利益主要指因行政机关未能履行先前生效行政行为而未能获取的收益，范围大于前者。

而合法预期概念是分别在英国和大陆法系国家生成的，有着广义与狭义之分。余凌云教授倾向于引进狭义的合法预期概念，其是指相对人因行政机关的先前行为（如曾制定过政策，发过通知，做出过指导或承诺等），尽管没有获得某种权利或者可保护利益，但却合理地产生了对行政机关将来活动的某种预期（如行政机关将会履行某种程序或者给予某种实质性利益），并且可以要求行政机关将来满足其上述预期。行政机关除非有充分的公共利益理由，原则上不得拒绝。合法预期是在司法审查传统上所保护的权利和利益之外建立起来的第三维度。它要保护的不是权利，也不是利益，仅仅只是相对人因行政机关的行为而产生的对预期的信赖。[④] 合法预期与信赖利益、预期利益概念之间的区别主要在于，合法预期跨越了可保护的某种实质性利益，深入行政机关咨询职能与制定政策的领域，包含了程序保护方面的利益，如在作出决定之前履行听证或其他适当的程序，而德国法上的信赖利益保护理论很少涉足。从概念上来讲，合法预期应当是一个包含了信赖利益的基本范畴。[⑤] 与预期利益不同之处主要在于，合法预期建立在该预期利益必须是正当且合法的，能受到法律保护的基础上，不包括相对人主观臆断或不正当的利益。

---

① 陈国栋：《行政许可创制了名为信赖利益的新型权利吗?》，载《求是学刊》2020 年第 5 期。

② 张小艳：《合同损害赔偿中的期待利益研究》，重庆大学 2012 年硕士学位论文。

③ 周博、张文博：《浅议我国对“预期利益”的保护》，载《仲裁研究》第 35 辑；杨良宜：《预期利益损失与信赖利益损失》，载《中国海商法年刊》2011 年第 1 期，第 8—19 页。

④ 余凌云：《行政法上合法预期之保护》，载《中国社会科学》2003 年第 3 期。

⑤ 黄学贤：《行政法中合法预期保护的理论研究与实践发展》，载《政治与法律》2016 年第 9 期。

（二）本案存在相对人合法预期

正如上文所述，学理上有“信赖利益保护”和“合理预期保护”两种学说。虽然有时候两者可以等同，但是两者概念有所区别。基于本案情形，笔者认为，合法预期理论更有利于相对人权益的保护，且本案存在相对人合法预期。理由有以下三点：

首先，在公法上，预期利益“需要根据行政法律行为的内容而定”，“既可以是实体权益，也可以是程序权益；既可以是权利，也可以是可保护的利益甚至是某种优势”，不仅仅指金钱上的经济利益。而信赖利益主要是相对人基于对先前行政行为的信赖而采取有关措施或者处理所支付的因对方变更行为所产生的费用或损失。本案中，因变更征收决定，相对人基于信赖原先行为而产生的权益受损，不仅包括被征收补偿权的期望利益落空，也包括相对人享有的程序保障权益的架空。虽然该变更行为并未侵犯相对人房屋及土地所有权，但对相对人可保护的合法预期产生了影响。所以，本案适用合法预期理论更能保护相对人。

其次，本案的一个重要特点在于，变更行政征收决定行为性质不是一种纯授益性或负担性的行政行为，而是一种复效的行政行为。行政机关作出的变更征收决定，对于本案相对人而言，可以说具有混合效力；但不可忽视的是，行政机关曾作出的征收决定明确将相对人的房屋纳入征收范围，相对人基于该行政行为存续产生了信赖，且其以行为或表现表明这是一种利益的获得。此时行政决定的性质应当是由对相对人影响内容决定。[①] 因此，原先的行政征收决定应视为有利的行政决定，相对人基于此信赖产生的相关实体和程序方面的合法预期应当是值得予以关注的。因此，本案变更行政征收决定，与授益行政行为或负担性的行政行为一样，亦可受到合法预期保护的限制。

最后，相对人存在合法预期基础。对合法预期的保护实质上是为了保护对行政的信赖。所以，合法预期只能是基于行政机关的行为而产生，而不能是相对人自己主观上的臆想、猜测或期望。本案中，行政机关在东征收〔2015〕第1号征收决定中作出明确清晰的意思表示，将相对人房屋纳入征收范围，这能够让相对人产生信赖，且该决定履行了法定程序，由具备法定职权的行政机关作出，具备法效力。当行政机关变更行政决定时，相对人是受

① 章剑生：《现代行政法总论》，法律出版社2019年版，第166页。

影响的一方，其受到的损害是对行政机关未来行为的一种预期和信赖。至于是否给予合法预期保护，这需要综合判断考量。

二、关于本案能否适用合法预期保护须考量判断的问题

本案中，相对人认为行政机关作出变更征收决定，将其房屋剔除征收红线范围之内，是一种违法行政的表现，严重侵害了其权益。该诉称的权益，哪些属于合法预期的范畴，能否得到司法保护，这是值得探讨的问题。在探讨之前需要考量判断的问题是：

第一，法院对行政机关的行政变更裁量权在何种程度内予以约束并规范？

裁量权既抽象地存在于行政过程中，也现实地存在于不同的行政领域中。[①] 行政机关在行政征收过程中，是否决定征收，如何征收，征收多少，是其基于对国家利益、社会公共利益考量后作出的决策，是其在行使行政权范围内的自由裁量权，并不受人民法院的审查、监督。但行政裁量权的行使必须立足于案件事实、必须依法进行，不得侵犯国家利益、公共利益和他人合法权益。本案行政机关行使变更裁量权亦如此，其变更行为的理由应须符合法律目的，是合理的。本案中，行政机关变更行政征收决定，是否是在其决定裁量范围内，是基于何种考量予以作出，是否具有合目的性。法院有必要尊重行政机关的合法行政裁量权，但对有可能影响公共利益、相对人权益，或者有损行政秩序稳定性的裁量行为，也应予以必要的司法审查。正如何海波所言，“法院不可能给予行政机关的裁量百分之百的尊重，否则就没有必要建立司法审查了；但法院也不可能时时处处以自己的观点代替行政机关的判断，否则就没有必要设立行政机关了”。

第二，相对人基于对行政征收决定的信赖而产生的合法预期，在行政决定变更裁量中的权重如何？

一方面，本案相对人合法预期是在行政征收法律关系中行政机关与相对人已产生关联性的基础上发生的，是相对人基于行政法律秩序连续性的信赖对行政机关未来行为产生的一种预期利益。该预期利益的实现取决于将来客观不确定的事实，但依据时间顺序，依据条件成就，是有可能实现的权益。虽然预期利益不一定能完全满足，但也不应被粗暴地落空，至少相对人应有权利资格去主张实现其合法正当的预期利益。另一方面，与法定权益的绝对

① 高鸿、殷勤：《论明显不当标准对行政裁量权的控制》，载《人民司法（应用）》2017 年第 19 期。

保护性质不同，合法预期能否受到法律保护，仍得取决于具体情形中实体法条件和利益衡量结果。从实质要素来看，合法预期不是一种权利，因为“它能不能必定得到法律的保护，特别是获得实现，都还是一个未知数”。[①] 然而本案合法预期也具备了一定的权利外观形式，因为相对人不仅体现了要实现预期利益的意愿，而且让外界感知为实现预期利益而付诸实践的行为。因此，行政机关在决定变更裁量过程中，必须考量相对人合法预期的权重比例。

第三，法院对于行政机关作出的变更决定所带来的公共利益与相对人合法预期之间的价值衡量中，如何认定并判断?

公共利益是征收制度的合法性基础，也是政府作出征收决定的理由。在衡量变更征收决定所带来的公共利益与本案相对人合法预期利益之前需要考量的一个问题是，如何区分行政征收中，行政机关变更征收决定也是为了公共利益，而非特定的其他利益。由于公共利益属于典型的不确定法律概念，对于变更是否符合公共利益的需要，一方面要根据立法，围绕受益主体是否为特定多数以及利益内容是否确定予以判断，排除特定的不正当利益。另一方面，看变更行为的作出是否遵循了正当程序，以此补强判断该行为是否符合公共利益。而对于相对人合法预期的认定判断，正如前文所述，相对人的合法预期不仅包括实体权利，也包括程序权利。但是，纯属相对人主观愿望或虽有预期但没有信任行为表现的不在合法预期范围之内。因此，本案变更行为涉及的“公共利益”与“合法预期”，法院能否衡量，首先在于对其标准通过实体与程序相结合的路径加以客观化，否则难以比较。

三、本案合法预期保护司法审查问题

在行政法上，学理上一般认为，因相对人的合法预期落空而启动的司法审查，是无须感到意外的。[②] 但司法实践中，基于目前成文法上对相对人的合法预期利益保护规范的缺漏，按照我国现行行政诉讼制度，对于合法预期，尚缺乏可操作的司法审查标准。结合上述分析，针对本案特点，笔者认为，对于合法预期保护的司法审查问题，有必要从实体和程序两方面来论述探讨。

从实体上，对行政征收中变更征收决定所带来的公共利益与相对人合法预期进行比较衡量。

---

① 胡建淼、陈海萍:《行政规范性文件变更中的合法预期》，载《浙江社会科学》2010 年第 10 期。

② 戴耀廷:《司法复核与良好管治》，中华书局有限公司 2012 年版，第 88 页。

如前所述，当有比行政相对人的预期利益更重大的公共利益需要维护时，行政决定的作出者就有合法的理由对原有决定作出调整，以更好地维护公共利益。所以，合法预期保护能否适用，应当是经法院权衡，与变更行政行为所获得的公共利益相比，该合法预期利益更值得保护。

本案中，涉案项目属于公共利益项目。征收决定作出后，征收地块范围内的大部分征收工作已完成，但因本案相对人对案涉房屋的性质及价值与行政机关存在巨大分歧，致使征收项目久拖不决，行政机关无法按时完成。此时，征收地块范围内受征收影响的其他被征收人的意愿及利益成为判断公共利益的重要考量因素。对于该项目范围内已被征收的财产权人而言，变更征收决定并不影响其权益的获得或行使，反而能加速棚改项目的完成，有利于公共利益的实现。

然而，对于相对人合法预期利益而言，变更征收决定使相对人被征收补偿的期望落空，但法律上保护的"期望"不是指相对人主观上所期望的补偿价值，而是基于法律规定的对于房屋被征收的公平补偿权。基于本案情形而言，更多的是指一种程序上的权利。在此情形下，行政机关作出变更征收决定，将本案相对人房屋剔除征收范围，对其房屋不予行政征收。相对人基于原征收决定产生行政信赖基础上的合法预期，与变更征收决定所带来的公共利益相比，显然公共利益更为重要。

从程序上，行政机关在变更征收决定时，是否对已经产生合法预期的行政相对人提供告知、听取意见以及说明理由等必要的权利保障。

《国有土地上房屋征收与补偿条例》规定了制定征收决定的法定程序，但对于政府如何行使变更裁量权作出变更征收决定，并没有明确的规定。但学理上和实务中，基于自然正义原则的要求，为保障变更决定的合目的性以及受影响相对人的合法预期，法院有必要对变更决定是否履行了正当程序进行审查。正当程序的本质是对行政权力的限制，给予相对人程序性保护。

本案中，行政机关在行政征收中，必须考量征收范围内的补偿公平性，不能基于一方利益而突破征收补偿标准。在变更征收决定之前，行政机关与相对人针对征收补偿事宜已进行充分沟通，且相对人提起了多起行政诉讼案件，并在法院组织下进行了多次协商。在沟通协商过程中，行政机关基于征收范围内的社会稳定以及公共利益的考量，无法满足相对人要求的补偿利益。同时，考虑到相对人于 2015 年 5 月 30 日提出如不满足其补偿诉求，要求将其房屋及土地不列入改造项目征收范围，并曾向法院请求撤销《征收决定》，故本案行政机关在南昌市推进旧城改造工作指挥部办公室作出《关于明确江西梦达彩色印务有限公司不予征收的回复》的基础上，于 2019 年 12 月 17 日，报相关部门批复，并经政府常务会议讨论决定，正式作出变更征收决定，依法送达本案相对人，并依法告知其相关权利，视为履行了必要的正当程序。在此情形下，行政机关变更征收决定并没有违反程序要求。

关于本案需要说明的是，因行政机关的变更行为导致相对人基于先前征收行为的信赖或者限制，而造成其法律上直接的财产利益损失的，相对人可依法另行主张补偿或者赔偿。因为，相对人的合法预期不仅是一种追求利益的体现，更多的是一种利益保护模式。英国法和欧盟法对合法预期的保护也主要体现在司法救济上，一般容纳了程序性保护、实体性保护和补偿（赔偿）性保护三种方式。[①] 我国《国有土地上房屋征收与补偿条例》第二十三条之规定，也明确了对因征收房屋造成停产停业损失的补偿，根据房屋被征收前的效益、停产停业期限等因素确定。因此，本案虽因公共利益之考量，未撤销变更征收决定，但相对人对因先前征收决定造成其房屋实际损失或者停产停业之损失，亦有权主张补偿或赔偿性司法救济。

综上，虽然我国现行法以及行政法治实践中已经有了合法预期保护原则的萌芽，但是与严格意义上的合法预期保护原则尚有很大差距。本案在我国司法控制行政权的空间尚有限的情形下，运用合法预期保护原则的效用判断，为规范行政权提供了更为丰富的审查路径。同时，通过对相对人合法预期保护的判断，排除相对人主观臆想的不正当预期，完善了合法预期保护原则在我国本土的内在机制。本案裁判思路无疑对行政征收中公共利益与个人合法预期利益的认定衡量规则也具有重要的指导意义。

（作者单位：南昌铁路运输中级法院）

① 陈海萍：《论行政相对人合法预期利益损害的救济》，载《政治与法律》2009 年第 6 期。

对行政协议中职权审查的把握

王锦鹏

【裁判要旨】

对行政协议效力的审查顺序是先审查协议是否违反行政诉讼法的效力规定，再审查协议是否违反民事合同效力规定，但应同时考虑行政机关的公信力和行政相对人的合理信赖问题。通常，对于无授权的行政主体签订的行政协议，推定其不具备效力，但可以通过事前委托或者事后追认程序赋予无授权主体签订的协议效力；对于行政协议中纯给付款项的行为，应当侧重于保障行政相对人的合理信赖，推进诚信、法治政府的建立，注重审查行政主体的履行能力问题；对于一些领域没有规定职权的问题，如不违反公序良俗的新型行政协议，应当考虑其在服务型政府执法过程中的不可或缺性。

【案情】

原告：抚顺荣享置业有限公司。

被告：抚顺市新抚区人民政府。

被告新抚区人民政府于2011年至2012年对涉案地块进行征地，2013年7月8日，唐某彬代表原告抚顺荣享置业有限公司（乙方）与被告抚顺市新抚区人民政府（甲方）就永济路地区土地出让一事签订了《协议书》，协议中约定：1. 乙方在永济路地区土地上市10日之前，先向甲方交纳履约保证金200万元（以侯某福名义转款200万元）；2. 若该地块上市后，乙方摘牌取得土地开发权，甲方退回收取的乙方200万元履约保证金；3. 若该地块上市价格在每亩180万元以下（含180万元），乙方放弃摘牌，视为乙方违约，甲方不退回200万元履约保证金。当日，侯某福向抚顺市新抚区人民政府征收办公室转款200万元。2013年11月16日，抚顺市国土资源局发布抚国土网挂〔2013〕14号土地挂牌出让公告，其中包含上述协议约定的地块。原告并未在抚顺市国土资源局发布出让公告后参与对涉案土地的摘牌。原告认为，原、被告签订的《协议书》因一方主体是行政机关，其内容涉及国有土地出让事宜，所以该协议的性质属于行政协议。被告抚顺市新抚区人民政府没有国有土地使用权出让的主体资格，无权签订该协议。涉案协议的内容实质是在约定条件成就时原告必须摘牌否则保证金不退，属于不公平的强制交易，明显破坏公平竞争交易，是不正当的。依据原《民法总则》第一百五十三条及原《合同法》的相关规定，该协议内容具备合同无效的法定情形。请求法院判决被告抚顺市新抚区人民政府立即返还原告缴纳的保证金200万元并支付相应利息。

【审判】

辽宁省抚顺市中级人民法院认为，根据《城镇国有土地使用权出让和转让暂行条例》第十条规定，土地使用权出让的地块、用途、年限和其他条件，由市、县人民政府土地管理部门会同城市规划和建设管理部门、房产管理部门共同拟订方案，按照国务院规定的批准权限报经批准后，由土地管理部门实施。《招标拍卖挂牌出让国有建设用地使用权规定》第十条规定，市、县人民政府国土资源行政主管部门应当根据土地估价结果和政府产业政策综合确定标底或者底价。标底或者底价不得低于国家规定的最低价标准。依据以上规定，关于土地使用权的出让应由土地管理部门实施，本案中，国土资源局应为涉案土地使用权出让的实施机关以及价格的确定机关，故被告无权就出让价格与原告进行协商并签订相关协议。《招标拍卖挂牌出让国有建设用地使用权》第三条规定，招标、拍卖或者挂牌出让国有建设用地使用权，应当遵循公开、公平、公正和诚信的原则。被告于拍卖公告发布之前先行与原告进行协商，使原告于挂牌出让开始之前即了解了涉案土地使用权价格的相关信息，违反了该规定的公开、公平、公正原则，损害了社会公共利益。综上，涉案协议应认定为无效，200万元履约保证金应当予以返还。与此同时，依被告陈述，被告是在2011—2012年间对涉案土地实施征收，在协议签订前已征收完毕，故被告在征收过程中的成本支出与原告无关，其继续占有200万元履约保证金违反公平原则。关于利息给付问题，案涉协议应确定无效，但该协议系原告自愿签订，对自身损失亦存在一定过失，故关于利息部分的诉讼请求不应支持。关于本案是否超过起诉期限一节，因无效合同为自始无效，从合同签订之日起即不具有法律效力，故本案不存在超过起诉期限问题。法院认定，确认被告抚顺市新抚区人民政府与原告抚顺荣享置业有限公司与签订的《协议书》无效；被告抚顺市新抚区人民政府于本判决生效之日起30日内返还原告抚顺荣享置业有限公司履约保证金200万元；驳回原告抚顺荣享置业有限公司其他的诉讼请求。宣判后，双方没有上诉，一审判决生效。

【评析】

行政协议的出现让合法性和契约性得以完美地结合，更让行政执法的理念从传统的强制性演变为协商性。与民事合同不同，行政协议兼具行政性及合同性双重属性，行政协议既要遵循意思自治和契约自由原则，也要按照法律、行政法规规定的程序、条件缔约和履行，也就是说，影响行政协议效力的不仅是“合约性”① 还有“合法性”②。传统行政行为的“合法性”审查焦点包含行政机关作出的具体行政行为的职权依据、事实依据、法律依据和执法程序，相对于传统行政行为，对于行政机关签订行政协议的职权依据是否进行审查及审查的程度存在不同观点。

一、行政协议中的职权审查观点列举与探讨

缔约双方的主体资格是满足法律效力的基本条件，区别于民事合同，作为行政协议一方行政机关的主体资格包含两个方面，其一为机关法人资格，其二为相应的行政职权，关于行政职权依据是否作为行政协议合法、有效的必备条件，在时下的审判中出现不同意见。

第一种意见：签订行政协议中行政主体必须具有法律、行政法规、规章等赋予的行政职权。与民事合同中无权处分合同的效力认定相比，无行政职

---

① “合约性”指民事法律关于民事行为效力的规定，《民法典》第一百四十四条规定：“无民事行为能力人实施的民事法律行为无效。”第一百四十六条规定：“行为人与相对人以虚假的意思表示实施的民事法律行为无效。”第一百五十三条规定：“违反法律、行政法规的强制性规定的民事法律行为无效。但是，该强制性规定不导致该民事法律行为无效的除外。违背公序良俗的民事法律行为无效。”第一百五十四条规定：“行为人与相对人恶意串通，损害他人合法权益的民事法律行为无效。”

② “合法性”指行政法律关于行政行为效力的规定，《行政诉讼法》第七十五条规定：“行政行为有实施主体不具有行政主体资格或者没有依据等重大且明显违法情形，原告申请确认行政行为无效的，人民法院判决确认无效。”

权的行政主体签订行政协议的效力应适用严格责任，无授权的行政主体签订的行政协议违反“合法性”规定的，人民法院应确认无效。

第二种意见：行政协议不同于传统的单方行政行为，其注重于双方当事人协商解决行政争议，对于行政协议应适用“合约性”审查。避免行政机关为了行政目的事前签约事后不认账，逃避责任，自认不具备行政主体资格等行为发生，无授权行政主体签订的行政协议不违反“合约性”规定的，人民法院应确认有效。

第三种意见：签订行政协议中行政主体应具有法律、行政法规、规章等赋予的行政职权，但作为职能部门上级主管部门的政府不同于完全不具备行政职权的机关，故政府属于代替职能部门行使职权的行为，其对于管辖区域内的部门职权具有统筹性，其作为特殊主体应视为具有法定职权，其签订的行政协议不违反“合约性”规定的，人民法院应确认有效。

第四种意见：对行政协议效力的审查顺序是先“合法性”，再“合约性”，二者缺一不可，但应同时考虑行政机关的公信力和行政相对人的合理信赖问题。对于传统单方行政行为要适用“合法性”审查，严格审查行政职权（譬如行政处罚、行政许可等）；对于行政协议行为属于纯给付义务的（譬如给付地上物补偿款协议）可以不考虑职权问题；对于行使法律、行政法规、规章等授权的职务行为（譬如土地出让协议、闲置土地收回协议）应当严格审查，在保护行政相对人合理信赖的基础上区别对待行政主体职权的审查。

本文所讨论的第一种意见属于传统行政行为审判观念，但单方面强调行政职权并不能更好地适应当前社会经济的发展，行政协议在依法行政的程序中融合了契约自由原则符合时代的理念，一面倒的“法无授权不可为”观点并不能满足社会的需求。第二种意见完全采用了“合约性”审查，并不利于行政审判的职能作用和政治功能的发挥，该观点无疑是一种倒退。第三种意见将政府的组织功能定义为一种全局授权，将其组织权力扩大解释成具体职能部门的职权，将人民政府的审批、复议权力与职能部门的法定职权混淆并无法律依据，且可能会导致上下级职能不清，推诿扯皮、效率低下的现象发生，不利于推进依法治国的理念。笔者同意第四种意见，行政主体职权审查在行政审判中具有必要性，但应考虑行政机关的公信力和行政相对人的判断能力，区别对待商事主体和普通民事主体，保护善意相对人的合理信赖。

其一，对于土地出让等协议属于缔约双方的营利性行为，行政相对人类似于商事主体，其对于行政主体的资格问题具有相当的判断能力，关于行政协议的效力应当按照先“合法性”，再“合约性”审查，二者缺一不可。

正如本文所论案例，国土资源主管部门是土地使用权出让的实施机关以及价格的确定机关，被告抚顺市新抚区人民政府无权就出让价格与原告抚顺荣享置业有限公司进行协商并签订相关协议，另被告于拍卖公告发布之前先行与原告进行协商，违反招拍挂的相关规定应当确认无效。原告抚顺荣享置业有限公司虽然对于政府的行为具有信赖的利益，但作为商事主体，其有能力也有经验判断被告抚顺市新抚区人民政府签订土地出让协议的行政主体资格，其与抚顺市新抚区人民政府签订土地使用权出让协议存在重大过失，不具有信赖保护利益。故对于该行政协议的职权依据适用严格审查，如违反“合法性”或“合约性”均不能确认其效力。另，关于行政协议被确认无效后，并非不能对于行政相对人的权利进行救济，可以适用“合约性”审查，参照《民法典》第一百五十七条的规定，行为人因该行为取得的财产，应当予以返还；不能返还或者没有必要返还的，应当折价补偿。有过错的一方应当赔偿对方由此所受到的损失；各方都有过错的，应当各自承担相应的责任。本文所引案例由于《民法典》尚未执行，故案例参照适用了与《行政诉讼法》不相违背的原《合同法》，在否定土地出让协议效力的前提下支持了履约保证金的返还，同时考虑缔约双方的过错责任，对于原告诉求的利息部分不予支持。

其二，法律不强人所难，职权审查亦存在例外。对于房屋或土地等征收补偿等协议属于行政主体单方给付补偿款或安置回迁的行为，行政相对人为普通民事主体，其对于行政主体资格没有相当的判断力，其签订协议的行为非营利性行为，应当考虑行政相对人的合理信赖，推定行政主体的职权来源合法，适用“合约性”审查即可。

原告闫某臣诉被告凌海市人民政府、凌海市建业乡人民政府地上物补偿协议一案[①]中，凌海市建业乡政府根据相关文件和政府纪要与原告签订中俄东线输气管道工程地上物补偿协议书，约定原告地上物补偿款数额。协议到期后，凌海市建业乡政府以承包地存在争议为由拒绝发放补偿款，故原告诉至辽宁省锦州市中级人民法院。法院认为，凌海市建业乡人民政府与原告签

---

① 辽宁省锦州市中级人民法院（2020）辽07行初93号行政判决。

订地上物补偿协议合法有效，被告凌海市人民政府作为县级地方人民政府具有征收土地的法定职责，被告凌海市建业乡人民政府与原告签订的地上物补偿协议应视为被告凌海市人民政府委托具体的补偿工作，故对原告的诉讼请求本院予以支持。该案例被告凌海市建业乡人民政府没有法定的征收职权，但地上物补偿协议属于行政主体单方给付补偿款行为，对于行政相对人的利益影响巨大，原告作为一名村民无审查行政主体资格的能力，人民法院应当侧重审查“合约性”，尊重原告对乡镇人民政府的合理信赖，维护人民政府的公信力及行政行为的安定性。

二、行政协议中的职权审查应融合“合法性”和“信赖利益”

行政主体职权审查是行政协议区别于民事合同的主要特点，不可轻言放弃，否则监督行政机关依法行政，全面推进依法治国的行政审判职能作用就成为一句空话。首先，对于无授权的行政主体签订的行政协议，推定其不具备效力，但可以通过事前委托或者事后追认程序赋予无授权主体签订的协议效力。譬如政府与行政相对人签订的国有土地出让协议，闲置土地收回协议，上述协议中政府没有法定的职权，如果具有职权的自然资源主管部门通过事前委托、事后追认程序可以弥补协议的效力，当然该“认可”是对于权利义务的全面“认可”，即自然资源主管部门同意对于政府签订的替代性协议中约定的权利的授权，对于协议中约定的义务履行由自然资源主管部门负担，而并非简单地承认政府替代性协议的效力或无异议的答复。其次，对于特殊协议譬如纯行政给付价款类，譬如乡镇人民政府、村委会、开发公司作为主体与被征收人签订的征收补偿协议，注重给付义务的承担问题，类似于行政允诺，推定行使的权力来自有权部门，故仅需考虑行政主体义务的承担能力，人民法院在审查其“合约性”的前提下确认其效力，尤其是针对国有土地上房屋征收补偿协议和集体土地征收补偿协议，保障土地使用人的合理信赖才能真正推进诚信、法治政府的建立。最后，政府虽然是职能部门的上级机关，但统筹性并不是法定授权更不能成为权力的替代，其可以按照《行政复议法》的程序进行维持或变更，但不能越位替代，让职权归位而不是让政府权力无限地扩大是“法无授权不可为”的核心。

另，一些领域没有规定职权问题，人民法院在审理过程中区别具体情况，对于不与法律、行政法规的强制性规定冲突，不违反公序良俗的新型行政协议，应当考虑其在服务型政府执法过程中的不可或缺性。譬如预安置征收补偿协议应侧重审查契约性的一面，尊重签订双方的真实意思，结合协议条款中所附条件是否成就，参照《民法典》的相关规定判断协议的生效与否，同时兼顾传统行政行为的程序，而不是简单地认为在《国有土地上房屋征收与补偿条例》中没有设定征收决定之前的预安置程序，故不具有法定职权性，径行否定其效力。还有违法建设的拆除协议、息诉息访协议等皆是如此。

岁月铭刻艰辛，时代印证脚步，人民法院在对行政协议中的职权进行审查时，应考虑订立行政协议的目的和行政相对人的判断能力，力促行政机关依法行使职权与保护行政相对人合理信赖在历史的进程中与时俱进，满足人民需要，完善政府治理，让民事契约精神完全融合行政主体的执法理念，让传统的管理型政府向服务型政府华丽转身。

（作者单位：辽宁省锦州市中级人民法院）

特殊行政主体的审查义务与一般行政机关的差异
——医疗机构在出具出生医学证明时特殊审查义务及其司法审查

谭星光

【裁判要旨】

医疗机构在被法律授权审查并出具出生医学证明时，虽然也是作为行政主体行使行政职权，但因其非行政机关的身份不承担专门行政机关的全面调查审核的义务，而仅需要根据程序规则审查婴儿母亲申请及婴儿父母亲身份证的真实性，即可凭借婴儿母亲的指认和意愿作出相关法律行为，这是由其非行政机关的特殊身份所决定的。

【案情】

上诉人（原审被告）：宁波市医疗中心李惠利东部医院。

被上诉人（原审原告）：何某某（男）。

原审第三人：郭某某（女）。

2018年4月10日，原审第三人郭某某在与被上诉人何某某的离婚诉讼期间，到上诉人宁波市医疗中心李惠利东部医院（以下简称李惠利东部医院）提交了《自愿要求出生医学证明办理单亲的申请书》，后者为其办理了出生证明，上面仅记载婴儿母亲的相关信息，而没有记载父亲的相关信息。

【审判】

宁波市海曙区人民法院认为，本案的争议焦点为：被告出具的出生证明程序以及实体上是否合法。根据《母婴保健法》第二十三条的规定，医疗保健机构和从事家庭接生的人员按照国务院卫生行政部门的规定，出具统一制发的新生儿出生医学证明。医院出具出生医学证明的行为，属于授权的行政确认行为，该行为属于行政诉讼的受案范围。由于出生医学证明的行政确认行为是针对新生婴儿作出的，除了新生婴儿的姓名、出生地等信息外，同时还登记母亲和父亲的相关信息，故出生医学证明所登记的信息，必然会对相对人享有和行使权利产生影响。本案中，由于原告和第三人处于离婚诉讼过程中，双方无法就相关新生婴儿的登记信息取得一致意见，故被告在第三人提供了《自愿要求出生医学证明办理单亲的申请书》的情况下，办理了出生证明，上面仅记载母亲的相关信息，而没有记载父亲的相关信息，该份出生医学证明的出具在办理当时在形式上似有合理之处。但根据在被告处的相关住院记录，被告完全有能力了解到新生婴儿父亲的相关信息，完全可以在当时进一步进行调查核实，被告也不应以属于内部不同部门、信息不互通为理由减少其应履行的法定职责。现根据生效的民事判决书及实际情况，本案原告确属涉案新生婴儿的父亲。虽将原告的父亲信息登记在出生医学证明上并不会在实质上对原告与第三人之间婚姻状况及新生婴儿的抚养权争议产生法律上的联系或影响，双方的婚姻状况及新生婴儿的抚养权争议已由生效的民事判决予以确认，但原告作为新生婴儿父亲这一客观事实仍应在出生医学证明中予以体现。虽按照浙卫发〔2012〕96 号文件的规定，申请领取出生医学证明时不愿或无法提供婴儿父亲信息的，还应当提交未提供婴儿父亲信息的情况说明和承担相应法律责任的书面声明。但该文件也明确规定，申请领取出生医学证明时，应当提交婴儿父母双方的相关信息，而对相关信息的调查核实，也属于被告的法定职责，不能简单地以出具单亲申请书的方式免除或减少被告的这一职责。现新生婴儿的父亲信息已明确，故原告提出的撤销原出生医学证明，并在新的出生医学证明上登记父亲的相关信息的请求该院予以支持。综上，根据《行政诉讼法》第七十条第（六）项之规定，判决撤销被告李惠利东部医院 2018 年 4 月 10 日出具的案涉出生医学证明；责令被告李惠利东部医院在 30 日内重新作出出生医学证明。

一审宣判后，李惠利东部医院不服，向宁波市中级人民法院提起上诉。认为一审判决错误，请求予以撤销。

宁波市中级人民法院对一审查明的事实予以确认。另根据浙江省宁波市鄞州区人民法院（2018）浙 0212 民初 6577 号判决确认的事实及何某某、郭某某一审时的自认，查明何某某和郭某某于 2017 年 2 月 27 日登记结婚，婚后于2018年2月9日在李惠利东部医院生育一子，起名郭某铭。因离婚诉讼，2018年4月10日，郭某某提交了“浙江省《出生医学证明》申领登记表”“自愿要求《出生医学证明》办理单亲的申请书”“《出生医学证明》迟领的原因说明”。在“自愿要求《出生医学证明》办理单亲的申请书”“《出生医学证明》迟领的原因说明”中，郭某某称因“离婚诉讼”，现在本人不便或无法提供其父亲的身份信息，特申请孩子的《出生医学证明》上按单亲办理。当日，上诉人为其办理了被诉《出生医学证明》。

该院认为，本案存在如下争议焦点，分别认定为：

（1）被上诉人何某某的原审原告主体是否适格。因婴儿出生医学证明是办理婴儿出生登记、注射疫苗保健等前提，不仅影响到婴儿的权益也影响到婴儿父亲对其的照顾，本案被上诉人何某某与原审第三人郭某某双方曾有合法婚姻关系，婴儿在婚姻存续期间产生，相关民事判决也确认该婴儿为婚生子，故作为法律意义上的父亲，对于儿子出生医学证明的颁发，有直接的利害关系，其原告主体资格适格。何某某并非需要证实自己与婚生子的亲子关系之后才能提起诉讼。上诉人关于身份关系不能通过自认和推定来确定、何某某在医院出具出生医学证明时未提供亲子关系相关信息，且在其与原审第三人离婚诉讼中提出亲子鉴定申请、在其作出被诉行政行为时无法确认其系新生婴儿的生物学上的亲子关系而不具备原告主体资格的主张，没有法律根据。

（2）上诉人是否为适格的一审被告。《母婴保健法》第二十三条规定：“医疗保健机构和从事家庭接生的人员按照国务院卫生行政部门的规定，出具统一制发的新生儿出生医学证明”。当时有效的浙江省《出生医学证明管理规则（试行）》（以下简称《管理规定（试行）》）第十一条规定，市、县级卫生行政部门指定签发《出生医学证明》的助产机构和管理机构为签证机构（以下简称签证机构），负责宣传有关法律法规，告知申领具体政策规定和所需证明材料，接受相关咨询，并依法发放《出生医学证明》。第十六条规定，婴儿在具有签发《出生医学证明》资格的助产机构内出生（包括在家中、途中分娩后即送该机构进行断脐处理的，下同），应当在出院前由婴儿母亲向该助产机构首次申领《出生医学证明》。根据上述规定，上诉人李惠利东部医院作为提供助产服务的医疗保健机构，其出具涉案出生医学证明系直接法律授权而非行政机关委托，是本案适格的被告。上诉人没有提供其系行政主管部门委托的证据，其关于应由卫生行政部门作为被告的主张，没有法律根据。

（3）关于医疗机构在出具出生医学证明时的程序和审查义务。何某某主张其为小孩的父亲，上诉人在出具出生医学证明前其信息已由原审第三人提供，故该医院应查清也有条件查清婴儿的生父情况，而不应该直接根据婴儿母亲单方具结申请出具的没有生父信息的被诉出生医学证明。首先要明确有无法律规定要求一定要查清生父情况才能出具出生医学证明。根据《管理规定（试行）》第二条、第十六条、第十七条、第十八条、第十九条、第二十四条、第二十五条的规定，出生医学证明有两种情形：一种是在婴儿父母亲关系正常、能提供婴儿父亲的居民身份证情况下由母亲出面申请领取含有婴儿父母亲信息的出生医学证明（婴儿母亲死亡、失踪、无民事行为能力或者限制民事行为能力等特殊原因、无法由婴儿母亲申请领取的，应当由婴儿的父亲或者其他监护人申请领取），另一种情形是由婴儿母亲申请领取只含有母亲单亲信息的出生医学证明，即《管理规定（试行）》第二十五条规定的"申请领取《出生医学证明》时不愿或无法提供婴儿父亲信息的，还应当提交未提供婴儿父亲信息的情况说明和承担相应法律责任的书面声明"。

根据当时有效的《管理规定（试行）》规定，本案因离婚诉讼、无法提供何某某身份证的情况下，上诉人可以根据第三人郭某某的申请，颁发无婴儿生父信息的出生医学证明。根据查明的事实，郭某某提交的材料符合法律规定，上诉人亦进行了相应的审查，于 2018 年 4 月 10 日申领当日出具被诉出生医学证明，认定事实清楚、程序合法、适用法律正确，依法应予维持。

综上，原审判决认定事实不清，适用法律错误，其判决结论依法予以撤销。上诉人上诉理由部分成立，依法予以支持，依照《行政诉讼法》第六十九条、第八十九条第一款第（三）项之规定，判决撤销宁波市海曙区人民法院（2018）浙 0203 行初 125 号行政判决；驳回一审原告何某某的诉讼请求。

【评析】

一、医院是否为本案适格被告？

除行政机关之外，现代社会承担一定公共管理职能的社会组织（包括企业、事业单位）在其履行公共管理职能时也可以作为行政主体，相关理论与实践逐步形成了共识，实践中大陆法系国家大多把行使公共行政职能的社会组织作为公法人纳入司法审查范围。如法国的四类公务法人中就有科学文化和职业公务法人（如高等学校），工商业公务法人，如公有商业公司、国营公司、合营公司等。德国的公共行政组织还包括公共设施，如中小学校、封闭性的医院[①]。我国随着高校学位证等典型案例的引入，社会组织作为行政诉讼被告的实践越来越广泛，随着"转变社会职能、改进社会治理方式、激发组织活力、优化公共服务"的改革进程加速，公共企事业单位、社会团体将越来越多地承担本由政府承担的公共行政职能，进而作为行政主体成为被告。具体到医院是否能作为行政诉讼的被告，取决于其是否行使了公共管理职能及符合法律规定。根据《母婴保健法》第二十三条的规定，医疗保健机构和从事家庭接生的人员按照国务院卫生行政部门的规定，出具统一制发的新生儿出生医学证明。由于出生医学证明的行政确认行为是针对新生婴儿作出的，除了新生婴儿的姓名、出生地等登记的信息，同时还登记母亲和父亲的相关信息，必然会对相对人享有和行使权利产生影响。故医院出具出生医学证明的行为，属于授权的行政确认行为，该行为属于行政诉讼的受案范围。《行政诉讼法》第二条规定，公民、法人或者其他组织认为行政机关和行政机关工伤人员的行政行为侵犯其合法权益，有权依照本法向人民法院提起诉讼。前款所称的行为，包括法律、法规、规章授权的组织作出的行政行为。因此，本案中宁波市医疗中心李惠利东部医院是本案的适格被告。

二、医疗机构在出具出生证明时的审查义务范围是否一定包括查清婴儿父亲的情况？

何某某主张其为小孩的父亲，东部医院在出具出生证明时，应查清也有条件查清小孩的生父情况，而不应该直接根据小孩母亲单方具结申请出具的没有生父信息的被诉出生证明。何某某认为，《管理规定（试行）》第二条规定的"《出生医学证明》是依据《中华人民共和国母婴保健法》出具的，证明婴儿出生状态、血亲关系，申报国籍、户籍，取得公民身份号码的法定医学证明"以及第十五条规定的"申请领取《出生医学证明》，应当填写《出生医学证明》申领登记表，交验相关证明材料原件，并提供复印件"；第十六条规定的"婴儿在具有签发《出生医学证明》资格的助产机构内出生（包括在家中、途中分娩后即送该机构进行断脐处理的，下同），应当在出院前由

① 江必新、梁凤云：《行政诉讼法理论与实务》，法律出版社 2016 年版，第 597—602 页。

婴儿母亲向该助产机构首次申领《出生医学证明》。申请领取时，应当提供婴儿母亲和父亲的居民身份证。”以上所提的血亲关系、父亲的公民身份证就是上诉人应当依法履职，对包括新生儿父亲等有关申领材料进行审慎的审查。本案中，新生儿的父亲信息在母亲临产住院时，以及开始申领出生医学证明过程中，新生儿的父亲信息第三人均已向上诉人提供，签发机构需要依照其知道或者应当知道的新生儿父亲信息进行审查。当申领人在浙江省《出生医学证明》登记申领登记表中已填写了新生儿父亲信息，却又以离婚诉讼为由，划去新生儿父亲的信息，要求申领单亲《出生医学证明》的情况下，理应发现其中的疑点，拒绝原审第三人以单亲（尚存在婚姻）的身份进行申领。

笔者认为，这首先要明确有无法律规定要求一定要查清生父情况才能出具出生证明。无疑，何某某提出的上述主张是建立在小孩父母亲婚姻关系正常、按双方共同意愿由其母亲出面申领出生证明时，所要求提交的材料及审查发证的程序。即一般正常申请时的程序，相应地，在该程序中，颁证机关应对所提交的包括婴儿父亲信息在内的材料进行审查，即存在审查义务。但法律有没有规定不审查不登记婴儿父亲信息的出生医学证明颁发程序？答案是有，《管理规定（试行）》第十六条、第十七条、第十八条、第十九条均规定初生婴儿由其母亲出面申请领取出生证明。第二十四条第一款规定，“除本规定另有规定外，婴儿母亲死亡、失踪、无民事行为能力或者限制民事行为能力等特殊原因，《出生医学证明》无法由婴儿母亲申请领取的，应当由婴儿的父亲或者其他监护人申请领取”。第二十五条规定，申请领取《出生医学证明》时不愿或无法提供婴儿父亲信息的，还应当提交未提供婴儿父亲信息的情况说明和承担相应法律责任的书面声明。该法条规定了在“不愿或无法提供婴儿父亲信息”的情形下，出生证明的申领程序。所谓“不愿”即意味着确认了婴儿母亲单方面意志申领婴儿出生证明的权利。从法条规定来看，该条款的规定并不受婚姻关系的限制（如表述为“婚姻关系存续期间生育的婴儿不能由其母亲申领无父亲信息的出生证明”），即不能因为存在婚姻关系而要求婴儿母亲一定在申领出生证明时取得其生父的同意并提供生父的信息。在此情形下，自然不能要求医疗机构去审查婴儿父亲的信息。

三、为什么要设置两类出生医学证明和申领程序，特别是要确立婴儿母亲单方面意志申领婴儿出生证明的权利？

两类出生医学证明申领规则设立的必要性。我们认为，根本原因在于现代社会生育现象的复杂性：婚姻关系与父母亲子关系并不总是保持一致。正常情况下，稳定的婚姻关系足以保证期间出生的子女与父亲之间纯正的血缘关系。即血缘亲子关系与父母亲婚姻多数情况下保持一致，但也存在例外，如多性伴侣情况下的未婚先孕、对婚姻不忠的婚外性等现象，屡屡见诸社会生活中，婚姻生育的纯洁性受到越来越多的挑战的情况下，婚姻与生育不一致的情况已非偶然个例。因此，不能仅凭婚姻关系直接认定婴儿与父亲的血缘关系，同时也应看到，试管婴儿、不婚而孕、代孕代育等新类型生育现象也日前出现，在这种情况下，生育不仅不和婚姻关系同步，而且根本就不存在传统意义上的婚姻关系。故此，法律也有必要专门针对相关社会现实制定相应的规则，以适应社会的需要。

要确立婴儿母亲单方面意志申领婴儿出生证明的权利。我们认为，其一，根据前述规定，婴儿出生医学证明上父母亲信息登记，是对该父母子女间血亲关系的确认。因小孩的出生存在一个两性结合、受孕及怀胎和出生的完整过程，自受孕之后整个过程均由婴儿母亲一方完成，直观可见，故此婴儿与母亲的血亲关系天然可证，而对于医疗机构，基于其为生育孕妇助产接生这一事实，其得以第一时间见证和掌握婴儿与其母亲的关系，也因其直接参与获得了独有的条件与便利，这也是法律赋予其出具出生医学证明的行政执法职责的根据。同时，医疗机构并非专业的行政执法机关，上述简单见证及审查显然也是与其能力相匹配的。其二，与母子关系不同，婴儿与父亲之间的血亲关系，因为存在不为外人知晓的两性结合及受孕过程，对此医疗机构并不具有介入见证的条件及可能性，故法律并非基于此种原因对其进行授权。其三，对于谁是婴儿的真正血缘父亲，最了解掌握情况的非婴儿母亲莫属。根据《管理规定（试行）》第十六条规定，在婴儿父母协商一致由其母亲提供生父信息和材料的情况下，医疗机构其实仅是根据婴儿父亲配合提供身份证及婴儿母亲提交婴儿生父身份证的行为来认定该血缘关系的。在办证过程中，婴儿父亲愿意提交身份证属于自认，而婴儿生母的行为实质上是一种当事人的指认。在该种情形下，除了核对婴儿父亲的身份证，并无其他有关婴儿父亲的信息需要医疗机构去审查核实。其四，从证明效力看，如果没有直接的亲子鉴定技术，这种母亲指认的证明效力远强于婴儿父亲的自认。也就是说，在没有婴儿父亲反对（不提供身份证）的情况下，医疗机构最终是基于婴儿母亲的指认来确认婴儿与生父的血缘关系。因此，在医疗机构确认父亲与婴儿血缘关系程序（非亲子鉴定程序）中母亲是否提供婴儿父亲的信息，占据着首要且不可替代的地位。这是婴儿生父的自认及其他婚姻关系证明所无法替代的。而对于婴儿生母的最终态度，最终也只能由其生母本人决定。因此，基于上述社会生活现实，《管理规定（试行）》第二十五条规定了在“不愿或无法提供婴儿父亲信息”的情形下，出生医学证明的申领程序。确认了婴儿母亲单方面意志申领婴儿出生医学证明的权利。

四、为什么法律意义上的父亲不能直接对抗婴儿母亲的意志？

根本原因是医疗机构作为特殊行政主体，只能负担与其能力相称的审查义务。医疗机构不同于行政机关，审查能力、资源支撑等不同于前者，法律也不会苛求医疗机构有类似于公安机关等的行政执法能力。具体到证明新生婴儿的血缘亲子关系，除了基于其为生育孕妇接生这一事实，其得以第一时间掌握婴儿与其母亲的关系，也因其直接参与获得了独有的优势与便利，这是法律赋予其出具出生证明的行政执法义务的根据。但也仅限于此。接着前面的分析，如果法律意义的父亲凭借着亲子鉴定等证据，能否直接要求医疗机构不允许婴儿母亲申请单亲出生医学证明或者事后要求医疗机构直接更改出生医学证明？我们认为也不能。因为对于婴儿与其父亲之间的血缘关系根本上肇始于其父母亲的两性交合，医疗机构并不具有介入见证的条件及可能性，如果强行要求医疗机构去做，无疑是将其变成一个行政机关。因为医疗机构并非行政机关，并不具备后者拥有的完整的调查取证、判断处理的行政管理职权。法律因为相对便宜便捷而给其有限的管理职责，如果把全部职责交给医院，则后者被行政管理事务所累，以其之短责之以长，必然会影响主业。故因此失去了授权的初衷。因此，即便有了医学鉴定证据，当事人可以凭此证明通过其他法定途径确认血缘亲子关系，而不应要求医疗机构去更改。

从本案情况来看，类似高校颁发毕业文凭，社会团体、企业等被法律授权进行某类社会事务的管理，行使特定的行政管理职权，因其特殊身份，与行政机关不同，其行政能力是有限的，相应地，其行政管理职权也是就事行事，在管理手段和方式上也受制于行业特点和自身素质，通常都是有限的。因此，此类案件的审理，应特别注意对其行政管理义务的内容和范围的合理确定，避免混同于一般行政机关，对其提出不适当的要求。

（作者单位：浙江省宁波市中级人民法院）

工伤认定中死亡的判断标准

肖海生　王红媛

【裁判要旨】

我国法律目前对死亡判断标准没有明确规定，为了保护劳动者合法权益，在工伤认定时，不宜作出对劳动者不利的解释，脑死亡时其死亡已具有不可逆性，持续救治只能延缓临床死亡时间，工伤认定时应当以“脑死亡”为死亡判断标准。“48 小时”的起算时间，应以医疗机构的初次诊断时间作为突发疾病的起算时间。死亡数月之后医院出具的诊断证明与原始病历记载不一致的，不应作为有效证据来认定。

【案情】

原告（上诉人、再审申请人）：刘某鑫、郑某芹。

被告（被上诉人、再审被申请人）：鹤壁市人力资源和社会保障局。

2019 年 8 月 7 日 8 点 20 分，鹤壁市起重运输机械总厂工程师刘某红在参加领导班子早会时身体不适，被送至鹤煤总医院，11 时 21 分办理住院治疗，经抢救后，8 月 8 日 15 时 8 分又转入鹤壁市人民医院继续治疗，当日 21 时 30 分进入 ICU 抢救，刘某红于 2019 年 8 月 10 日 14 时 35 分被宣告临床死亡。死亡原因为脑干梗死。

2019 年 8 月 26 日，鹤壁市起重运输机械总厂向鹤壁市人力资源和社会保障局递交刘某红工伤认定申请，鹤壁市人社局于 2019 年 8 月 29 日受理，于 2019 年 9 月 4 日作出豫省（鹤）工伤〔2019〕W－006 号河南省不予认定工伤决定书。原因是刘某红从发病至死亡，已超过 48 小时，不符合《工伤保险条例》第十四条、第十五条第（一）项规定，属于不得认定或者视同工伤认定的情形。刘某鑫（刘某红之子）、郑某芹（刘某红之妻）不服该不予认定工伤决定书，提起行政诉讼，要求撤销该决定并责令重新作出。

刘某鑫、郑某芹在一审期间提供了2019年9月16日鹤壁市人民医院诊断证明书一份。二审期间提供了2020年6月23日鹤壁市人民医院诊断证明书一份，该两份诊断证明书内容显示存在脑死亡的表述，证明刘某红于2019年8月9日已经脑死亡；但是鹤壁市人民医院的原始病历及死亡记录上并未显示与之相对应的记录。

【审判】

鹤壁市淇滨区人民法院于2020年6月9日驳回了刘某鑫、郑某芹的诉讼请求。宣判后，刘某鑫、郑某芹提起上诉，鹤壁市中级人民法院于2020年9月21日驳回上诉，维持原判。宣判后，刘某鑫、郑某芹提起再审申请，河南省高级人民法院驳回刘某鑫、郑某芹的再审申请。

法院生效裁判认为：本案主要争议存在于“死亡标准的认定”“48小时的起算”“后出具的诊断证明能否认定”三个问题上，具体如下：

1.《工伤保险条例》第十五条第一款第（一）项规定“在工作时间和工作岗位，突发疾病死亡或者在48小时之内经抢救无效死亡的”视同工伤。我国法律目前对死亡标准的判定没有明确规定，为了保护劳动者合法权益，在适用时不宜作出对劳动者不利的解释，脑死亡时其死亡已具有不可逆性，持续救治只能延缓临床死亡时间，因此医疗机构病历记载有“脑死亡”和“临床死亡”不同时间的，工伤认定时应当以“脑死亡”的时间为死亡时间。

2.《工伤保险条例》第十五条第一款第（一）项规定的“48小时”的起算时间。劳动和社会保障部《关于实施〈工伤保险条例〉若干问题的意见》中明确：“48小时的起算时间，以医疗机构的初次诊断时间作为突发疾病的起算时间。”通常情况下，如无相反证据证明，一般应以医疗机构出具的病历等材料为准。本案中，刘某红于2019年8月7日8时20分左右发病，被送至鹤煤总医院，11时21分办理住院治疗。8月8日15时8分转至鹤壁市人民医院继续治疗，8月10日14时35分经抢救无效死亡。故2019年8月7日11时21分至8月10日14时35分已超过上述规定的“48小时”。

3. 刘某鑫、郑某芹一审时提交的2019年9月16日鹤壁市人民医院诊断证明书以及在二审时提交的2020年6月23日鹤壁市人民医院诊断证明书能否作为有效证据认定的问题。一是刘某红在鹤壁市人民医院治疗期间的病历中的死亡记录并没有脑死亡的记载，在工伤认定时人社局以原始病历记载作为依据并无不当；二是该两份鹤壁市人民医院诊断证明书，系在刘某红死亡数月之后由医院出具，申请人以此来主张当时刘某红在“48 小时内”存在“脑死亡”情形，确无法令人信服，无法作为有效证据认定。据上，对刘某红死亡时间的认定，应以医疗机构《居民死亡医学证明（推断）书》上记载的 2019 年 8 月 10 日 14 时 35 分为准，显然已超过“48 小时”。综上，鹤壁市人力资源和社会保障局作出的豫省（鹤）工伤〔2019〕W－006 号《不予认定工伤决定书》结果正确，原一审、二审判决认定事实清楚，适用法律正确，应予维持。

【评析】

工伤认定中死亡的判断标准是一个关键问题，我国法律目前对死亡判断标准没有明确规定。本案是一个典型的在工作时间工作岗位突发疾病致死的工伤认定案件，涉及三个值得研究的问题：一是工伤认定时应当以“脑死亡”为死亡判断标准；二是《工伤保险条例》中规定的“48 小时”起算时间应以医疗机构的初次诊断时间作为突发疾病的起算时间；三是原始病历没有显示的内容，医疗机构另行出具的诊断证明书与原始病历不一致时，应根据证据的“三性”进行审查。本案阐述的问题对类似工伤认定案件的审理具有一定参考价值。

一、工伤认定时应当以“脑死亡”为死亡判断标准

医疗机构对“脑死亡”及“临床死亡”的判断标准。医学上一般认为，脑死亡的判断标准包括：自主呼吸停止；不可逆性深昏迷；脑干神经反射消失；瞳孔扩大或固定；脑电波消失；脑血液循环完全消失。临床死亡的判断标准是：意识完全丧失；呼吸、心跳完全停止；血压持续为零，经抢救一段时间仍不能恢复；瞳孔放大。脑死亡后，尽管采取人工呼吸等辅助设备，心肺功能未停止，但器官、系统的机能必然会在一定时间内先后停止，机能的各个部分将不可避免地先后发生死亡。因此机体作为一个整体的机能永远停止的标志是全脑机能的永久性消失。即整体死亡的标志就是脑死亡。

“脑死亡”应当作为工伤认定时的死亡标准。关于死亡的判断标准，我

国法律法规中并无明确规定，但《民法典》第十五条规定：自然人的出生时间和死亡时间，以出生证明、死亡证明记载的时间为准。可见自然人死亡时间的判断权归专业医疗机构，即以医疗机构出具的死亡证明记载的时间为自然人的死亡时间（法律规定的因下落不明的宣告死亡不在本案研究之内）。首先，“脑死亡”只能由专业的医疗机构提出，且应当是诊断时的医疗机构；其次，应当由医生结合病情、专业技术规范并按照一定的程序评定；最后，应当以书面的形式明确记载于病历和死亡记录中。可能出现的三种记载形式：第一种是只记载“脑死亡”，第二种是记载有“脑死亡”和“临床死亡”，第三种是只记载“临床死亡”。

《工伤保险条例》第一条规定：为了保障因工作遭受事故伤害或者患职业病的职工获得医疗救治和经济补偿，促进工伤预防和职业康复，分散用人单位的工伤风险，制定本条例。其立法目的重点在于保护劳动者的合法权益。当法律、法规及技术规范没有规定或者规定不明确时，为保护劳动者的合法权益，应作出对劳动者有利的解释。当病历明确记载有“脑死亡”和“临床死亡”，先发生了“脑死亡”之后宣告“临床死亡”的，以记载的脑死亡时间为工伤认定时的依据，符合《工伤保险条例》的立法精神。

二、《工伤保险条例》中规定的“48 小时”的起算时间

《劳动和社会保障部关于实施〈工伤保险条例〉若干问题的意见》中明确：“48 小时的起算时间，以医疗机构的初次诊断时间作为突发疾病的起算时间。”通常情况下，如无相反证据证明，一般应以医疗机构出具的病历等材料为准。这里的初次诊断时间一般是医疗机构对突发疾病的职工进行必要的检查，并得出判断病情及其发展情况的结论的时间。重点是医疗机构的初次诊断时间，不是患者进入医院做检查的时间，而是医院作出诊断，基本确定病情的时间。假如，患者从突发疾病离开单位至死亡，辗转三家医疗机构，先去甲医院进行了血常规检验，再到乙医院进行了血常规、凝血试验、尿液检验，最后到某大学第一附属医院进行了体格检查，辅助甲医院及乙医院的检验单，诊断为急性白血病并实施了抢救措施。那么患者入住某大学第一附属医院，经诊断为急性白血病时，为“医疗机构的初次诊断时间”。

三、原始病历没有显示的内容，医疗机构另行出具的诊断证明书与原始病历不一致时的认定

这种情况下，应根据证据规则对证据的“三性”进行审查，即证据的合法性、真实性和关联性。合法性侧重于形式，解决证据资格的问题。真实性要求证据表达的事实或内容，不能是臆想或虚构的。关联性要求与待证事实密切相关。本案中，一审时提交的2019年9月16日鹤壁市人民医院诊断证明书以及二审时提交的2020年6月23日鹤壁市人民医院诊断证明书虽有“脑死亡”的显示，但不能认定。一是因为，刘某红在鹤壁市人民医院治疗期间的病历及死亡记录不仅没有脑死亡的明确记载，而且该记录显示不出在医治过程有脑死亡医学上的明显指标等；二是因为，该两份诊断证明书，系在刘某红死亡数月之后由医生签名加盖门诊部的印章出具，诊断证明上有关“8月9日综合评估考虑患者处于脑死亡状态”的内容在原始病历上没有完全对应或相关的记载，而且也没有评估脑死亡程序认定的记录。故仅凭该两份诊断证明无法证明刘某红当时在“48小时内”存在“脑死亡”的情形，因此，从证据内容的真实性及取得形式的合法性上看，不足以作为有效证据。

（作者单位：河南省高级人民法院）

职业病诊断证明书（或鉴定书）未载明或未明确载明用人单位的处理

王明辉　江朝丽

【裁判要旨】

职业病诊断证明书（或鉴定书）是认定工伤的重要证据之一，社会保险行政部门应进行全面审查。对职业病诊断证明书（或鉴定书）存在未载明或未明确载明用人单位等情形的，社会保险行政部门应当责令申请人补正，并依职权对相关情况进行调查核实，也可以要求出具职业病诊断证明书（或鉴定书）的部门重新提供。社会保险部门径行不予受理的，人民法院不予支持。

【案情】

原告：袁某江。

被告：重庆市武隆区人力资源和社会保障局（以下简称武隆区人社局）。

被告：重庆市人力资源和社会保障局（以下简称重庆市人社局）。

2016 年 5 月 25 日，四川人民渠绵阳建设公司武隆县河心烟草援建水源工程项目部与重庆攀升建筑劳务有限公司（以下简称攀升公司）签订劳务分包合同。次日，攀升公司与自然人刘某签订劳务承包合同。2016 年 6 月，袁某江到该项目务工，工资发放、人员管理等事项均由刘某负责。2016 年 8 月，原告离开该工地。经重庆市武隆区人民法院、重庆市第三中级人民法院判决确认，2016 年 5 月至 8 月期间，袁某江与攀升公司不存在劳动关系。

2018 年 6 月 21 日，袁某江向武隆区人社局提交以攀升公司为用人单位的工伤认定申请表，一并提交了重庆市疾病预防控制中心出具的职业病诊断证明书。该证明书“诊断结论”栏载明：职业性矽肺三期，但“用人单位名称”栏未载明具体用人单位名称，而是载有“武隆县河心烟草援建水源工程”字样。当日，武隆区人社局向袁某江送达《工伤认定申请补正材料告知书》（以下简称《补正告知书》），告知其应于收到该告知书之日起15日内补正由有职业病诊断资格医疗机构出具的载明用人（工）单位的初次诊断证明书（或鉴定书）。

2018年7月6日，武隆区人社局作出武隆人社伤险不受字〔2018〕1号《工伤认定申请不予受理决定书》（以下简称《不予受理决定》），以袁某江在规定期限届满后未提交补正材料为由，适用《工伤保险条例》第十七条第二款和《工伤认定办法》第八条的规定，决定不予受理其工伤认定申请。

袁某江不服，向重庆市人社局申请行政复议。重庆市人社局于2018年11月12日作出渝人社复决字〔2018〕104号《行政复议决定书》（以下简称《复议决定》），根据《行政复议法》第二十八条第一款第（一）项的规定，决定维持武隆区人社局作出的《不予受理决定》。袁某江不服，提起行政诉讼。

原告袁某江诉称，其患职业病时所在工程系以项目名义为其参保，既然职业病诊断证明书已载明项目名称，且工伤认定申请表、生效裁判文书等证据足以证明攀升公司系原告的用人单位，武隆区人社局未对原告申请事项进行调查核实，径直作出《不予受理决定》，属于未依法履职。请求撤销《不予受理决定》和《复议决定》，并责令武隆区人社局重新作出行政行为。

被告武隆区人社局辩称，袁某江提交工伤认定申请时，该局并不能确认其与攀升公司存在劳动关系。该局书面告知袁某江补正材料，但其拒不补正，故该局作出《不予受理决定》认定事实清楚，适用法律正确，程序合法。

被告重庆市人社局辩称，武隆区人社局作出的《不予受理决定》并无不当，故其经复议决定维持该行政行为，并无不当。请求驳回袁某江的诉讼请求。

【审判】

重庆市江北区人民法院经审理认为，被告武隆区人社局作出《不予受理决定》程序违法、主要证据不足。

第一，被告武隆区人社局于2018年6月21日向原告送达《补正告知书》，要求原告收到该告知书之日起15日内补正材料。因此，根据《工伤认定办法》第八条的规定，即使被告武隆区人社局拟决定不予受理，亦应待补正期限届满。被告武隆区人社局于 2018 年 7 月 6 日作出《不予受理决定》时，距离告知原告补正材料之日起刚好第 15 日，却以“在规定期限届满后”未提交补正材料为由径直作出《不予受理决定》，违反法定程序，剥夺原告在要求期限内补正材料的合法权利。

第二，即使原告提供的职业病诊断证明书未载明用人单位，被告武隆区人社局亦可根据《工伤认定办法》第十三条的规定，要求出具证据部门重新提供，并依职权调查核实相关情况。被告武隆区人社局既不等待原告在规定期限内补正材料，又不主动对原告申请事项进行调查核实，且不要求重庆市疾病预防控制中心重新出具职业病诊断证明书，其径直作出《不予受理决定》，认为原告申请不符合受理条件，系主要证据不足。

根据《行政复议法》第二十八条第一款第（三）项的规定，行政行为主要事实不清、证据不足或者违反法律程序的，复议机关应当决定撤销、变更或者确认该行政行为违法，故被告重庆市人社局作出《复议决定》，维持被告武隆区人社局作出的《不予受理决定》，亦系主要证据不足。

重庆市江北区人民法院判决：撤销被告武隆区人社局作出的《不予受理决定书》和被告重庆市人社局作出的《行政复议决定书》，责令被告武隆区人社局于判决生效之日起 15 日内重新作出行政行为。现判决已生效。

【评析】

建筑领域农民工劳动关系认定难，继而产生连锁效应——在患职业病时，出具职业病诊断证明书（或鉴定书）的部门因无法明确用人单位，只能不予载明用人单位名称，或仅载明工程项目名称。审理本案的主要难题在于：职业病诊断证明书（或鉴定书）未载明或未明确载明用人单位名称时，社会保险行政部门应当如何处理？

职业病诊断证明书（或鉴定书）是认定工伤的重要证据之一，社会保险行政部门应进行全面审查。对职业病诊断证明书（或鉴定书）存在未载明或未明确载明用人单位等情形的，社会保险行政部门应当责令申请人补正，并依职权对相关情况进行调查核实，也可以要求出具职业病诊断证明书（或鉴定书）的部门重新提供，不能以此作为拒绝履行法定审核义务的理由，径直对申请人提交的工伤认定申请不予受理。否则，人民法院应不予支持。理由如下：

一、尊重权威意见不等于免除审核义务

《工伤保险条例》第十四条规定，职工患职业病应当认定为工伤。一般而言，对于职业病诊断证明书（或鉴定书）符合国家有关规定，职工与用人单位劳动关系清楚，职业病危害接触史清晰，诊断结论确定的，工伤认定相对简单，保险责任主体也容易确定。此时，社会保险行政部门处理工伤认定案件的难度较小，根据《工伤保险条例》第十九条第一款、《工伤认定办法》第十三条的规定，对职工患职业病相关事实，社会保险行政部门不再进行调查核实。

需要注意的是，该规定更多是要求社会保险行政部门应对权威机构意见有必要尊重，并非免除其审核义务。作为工伤认定的职能部门，社会保险行政部门即使不再对职工患职业病情况进行调查核实，仍有义务对用人单位是否是合格的用工主体、用人单位与职工之间的关系，或者职工系在哪个单位工作患职业病等事实进行必要审核。①

更应注意的是，实践中并非所有职业病诊断证明书（或鉴定书）均符合国家有关规定，也并非所有患职业病的职工均与用人单位之间具有清楚的劳动关系。在仅凭职业病诊断证明书（或鉴定书）不能得出确定的工伤认定结论，尤其是当职业病诊断证明书（或鉴定书）存在瑕疵时，社会保险行政部门的处理方式不仅直接关系到患职业病的职工能否得到医疗救治和经济补偿，也关系到用人单位合法权益的保护。此时，社会保险行政部门不仅不能径直不予受理工伤认定申请，反而应当进行更严格、更审慎的审核。

二、无劳动关系不构成工伤保险责任豁免

实践中，职业病诊断证明书（或鉴定书）未载明用人单位或未明确载明用人单位的，往往系因为职工与用人单位之间不存在劳动关系，或者劳动关系难以确认。但无劳动关系并不必然否定工伤性质，亦不构成工伤保险责任豁免。

以本案为例，根据《最高人民法院关于审理工伤保险行政案件若干问题的规定》第三条第一款第（三）项规定，用工单位违反法律、法规规定将承

---

① 杨科雄：《最新工伤认定规则与适用》，法律出版社2015年版，第230页。

包业务转包给不具备用工主体资格的组织或者自然人，该组织或者自然人聘用的职工从事承包业务时因工伤亡的，用工单位为承担工伤保险责任的单位。此处所谓“伤亡”理应包括患职业病的情形。换言之，即使不存在劳动关系，相关单位仍可能需要对患职业病的职工承担工伤保险责任。因此，原告以攀升公司为责任主体申请工伤认定，虽经法院判决确认，二者于2016年5月至8月期间不存在劳动关系，且原告提交被告的职业病诊断证明书仅载明了攀升公司承建的工程项目名称，但并不必然说明攀升公司不需要对原告患职业病负责。

可见，既然存在虽无劳动关系，但应由某单位承担工伤保险责任的可能性，则在申请人已按规定提交工伤认定申请材料，只是职业病诊断证明书（或鉴定书）未明确载明或未明确载明用人单位的情况下，若社会保险行政部门径直不予受理，相当于直接剥夺了受伤职工获得医疗救治和经济补偿的期待利益，不符合工伤保险制度的宗旨和目的。

三、材料存在瑕疵具有多重补救机制

与申请人不提交职业病诊断证明书（或鉴定书）不同，职业病诊断证明书（或鉴定书）未载明或未明确载明用人单位等情形，并不会直接导致社会保险行政部门陷入没有依据进行工伤认定的窘境。除了用人单位信息，职业病诊断证明书（或鉴定书）还有对患病职工职业病接触史、职业病诊断结论的记载，对工伤认定的意义很大。社会保险行政部门为了准确查明事实，有多重机制可供选择，谈不上径直不予受理。

第一，责令申请人自行补正。应当注意的是，此处所谓“补正”，不仅应包括要求申请人重新提供载有明确用人单位的职业病诊断证明书（或鉴定书），亦应当包括要求申请人提供能够佐证以确定工伤保险责任部门的其他证据。并且，在实际操作过程中，社会保险行政部门既要赋予申请人合理的补正时间，又要确保在申请人无法补正时，不以之作为径直不予受理的理由。

第二，依职权进行调查核实。即使申请人提交的职业病诊断证明书（或鉴定书）未载明或未明确载明用人单位，社会保险部门亦可根据审核工伤认定申请书、询问受伤职工和相关单位等方式确定申请人提交工伤认定申请指向的具体用人单位，并通过全面审查职业病诊断证明书（或鉴定书）其他内容、申请人提交的其他证据，以决定是否受理该工伤认定申请，甚至于受理申请后是否认定工伤。

第三，要求证据部门重新提供。根据《工伤认定办法》第十三条的规定，职业病诊断证明书（或鉴定书）不符合国家规定的要求和格式的，社会保险行政部门可以要求出具证据的部门重新提供。该规定可以视为社会保险行政部门依职权进行调查核实的延伸，对于查清事实，保障受伤职工合法权益具有重要意义。

综上所述，职工患职业病系应当认定为工伤的法定情形。对依法取得职业病诊断证明书（或鉴定书）的，社会保险行政部门不再进行调查核实，但却应当依法进行审核。对职业病诊断证明书（或鉴定书）存在未载明或未明确载明用人单位等情形的，社会保险行政部门应当责令申请人补正，并依职权对相关情况进行调查核实，也可以要求出具职业病诊断证明书的部门重新提供，不应不予受理。

（作者单位：重庆市江北区人民法院）

证券从业人员"以化名、借用他人名义"买卖股票的认定

张婷婷

【裁判要旨】

由于证券从业人员身份的特殊性，"以化名、借他人名义持有、买卖股票"与接受客户委托买卖股票在行为外观上具有一定相似性，二者的核心区别在于交易收益的实际归属。

如果执法机关已经掌握初步证据证明交易资金由证券从业人员实际控制并处分，而证券从业人员自己又不能提供相反证据证明交易收益归属于他人的，即可认定证券从业人员构成《证券法》第一百九十九条所规定的"持有、买卖股票"之情形。

【案情】

原告（上诉人）：林某义。

被告（被上诉人）：中国证券监督管理委员会。

原告林某义系证券从业人员，其于2001年至2009年7月，在相关证券公司任职。2004年7月9日至2009年6月8日期间，林某义操作姜某账户进行证券交易，其间累计交易股票154只，买入金额为5079233979.67元，卖出金额为5162722415.61元，共获利70653391.23元。被告中国证券监督管理委员会（以下简称中国证监会）于2017年6月29日对林某义作出行政处罚，认定林某义的上述行为违反《证券法》（2014年修订，以下简称原《证券法》）第四十三条的规定，构成原《证券法》第一百九十九条所述禁止参与股票交易的人员持有、买卖股票的情形，故决定没收林某义违法所得70653391.23元，并处以70653391.23元罚款。后经中国证监会行政复议，维

持了对林某义作出的上述处罚决定。林某义诉至法院，请求撤销行政处罚决定和行政复议决定。诉讼中，林某义主张：原《证券法》第一百九十九条的适用应当以股票、资金等财产所有权归属于违法行为人为前提。而本案中，林某义使用的是姜某的证券账户。涉案股票、资金的归属并不明确，被告也未进行查明。在事实不清的情况下，将相关交易行为及后果归责于原告，属于认定事实错误。

【审判】

北京市第一中级人民法院驳回原告林某义的诉讼请求。林某义不服一审判决，提起上诉。北京市高级人民法院终审判决驳回上诉，维持原判。

法院生效裁判认为：原《证券法》第一百九十九条规定，“法律、行政法规规定禁止参与股票交易的人员，直接或者以化名、借他人名义持有、买卖股票的，责令依法处理非法持有的股票，没收违法所得，并处以买卖股票等值以下的罚款；属于国家工作人员的，还应当依法给予行政处分。”本案的核心争议在于林某义作为证券从业人员，其通过姜某账户交易股票，是否构成“直接或者以化名、借他人名义持有、买卖股票”之情形。

在行政处罚案件中，执法机关应当对存在违法行为承担证明责任，但对于具体的案件事实还应当遵循举证便利原则，由掌握案件事实并具有举证便利的一方承担一定的证明责任。由于证券从业人员身份的特殊性，“以化名、借他人名义持有、买卖股票”与接受客户委托买卖股票在行为外观上具有一定相似性，二者的核心区别在于交易收益的实际归属。由于资金的归属往往涉及当事人与其他主体之间民事法律关系的确认，如果要求执法机关必须在法律上确认交易收益归属的情况下才能作出处罚，则当事人只需要就此问题提出简单的抗辩就可以导致执法无法正常进行。因此，在此类案件中，如果执法机关已经掌握初步证据证明交易资金由证券从业人员实际控制并处分，而证券从业人员自己又不能提供相反证据证明交易收益归属于他人的，即可认定证券从业人员构成原《证券法》第一百九十九条所规定的“持有、买卖股票”之情形。本案中，涉案期间证券账户及其资金由原告控制、占有、使用、处分，且原告在行政处罚程序中还自认姜某账户中的资金归原告所有，又无其他相反证据能够证明交易收益为他人所有，故可以认定原告作为证券从业人员实施了违反原证券法第一百九十九条规定的违法行为。至于原告与姜某、车某等人是否存在未决的民事纠纷，不影响被诉处罚决定的作出。

原告提出交易金额中有 5 万元的借款以及 30 余万元现金存款不能确定归属于原告。对于原告已经归还潘某的 5 万元借款，被告已经说明并未将本金计入违法所得，但相应的收益归属原告应计入违法所得。而对于以“姜某”名义现金存入的 30 余万元资金，结合原告长期以姜某名义持有、买卖股票，且原告自认账户资金为原告所有等因素，在没有相反证据的情况下，可以认定交易收益归属原告。原告以上述款项为例认为被告对资金归属以及违法所得的数额等事实未能查清之主张，不能成立。

被诉处罚决定认定事实清楚，证据充分，处罚幅度适当，被诉复议决定予以维持并无不当。被诉处罚决定及被诉复议决定的作出程序亦均无违法之处。原告的相关诉讼理由经审查均不能成立，对原告请求撤销被诉处罚决定及被诉复议决定的诉讼请求，法院不予支持。

【评析】

本案是以中国证监会为被告的证券从业人员违法买卖股票行政处罚第一案，具有典型性。

无论是 2014 年的《证券法》，还是 2019 年修订的《证券法》，均明确规定，证券从业人员在任职期间内或法定期限内，不得持有、买卖股票。以化名、借他人名义的方式持有、买卖股票具有高度隐蔽性，查处和认定难度大。实践中，行为人往往以资金不属于本人所有、接受他人委托代为交易等理由提出抗辩。本案原告即主张，在涉案股票、资金不能明确认定为其所有的情况下，不能认定原告的交易行为违反了从业禁止性规定，不具有当罚性。生效裁判从违法行为构成要件的角度进行了分析认定，并对举证责任进行明确。

一、证券从业人员违法买卖股票行为的构成要件分析

如何认定行为人系“以化名、借他人名义的方式持有、买卖股票”，需要回到该行为的构成要件上进行分析。以下从客观构成要件（违反行政法上的义务）和主观责任要件（行为主体及主观过错）两个方面分述之。

（一）义务违反及其认定

违反行政法上的义务，是应受行政处罚行为的客观要件。

根据原《证券法》第四十三条、第一百九十九条[①]规定，证券从业人员负有在任期或者法定期限内，不得买卖股票[②]的法定义务。是否违反了这一法定义务，需要判断的核心问题在于持有、买卖股票的认定。证券法规定了两种情形，一是直接买卖；二是以化名、借用他人名义买卖。前一种很好理解，也容易判断，关键在于后一种情形。

有观点认为，“以化名、借用他人名义持有、买卖股票”，意味着证券从业人员以化名、借用给他人的方式，用自己的资金，去买卖股票，资金、股票及收益均应当是归属于该证券从业人员。也有观点认为，只要证券从业人员客观上控制了资金和交易，即可认为是“以化名、借用他人名义持有、买卖股票”。

这两种观点均是对“以化名、借用他人名义持有、买卖股票”的误解。证券从业人员买卖股票，可能为己，也可能为他（第三方）。禁止证券从业人员买卖股票，禁止的是为己之买卖。证券从业人员接受客户委托，管理、操作资管账户进行交易的行为，不属于原《证券法》第一百九十九条所规制的范围。因此，判断是否构成“以化名、借用他人名义持有、买卖股票”，核心在于股票收益的归属。

本案中，林某义在涉案期间均在证券公司任职，为证券从业人员，依法不得买卖股票。涉案期间，姜某的证券账户及资金（包括相关收益）为林某义所控制、使用并处分；林某义亦自认姜某账户中的资金为自己所有。在没有相反证据证明交易收益为他人所有的情况下，应当认定，林某义作为证券从业人员，在任职期间，实施了以化名、借用他人名义买卖股票的行为，违反了原证券法第一百九十九条规定的法定义务。

（二）主观过错及其认定

原《证券法》第一百九十九条已经明确规定了证券从业人员禁止买卖股票，因此，只要行为人实施了违反这一法定义务的行为，即应受到处罚。这

---

① 原《证券法》第四十三条规定，证券交易所、证券公司和证券登记结算机构的从业人员、证券监督管理机构的工作人员以及法律、行政法规禁止参与股票交易的其他人员，在任期或者法定限期内，不得直接或者以化名、借他人名义持有、买卖股票，也不得收受他人赠送的股票。第一百九十九条规定，法律、行政法规规定禁止参与股票交易的人员，直接或者以化名、借他人名义持有、买卖股票的，责令依法处理非法持有的股票，没收违法所得，并处以买卖股票等值以下的罚款。

② 为便于行文，以下将“持有、买卖股票”统称为“买卖股票”。

种观点是有失偏颇的。任何公正合理的制裁都须以被制裁的行为具有可遣责性为基础。对某一行为进行处罚，须以行为人具有主观过错为前提。申言之，行政机关要对行为人作出处罚，应当证明该行为人具有过错。

这就涉及举证责任的分配问题。一般而言，证明行为人具有过错的责任在于行政处罚机关。但是否具有过错，很难有直接证据予以证明，反而是行为人对自己不具有过错更容易举证。因此，采用过错推定的方式，通过推定行为人具有过错的方式，将举证责任适当转移给行为人是较为公平的举证责任分配方式，符合行政执法的一般规律，也有利于提高行政执法的效率。具体而言，当行为人具有违反法定义务的事实，即可以推定行为人具有过错；此时，行为人如果主张自己不应当受到处罚，则应举证证明自己违反义务不具有过错。也就是说，行政机关应当举证证明具有法定义务的行为人实施了违反义务的行为，而该行为人则应当举证证明自己不具有过错来免除行政处罚。例如，工商机关认为李某销售假冒商品，但如果李某能够举证证明是从正规渠道正常支付对价进货，该假冒商品出现于供货渠道且李某对此并不知情，则李某因不具有销售假冒商品的过错而不应承担行政处罚责任。

具体到证券从业人员违法买卖股票行为的认定与处罚中，资金归属往往被违法行为人用作抗辩理由，尤其在“化名、借用他人名义”这一情形下。但是，一方面，资金归属往往涉及当事人与其他主体之间的民事法律关系的确认，如果要求行政处罚机关必须在确认资金归属的情况下才能作出处罚，则行政执法将会因当事人一句简单的抗辩即无法正常进行；另一方面，对于此类违法行为而言，核心在于股票收益归属的判断。因此，在行政处罚机关经过调查证明交易资金系由证券从业人员所实际控制使用并具有处分权的情况下，证券从业人员应当就自己不享有交易收益、交易收益归属于他人进行举证说明，否则应当认定该证券从业人员的行为构成证券法所规定的禁止买卖股票之情形。

本案中，中国证监会已经举证证明，涉案期间姜某的证券账户及账户资金由林某义所控制、使用及处分。林某义本人在接受中国证监会调查时也自认姜某账户中的资金为其所有，且没有其他证据证明交易收益为姜某或其他第三人所有。诉讼中，林某义提出自己与姜某存在未决的民事纠纷，涉案资金归属尚不明确，并以此主张自己的行为不具有当罚性。但这一主张，并不能推翻业已形成的证明其控制、使用及处分涉案账户及资金的证据链条。

因此，中国证监会认定林某义的涉案行为构成原《证券法》第一百九十九条所规定的“以化名、借他人名义持有、买卖股票”之情形，对其作出没收违法所得并处以买卖股票等值以下的罚款的处罚，具有事实和法律依据。

二、延伸思考：禁止证券从业人员买卖股票的必要性与正当性

从证券市场立法初期，我国即实行禁止证券从业人员买卖股票制度。现行关于证券从业人员禁止买卖股票的规定，是从1998年颁行的证券法沿袭下来的。过去20年间，证券法先后经过4次修订，但关于证券从业人员禁止买卖股票的规定，只字未改。立法对证券从业人员买卖股票予以禁止，系出于维护公开、公平、公正的证券市场秩序之考量。证券市场是信息市场，确保市场参与者平等地获取信息，是证券市场公开、公平、公正的基础。证券从业人员买卖股票，对于证券市场“三公”秩序的损害体现在两个方面：其一，证券从业人员因职务便利，较普通投资者而言，天然地具有信息优势（或者说具有获取优势信息的便利条件）。禁止证券从业人员买卖股票，是防范内幕交易的举措。其二，证券从业人员是运用自身专业能力为投资者提供服务的特殊市场主体。证券从业人员自身买卖股票，则容易与投资者利益发生冲突，进而损害投资者权益。

近年来，证券从业人员违法买卖股票的行为屡禁不止，禁止证券从业人员买卖股票的正当性与必要性成为学术界和实务界的争议话题。要求放宽对证券从业人员买卖股票限制的呼声不断①，正在修改过程中的证券法修订草案，也一度出现放宽证券从业人员买卖股票的规定。但在2019年修订的证券法中，对于证券从业人员买卖股票的限制不仅没有放宽，反而将“其他具有股权性质的证券”也纳入了限制持有买卖之列。

主张放宽限制的理由主要有三个方面：一是现行证券法已经建立了较为完备的内幕交易惩戒机制，完全能够对证券从业人员内幕交易行为进行规制，没有必要单独设置禁止买卖的方式。二是证券从业人员与投资者之间的利益冲突只会发生在特定的客户和特定的交易行为上，因此不需要对所有的交易行为一律予以禁止。三是在前述两个情形下，禁止证券从业人员买卖股票，造成了对证券从业人员基本财产权利的侵害，并且这种侵害不具有合理性。

---

① 如梅慎实、张雨骅：《证券从业人员买卖股票：禁止还是放开》，载《中国证券》2015年第2期；白家勇：《证券从业人员买卖股票法律规制研究》，南京大学2018年硕士学位论文等。

持“放宽论”的观点存在合理之处，从发达资本市场的治理实践来看，允许证券从业人员买卖股票已经是较为通行的制度安排。[①] 但这样的制度安排，是建立在完备的立法、有力的自律监管基础之上的。立足于我国证券立法尚不完备、相关配套制度尚不健全、行业自律管理乏力、证券中介机构发展还不成熟，证券从业人员整体素质还不够高、证券市场“野蛮生长”的发展现状，尚不宜放开对证券从业人员买卖股票的限制。

（作者单位：北京市第一中级人民法院）

① 郭文英、丁海筠：《中外证券从业人员买卖股票制度之比较研究》，载《环球法律评论》2012 年第 3 期。

对于未改变原处罚结论的行政复议决定应当不予强制执行

范 懿

【裁判要旨】

在复议决定仅改变原行政行为的法律依据而未改变处理结果的定性上，《行政诉讼法》与《行政复议法》的规定存在评判差异，引发法律适用问题。

行政诉讼中，将未改变原行政行为处理结果的复议决定视为维持原行政行为，因此，申请强制执行的机关应当是原行政行为的作出机关，申请强制执行的标的应当是原行政行为。行政复议中，将对原行政行为的事实认定、程序履行、法律适用、处理结果等任何一方面的改变都视为对原行政行为的改变，从而将申请强制执行的标的规定为行政复议决定而非原行政行为。但是，人民法院审查行政非诉案件，仍应当适用行政诉讼的相关规定而非行政复议的相关规定。所以，对于未改变处理结果的行政复议决定，依法应当裁定不予强制执行。

【案情】

申请执行人：天津市应急管理局。

被执行人：天津市河东区新煮意津滨大道餐饮店。

2019年8月13日，天津市河东区应急管理局（以下简称河东应急局）向被执行人作出（津河东）安监罚〔2019〕执2－015号《行政处罚决定书（单位）》，查明被执行人存在的违法事实：1. 未如实记录安全生产教育和培训的情况。2. 未按照规定制定生产安全事故应急救援预案；认定被执行人的违法事实1违反《安全生产法》第二十五条第四款，依据《安全生产法》第九十四条第（四）项，决定罚款人民币1万元，认定被执行人的违法事实2

违反《安全生产法》第二十二条第（一）项，依据《安全生产法》第九十四条第（六）项，决定罚款人民币1万元；合计罚款人民币2万元。

被执行人不服，向申请执行人提出行政复议。2019年10月24日，申请执行人作出（津）应急行复决〔2019〕007号《行政复议决定书》，决定：1. 撤销河东应急局作出的（津河东）安监罚〔2019〕执2－015号《行政处罚决定书（单位）》中关于“对申请人未如实记录安全生产教育和培训情况决定给予人民币1万元罚款”的行政处罚决定，撤销“合计以上2项决定给予人民币2万元罚款”的行政处罚内容；2. 变更河东应急局作出的（津河东）安监罚〔2019〕执2－015号《行政处罚决定书（单位）》中关于“对申请人未按照规定制定生产安全事故应急救援预案违反《安全生产法》第二十二条第（一）项，依据《安全生产法》第九十四条第六项，决定罚款人民币1万元”，为“未按照规定制定生产安全事故应急救援预案违反《安全生产法》第七十八条，依据《安全生产法》第九十四条第六项，决定罚款人民币1万元”。2019年10月26日，被执行人经营者温某山签收《行政复议决定书》。被执行人在法定期限内未提起行政诉讼也未履行缴纳罚款义务。2020年1月8日，申请执行人向被执行人履行催告程序。被执行人逾期仍未履行缴纳罚款义务。2020年2月10日，申请执行人向其所在地的基层人民法院即天津市河西区人民法院申请强制执行。

【审判】

一审天津市河西区人民法院认为，河东应急局作出的（津河东）安监罚〔2019〕执2－015号《行政处罚决定书（单位）》有并列的两项处罚内容，申请执行人撤销了第（一）项处罚内容，导致第（一）项处罚内容不具有可执行性，也就不存在申请执行的法律问题；其变更了第（二）项处罚的定性依据，未改变第（二）项处罚的事实认定和处罚依据，也未改变第（二）项处罚的结论，属于《最高人民法院关于适用〈中华人民共和国行政诉讼法〉的解释》第二十二条第一款规定的视为维持原处罚内容的情形。况且，申请执行人请求事项描述的“即强制被执行人缴付（津河东）安监罚〔2019〕执2－015号《行政处罚决定书（单位）》项下罚款人民币1万元”内容，仍然是河东应急局行政处罚决定的第（二）项内容。根据《行政复议法》第三十三条第（一）项的规定，维持原行政行为的复议决定，由原行政行为作出机关即河东应急局申请法院强制执行。因此，由申请执行人天津市应急管理局向本院申请执行《行政复议决定书》与现行法律规定不符，属于《行政强制法》第五十八条第一款第（二）项的情形。此外，申请执行人请求事项的描述还存在事实不清的情况，既申请执行《行政复议决定书》第（一）项即撤销《行政处罚决定书（单位）》部分内容，又将其描述为缴付罚款的处罚内容，二者相互矛盾。综上，依据《行政强制法》第五十八条之规定，裁定如下：对申请执行人天津市应急管理局作出的（津）应急行复决〔2019〕007号《行政复议决定书》不予强制执行。

一审裁定送达后，申请执行人不服，向天津市第二中级人民法院申请复议。

二审法院认为，《最高人民法院关于适用〈中华人民共和国行政诉讼法〉的解释》第二十二条第一款规定，“行政诉讼法第二十六条第二款规定的‘复议机关改变原行政行为’，是指复议机关改变原行政行为的处理结果。复议机关改变原行政行为所认定的主要事实和证据、改变原行政行为所适用的规范依据，但未改变原行政行为处理结果的，视为复议机关维持原行政行为”。河东应急局作出的（津河东）安监罚〔2019〕执2－015号《行政处罚决定书（单位）》有并列的两项处罚内容，复议申请人撤销了第（一）项处罚内容，故该项内容不具有可执行性；变更了第（二）项处罚的定性依据，未改变第（二）项处罚的事实认定和处罚依据及结论，故应视为维持原处罚内容的情形。根据《行政复议法》第三十三条第（一）项的规定，“申请人逾期不起诉又不履行行政复议决定的，或者不履行最终裁决的行政复议决定的，按照下列规定分别处理：（一）维持具体行政行为的行政复议决定，由作出具体行政行为的行政机关依法强制执行，或者申请人民法院强制执行……”因此，复议申请人向原审法院申请执行《行政复议决定书》不符合法律规定。复议申请人的请求事项亦存在描述事实不清的情形。原审法院裁定正确，应予维持。综上，依据《最高人民法院关于适用〈中华人民共和国行政诉讼法〉的解释》第一百六十一条之规定，裁定驳回复议申请，维持原裁定。

【评析】

行政复议制度与行政诉讼制度均为相对人对原行政行为不服时的他力救济制度，二者本应相互配合共同发挥解决行政争议的制度功能。随着《行政诉讼法》2015 年的大修完毕，实施逾 20 年的《行政复议法》已有一些与现行《行政诉讼法》差异的规定。其中，比较突出的是在“是否改变原行政行为”的评判上存在差异，即只有“结果改变”才属于改变原行政行为，还是只要“事实、程序、法律适用、结果”等方面改变其一就属于改变原行政行为。这种评判上的差异在司法实践中引发不少法律适用问题。

一、法律评判差异的现实表现

（一）行政复议制度的规定

行政复议制度对复议决定是否改变原行政行为的评判，主要依据《行政复议法》第二十八条第一款第（三）项。该条款赋予复议机关的行政复议决定有权对原行政行为的事实、证据、适用法律、行政程序、职权、明显不当等五方面进行审查和判断。因而，只要复议机关仅仅变更了原行政行为上述五个方面的任意一个方面，就属于行政复议制度下对原行政行为的改变。所以在本案中，市应急局根据其对河东区应急局《处罚决定书》法律适用这一个方面的改变，就可以认为其改变了河东区应急局的《处罚决定书》。

（二）行政诉讼制度的规定

行政诉讼制度对复议决定是否改变原行政行为的评判，集中规定于《最高人民法院关于适用〈中华人民共和国行政诉讼法〉的解释》（以下简称《适用解释》）第二十二条。该条款仅认可复议决定对原行政行为处理结果的改变、确认原行政行为无效或违法（程序违法除外），属于“改变原行政行为”，明确将复议决定变更原行政行为的主要事实、证据、适用法律、行政程序等方面但未变更处理结果的情形，均不视为改变原行政行为而视为维持原行政行为。所以在本案中，法院认为市应急局的《复议决定书》对河东区应急局的《行政处罚决定书》法律适用的变更不属于对原行政行为的改变。

二、法律评判差异带来的法律问题

2015 年新《行政诉讼法》将原行政行为作出机关与复议机关确立为共同被告，基本消弭了上述法律评判差异在诉讼案件中的影响。但是在行政非诉审查案件中，上述法律评判差异却引发不少法律问题。

（一）申请主体无法确定

当行政复议仅改变原行政行为的事实、证据、程序、法律适用任一元素或全部元素时，复议机关会认定原行政行为已经被改变，不具有执行力，进一步会自己执行复议决定或申请法院强制执行复议决定。申请的主体是复议机关。

但审判机关从处理结果上看，仍然认为原行政行为对相对人的影响没有消除，现有的处理结果是原行政行为施加于相对人之上，所以原行政行为仍具有执行力，那么申请主体只能是原行政机关而非复议机关。复议机关与审判机关各持一种道理，各引一部法律规定，导致非诉审查案件的申请主体无法确定。

当复议机关为原行政行为作出机关的同级人民政府时，两者职权范围的差异更导致原行政行为的行政管理事项由复议机关作为申请主体的职权不匹配的法律问题，也违背职权法定原则。

（二）执行标的无法确定

申请主体的无法确定也就无法确定申请执行的标的究竟是复议决定还是原行政行为。如果原行政行为的若干要素改变不是对原行政行为的实质否定性评价，那么原行政行为仍具有执行力，执行标的应当是原行政行为；反之，不具有执行力的原行政行为当然不能成为执行标的，而应由复议决定成为执行标的。

况且，未对原行政行为处理结果改变的复议决定，其性质不仅仅是对原行政行为的监督，还是对原行政行为错误的自我纠正，实为补足了原行政行为的法律缺陷，增强了原行政行为的法律效力。若以复议决定替代原行政行为作为执行标的，那么复议决定的纠正和补强效果就无法通过对原行政行为的申请执行而得到体现，也会出现纠正了的原行政行为无法作为执行标的得以执行而起到纠正作用的复议决定却得以执行的法律逻辑混乱。

（三）执行依据无法确定

执行标的的无法确定也带来执行依据的无法确定。执行依据的无法确定还另有自身因素。原行政行为的执行依据往往是该行政管理领域的法律和《行政强制法》。复议决定的执行依据只是《行政复议法》第三十三条第（二）项，缺乏行政管理领域的具体依据。

三、法律评判差异的原因分析

（一）二者视角不同

之所以行政复议制度与行政诉讼制度在改变原行政行为的问题上存在法律规定的差异，是因为二者的视角不同。视角不同必然带来评判结果的差异。

行政复议是从对行政行为构成要素合法性审查的视角出发。行政复议对行政行为合法性的审查，一般是从主体、职权、事实、程序、法律适用等五个方面的构成要素逐一进行审查。只要其中任意一方面存在问题，复议机关作为上级机关都有相应的职权通过行政复议决定直接予以更正。因此，复议机关决定对原行政行为某一构成要素的更正后，即是对整个原行政行为的改变。

行政诉讼是从解决行政争议的视角出发。行政诉讼对原行政行为的合法性审查，重在切实解决行政争议。原行政行为对相对人的影响主要通过处理结果来体现。行政主体与相对人的行政争议也主要是通过对行政行为处理结果的不同主张来呈现。原行政行为只有被改变处理结果、被确认无效或违法，才会对相对人的权利义务造成实质影响，才会对行政争议形成实质解决。

行政复议与行政诉讼二者的视角不同，导致二者在评判是否改变了原行政行为上存在评判差异。从法律效果上讲，对原行政行为的改变，属于对原行政行为的一种否定性评价。行政复议与行政诉讼对原行政行为否定性评价的差异，对于行政诉讼制度中的非诉审查和诉讼审理都会引发若干法律问题，对于行政管理机关合法性考核造成不小的混乱。

（二）二者修订进度不同

行政复议与行政诉讼在改变原行政行为的评判上的差异，在2015年《行政诉讼法》大修之前并不存在。

大修前的《行政诉讼法》在处理行政复议行为与原行政行为时，分别审查原行政行为和复议行为合法性。只要复议决定在“事实和证据、适用法律、行政程序、越权或滥用职权、明显不当”等五方面中的任一方面改变了原行政行为，复议决定就属于对原行政行为的改变，复议机关就须单独成为行政诉讼被告；反之，只有复议决定维持原行政行为，复议决定才属于未改变原行政行为，原行政行为的作出机关就单独成为行政诉讼被告。

诞生时间晚于《行政诉讼法》的《行政复议法》，由于沿用行政诉讼制度对复议决定是否改变原行政行为的评判规定，不存在前述法律差异问题，所以《行政复议法》规定复议决定对上述五方面任一方面改变后须由复议机关以自己的名义向法院申请执行复议决定，也不会出现前述案例的法律差异问题。

2015 年大修的《行政诉讼法》为根除复议机关大多维持而较少改变原行政行为的“维持会”[①] 问题设立了共同被告制度。2018 年的《适用解释》为具体化共同被告制度，规定改变原行政行为的评判标准即处理结果上的改变。尚未修订的《行政复议法》仍沿用原先的改变原行政行为的评判标准，与现行行政诉讼制度出现法律规定的差异。

（三）二者对原行政行为的监督程度不同

《行政复议法》在总则部分，将其性质定位于对原行政行为的纠正、对相对人合法权益的保护、对行政机关行使职权的保障和监督。因而，行政复议行为对原行政行为的监督，主要体现在对原行政行为的主体资格和法定职权、履行的程序、认定的事实、适用的法律、处理的合理性等具体方面的监督。只要纠正其中一部分内容就属于对原行政行为的纠正。

这种监督体现了行政体系内部上下层级之间的在行政行为构成因素具体方面的监督。这种监督虽然有利于原行政行为作出机关更明确地认识到自身的法律问题，改进今后的工作，但是未对相对人要求保护权利义务的主张予以实际回应，未对行政争议予以根本解决。由于行政行为是通过其处理结果来影响行政相对人的权利义务的。只要行政行为的处理结果未受到改变，那么行政层级之间的其他纠正就对相对人权利义务仍未产生实际保护，对相对人而言，就是未纠正。

新《行政诉讼法》在其《适用解释》中通过规定复议机关未改变原行政行为处理结果的复议决定一律视为维持决定，解决了上述行政层级之间的部分纠正对相对人权利义务仍未产生实际保护的问题，将行政层级之间的监督和纠正从原行政行为的主体资格和法定职权、履行的程序、认定的事实、适用的法律、处理的合理性等具体方面，直接突破至对相对人权利义务实际影响的整体效果。只要处理结果未改变，就属于行政复议对原行政行为未改变，行政复议对原行政行为与相对人之间的行政争议未作出实质判断。因此，在

---

① 莫于川：《复议机关做行政诉讼被告的制度变化及其理据分析——我国〈行政诉讼法〉首次修改中的一个争议点检讨》，载《南都学坛（人文社会科学学报）》2016 年第 6 卷第 1 期。

人民法院审查行政非诉案件中，从保护相对人合法权益和切实解决行政争议的立法目的出发，只能适用《适用解释》的相关规定，对申请执行未改变原行政行为处理结果的复议决定视为维持决定，对其不予强制执行。

目前，《行政复议法》的修订正在推进过程中，本案所反映的行政复议与行政诉讼法律评判差异问题，正好为《行政复议法》的修订提供一种实践经验和修订思路。

（作者单位：天津市河西区人民法院）

调查研究

行政协议外第三人原告资格研究

北京市第二中级人民法院行政庭课题组*

一、研究缘起及实践情况

（一）研究缘起

原告资格问题一直是行政审判的疑难复杂问题之一，虽然采用利害关系标准来判断原告资格没有争议，但如何确定利害关系的有无则主张甚多，实践并不统一。行政协议兼具行政性和协议性，呈现出诸多与传统行政行为不同的特征，这就决定了行政协议案件的审理规则也应与传统行政案件有所区别。那么，当行政诉讼中最为疑难复杂的原告资格问题遇上新类型的行政协议案件，问题的复杂程度可想而知，其突出表现就是行政协议外第三人的原告资格问题。

2020年1月1日施行的《最高人民法院关于审理行政协议案件若干问题的规定》（以下简称《规定》）第五条对行政协议案件的原告资格进行了“列举+兜底”式的规定，但仍有尚需明确和亟待解释之处。近年来，我们在行政审判中也遇到了一些涉及行政协议外第三人原告资格判断的疑难案件，试举几例如下：

【案例1】① 刘某与白某签订了《换房协议》，刘某在白某的房屋实际居

* 课题组成员：课题主持人廖春迎，课题组负责人肖荣远，执笔人金丽、杨波、徐蕾、李珊、朱彬彬。

① 详见北京市第二中级人民法院（2020）京02行终547号行政裁定书。

住，但未办理过户手续，后该房屋被纳入征收范围，征收部门与白某的继承人（白某已去世）签订了《房屋征收补偿协议》。房屋征收补偿协议签订时，涉案房屋登记的产权人仍为白某。刘某作为房屋征收补偿协议外的第三人，提起诉讼，请求确认《房屋征收补偿协议》无效。

【案例 2】① 公房承租人雷某阁共有三子，雷某阁去世后，次子雷某水及其家人实际居住在涉案公房，且涉案公房未经合法途径析产。因涉案公房被纳入征收范围，征收部门与雷某水签订了《房屋征收安置补充协议》。长子雷某才以其为雷某阁的继承人为由，提起诉讼，请求确认《房屋征收安置补充协议》无效。

【案例 3】② 公房承租人去世后，征收部门与其妻董某签订《房屋征收补偿协议》及《补充协议》。协议中涉及董某子女李某实际居住的未经登记的自建房，在房屋征收补偿协议及补充协议签订时，董某承诺自愿交付全部关联未登记房屋。李某主张协议将其未登记的自建房与正式公房捆绑在一起，且未进行合理补偿，故提起诉讼，请求确认《房屋征收补偿协议》及《补充协议》无效。

上述案件在审理时均有不同意见，较为疑难。归根结底，审判实践中缺少针对行政协议外第三人原告资格的判断标准和体系框架。全部诉诸个案判断，必然会导致标准的飘忽不定，进而影响裁判尺度的统一。鉴于此，课题组针对行政协议外第三人原告资格问题进行调研并尝试提出框架性的判断方法。

（二）实践情况

为全面了解行政协议外第三人原告资格的实践情况，课题组以“行政协议”和“原告资格”为关键词，将立案日期设定为 2020 年 1 月 1 日后，结案日期设定为 2020 年 12 月 31 日前，在中国裁判文书网进行检索，共获得 220 篇裁判文书，经逐案甄别，其中 136 篇裁判文书涉及行政协议外第三人原告资格问题。

从原告的身份判断，136 件案例中，原告为所有权人的 49 件，包括未办理产权登记的实际产权人、集体经济组织、产权人的继承人、房屋共有权人等；原告为用益物权人的 41 件，主要为公房承租人、土地承包经营权人、居住权人；原告为债权人的 10 件，包括房屋承租人，协议相对人的债权人；其他案件

---

① 详见北京市第二中级人民法院（2018）京 02 行终 1433 号行政裁定书。

② 详见北京市第二中级人民法院（2020）京 02 行终 1331 号行政裁定书。

36 件，主要是无证据证明而自称有所有权或使用权的当事人、原所有权人或使用权人、协议的实际履行人、按照框架协议成立的项目公司等（见图 1）。

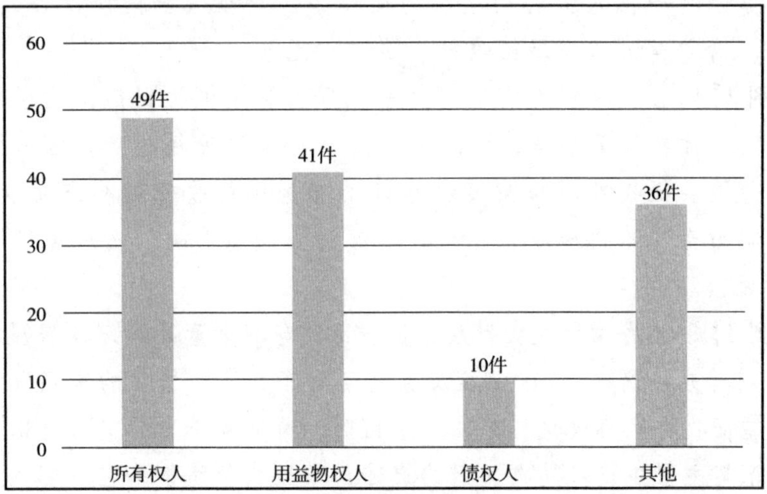

图 1　原告身份类型

从涉及的行政协议类型来看，136 件案例中，涉及征收补偿协议的 104 件，国有土地使用权出让协议 14 件，特许经营协议 4 件，其他协议 14 件，包括土地收储协议、拆迁户办理产权证协议、房屋批建协议、资产补偿协议、招商引资协议、区域整体开发合作框架协议、煤矿关闭协议、国有资本出资人代表之委托及项目运营管理协议等（见图 2）。

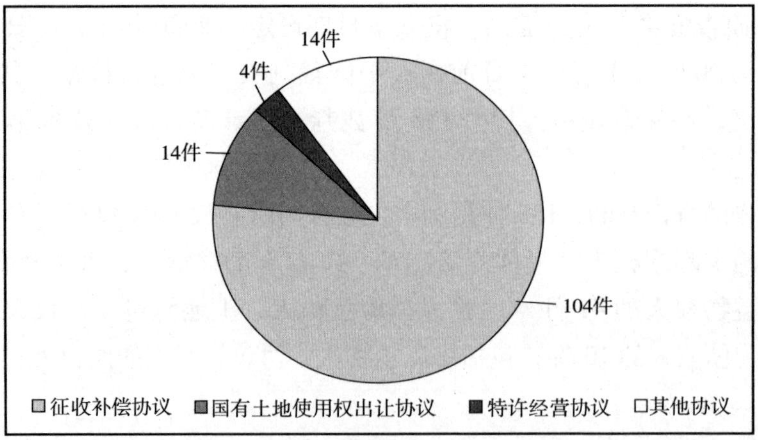

图 2　涉及行政协议类型

从原告的诉讼请求来看，《规定》第九条对行政协议案件“具体的诉讼请求”进行了 7 项列举，而在 136 件案例中，原告的诉讼请求集中在请求确认协议无效（或部分无效）和请求撤销协议上，其中请求确认协议无效（或部分无效）52 件、撤销协议 57 件，两项占比高达 81%。此外，请求确认协议违法 8 件，请求履行协议 15 件，单独请求赔偿或补偿 2 件，请求撤销行政机关变更、解除行政协议的行政行为 1 件，请求变更协议内容 1 件（见图 3）。

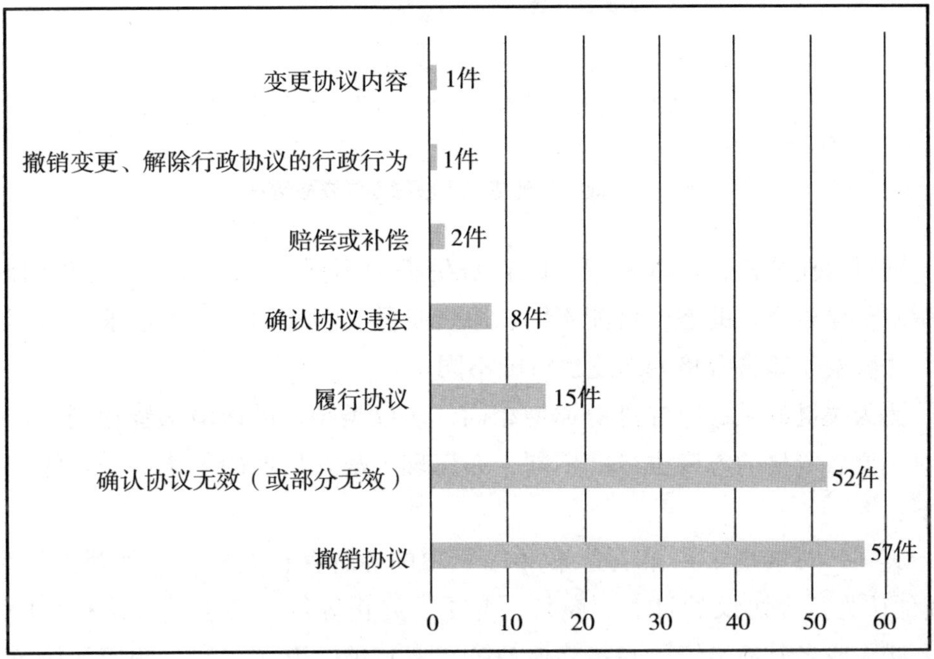

图 3　原告的诉讼请求类型

从法院的裁判结果和裁判理由分析，多数行政协议外第三人未获得原告资格。77 个案例中，法院认为提起诉讼的行政协议外第三人不是适格原告；54 个案例中，法院进行了实体审查或指定一审法院继续审理，明示或默认了原告资格；5 个案例中，法院以其他理由（包括超过起诉期限和 2015 年 1 月 1 日之前签订的行政协议应通过民事诉讼解决）裁定驳回原告起诉，无法看出法院关于原告资格问题的态度。总体而言，136 件案例中，裁驳率高达 61.76%（见图 4）。

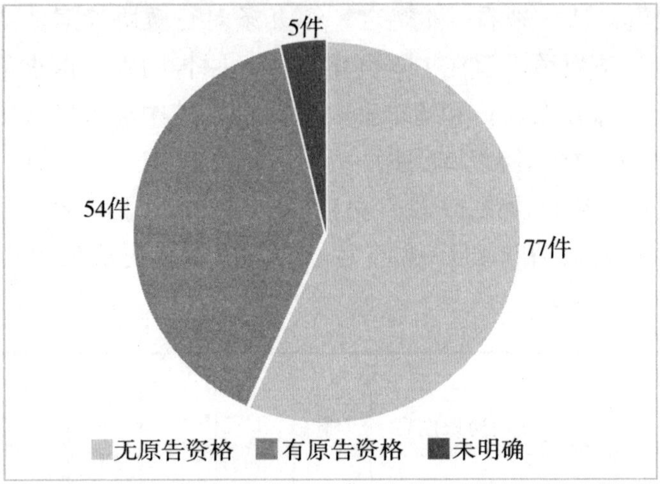

图 4　行政协议外第三人获得原告资格情况

通过对比分析，可以发现：原告身份类型不同，诉讼请求类型相同时，法院对于原告资格的态度可能不同；原告身份类型相同，诉讼请求类型不同时，法院对于原告资格的态度也可能不同。

更为关键的是，原告身份类型相同，协议类型、诉讼请求皆相同时，法院对于原告资格的态度也可能不同，亦出现了裁判尺度的不统一。具体表现如下：

其一，对《规定》第五条第（三）项的理解存在差异。一种观点认为，“其他认为行政协议的订立、履行、变更、终止等行为损害其合法权益的公民、法人或者其他组织”是指除该条第（一）项、第（二）项规定的协议类型以外的其他行政协议的利害关系人。如（2020）湘 07 行终 187 号行政裁定书指出，“虽然《规定》第五条第（三）项为兜底条款，但主要针对的是除政府特许经营协议，土地、房屋等征收征用补偿协议外等其他类型的行政协议”①。另一种观点认为，《规定》第五条第（三）项系完全的兜底条款，包括除前两项规定的利害关系人外的其他所有利害关系人。如（2020）鲁 71 行终 201 号行政判决书指出，非被征收房屋的用益物权人或公房承租人的行政协议外第三人张某，因系案涉房屋的原实际使用权人，且行政协议的协议相

① 详见湖南省常德市中级人民法院（2020）湘 07 行终 187 号行政裁定书。

对人与其签订的房屋买卖协议已经法院判决确认无效，故其与被诉行政协议具有一定的利害关系，赋予张某原告主体资格。[①]

其二，对房屋产权人的继承人是否具有原告资格认定不一致。针对产权人去世后，涉案房屋未经法定途径析产，征收行政部门与产权人的其中一个继承人签订征收补偿协议，其他继承人起诉要求确认协议无效的情形，一种观点认为，涉案房屋未经析产，所有继承人都可能获得房屋的所有权或部分所有权，故行政机关与继承人之一签订行政协议的行为损害了其他继承人的合法权益，其他继承人具有提起行政诉讼的原告资格，如（2020）津0105行初80号行政判决书[②]。另一种观点认为，继承人主张基于继承取得的权利，有赖于继承民事法律关系的确定，该权利不受征收补偿中行政法律关系的调整，并不影响征收补偿协议的正常签订。基于继承人的身份直接要求确认征收补偿协议无效，与该协议无法律上的利害关系，依法不具有原告主体资格，如（2020）皖12行初230号行政裁定书[③]。

其三，对集体土地承包经营权人的原告资格态度不同。征收行政部门与农村集体经济组织签订的集体土地征收补偿协议，往往涉及许多集体经济组织成员的土地承包经营权。一种观点认为，集体经济组织成员的承包地在协议征收土地范围内，该成员作为土地承包人认为协议损害了其合法权益，系属于与该行政协议有利害关系的人，故有权提起诉讼，如（2020）桂02行终18号行政裁定书[④]。另一种观点认为，根据《最高人民法院关于审理涉及农村集体土地行政案件若干问题的规定》第三条的规定，土地征收补偿协议只是土地所有权人与征收管理部门关于土地征收补偿款达成的协议，只有集体土地所有权人或者过半数的村民可以以集体经济组织名义提起诉讼，如（2020）川01行终1041号行政裁定书[⑤]。

二、理论分析

为了发现行政协议外第三人原告资格的一般规律，本报告在分析时排除

① 详见济南铁路运输中级人民法院（2020）鲁71行终201号行政判决书。

② 详见天津市河北区人民法院（2020）津0105行初80号行政判决书。

③ 详见安徽省阜阳市中级人民法院（2020）皖12行初230号行政裁定书。

④ 详见广西壮族自治区柳州市中级人民法院（2020）桂02行终18号行政裁定书。

⑤ 详见四川省成都市中级人民法院（2020）川01行终1041号行政裁定书。

以下特殊情况：

一是排除涉他性行政协议。通常情况下，行政协议只涉及协议双方的权利义务安排，不会明定第三人的权利义务，但也有部分行政协议存在为第三人设定权利义务的情形，此时被设定权利义务的第三人针对行政协议提起诉讼，一般具有原告资格，此处原告资格的判断标准为利害关系标准，实质上与传统行政案件的原告资格判断标准无异。

二是排除《规定》第五条第（一）项明确规定的情况。《规定》第五条第（一）项规定，参与招标、拍卖、挂牌等竞争性活动，认为行政机关应当依法与其订立行政协议但行政机关拒绝订立，或者认为行政机关与他人订立行政协议损害其合法权益的公民、法人或者其他组织，提起行政诉讼，人民法院应当依法受理。从该条规定来看，公平竞争权人是否具有原告资格似乎与协议所处阶段有关，即协议的订立阶段具有原告资格，而后续的履行阶段则不具有原告资格。这与一般情况下判断原告资格不区分协议阶段有所区别，属于特殊规定，故在讨论时也予以排除。

另外，需要说明的是，限于研究目的和篇幅，本报告对于传统行政案件利害关系标准如何掌握（如保护规范说、实际影响说、特殊利益说等）不作过多讨论。

（一）行政协议外第三人原告资格的特殊性

行政协议案件原告资格的判断标准与传统行政案件有无区别，是需要首先明确的问题。

有观点认为，行政协议案件原告资格“要与行政诉讼法所规定的关于原告资格的规定保持一致”。[①] 理由是：我国行政诉讼法规定的原告资格标准是需有利害关系，该利害关系一般理解为损害其合法权益或者对其合法权益造成不利影响。而在行政协议诉讼中，《规定》对于协议之外的利害关系人仍然强调了须损害其合法权益。也有观点认为，参考法国行政协议制度经验，行政应当以开放协议外第三人诉权为原则，但也应根据效力争议、履约争议及高权争议的各自特点分别划定协议外第三人诉权之边界，通过对利害关系

① 梁凤云：《行政协议司法解释讲义》，人民法院出版社2020年版，第78页。

的不同解释予以分类规范。[①]

课题组认为，前者观点忽视了行政协议有别于传统行政行为的“合意性”和“相对性”特征，亦缺乏对有别于传统行政行为的诉讼类型的特别关注，具有一定的扁平化、模糊化和笼统化特征。“按照不同的视角，原告资格认定的结论是不同的，而原告的诉讼请求和请求权基础在其中起到了至关重要的作用。”[②] 若在行政协议案件中一体化地采用行政案件利害关系标准，那么协议外第三人的诉讼权利将难以得到准确、合法的保护，也为一些不适格的第三人任意挑战行政协议体系制造了“漏洞”，导致协议双方合意建立的双方法律关系的安定性被过分打扰。可见，对行政协议外第三人原告资格的判断标准要区别于传统行政案件的“利害关系”标准，或者说，行政协议外第三人原告资格的判断标准不能笼统概括为“利害关系”标准。

（二）行政协议外第三人原告资格判断的不同主张

在承认行政协议外第三人原告资格特殊性的前提下，对于如何具体判断存在不同主张，但都有一定缺陷：

第一种观点认为，行政协议外第三人具有原告资格，归根结底为其与该行政协议存在利害关系且其固有利益受损的情形。[③] 理由是：判断行政协议外第三人的原告主体资格，应当考量合同相对性原则的影响。合同相对性决定了在合同关系中仅“特定债权人得向特定债务人请求给付”。[④] 当行政协议行为对协议外利害关系人的固有利益可能造成损害时，应当赋予利害关系人对该协议发起挑战的诉讼权利，防止和救济因行政协议行为导致第三人合法权益受损。课题组认为，这种观点关注到了行政协议诉讼原告资格的独特性，也注意到了过于宽松的原告资格标准会对行政协议安定性和法律关系稳定性造成不利后果，但也存在如下问题：其一，未对诉讼请求和诉讼类型给予特别关注。其二，以权益是否因协议约定而创设为基准，固有利益指向民事主体就其人身或财产所享有的权益（主要指人身权、物权等绝对权，但也应包

---

① 陈天昊：《行政协议诉讼制度的构造与完善——从“行为说”和“关系说”的争论切入》，载《行政法学研究》2020 年第 5 期。

② 汤军：《论行政诉讼原告资格认定的“权益保护”路径》，载《政治与法律》2013 年第 9 期。

③ 最高人民法院行政审判庭：《〈最高人民法院关于审理行政协议案件若干问题的规定〉理解与适用》，人民法院出版社 2020 年版，第 70—81 页。

④ 王泽鉴：《债法原理》，法律出版社 2013 年版，第 60 页。

括那些尚未上升为“权利”的、与人身或财产密切相关的利益，如死者人格利益、商业秘密、占有），[①] 履行利益则指向债务人提供有效的给付而给债权人带来有价值的好处，包括预期可得收益。[②] 此观点在权利基础一节仅强调固有利益的受损，未就履行利益在特定诉讼类型中是否需要考虑原告资格问题作出回应。

第二种观点认为，行政协议外第三人原告资格问题，基于民事权利基础不同，在不同诉讼类型下会分别出现以请求权与支配权为基础的两种不同情形。第三人以支配权为基础提起的撤销之诉、给付之诉与确认之诉具有原告主体资格，以请求权为基础提起的给付之诉亦具有原告主体资格，但不宜在撤销之诉、确认之诉中赋予享有请求权基础的第三人以原告主体资格。[③] 理由是：行政诉讼类型的差异化对原告主体资格的认定有着不同影响。在行政诉讼原告资格的认定问题上，同时存在类似民法的权利基础问题。课题组认为，这种观点强调了权利基础的决定性作用，也注意到了诉讼类型化对原告资格认定的影响。其存在的问题：一是将行政协议诉讼类型比照传统行政诉讼类型划分为撤销之诉、给付之诉与确认之诉，无法与《规定》中的行为之诉、关系之诉相对应，亦无法涵盖《规定》中的所有诉讼请求。二是将撤销行政协议之诉划入传统行政诉讼类型中的撤销之诉，错误地将撤销协议与撤销行政机关行使行政优益权的单方行政行为视作同一诉讼类型。三是无视请求权在物权法、继承法等领域的普遍存在[④]。在以请求权为基础的撤销之诉和给付之诉情形下，采用与民法上撤销权、代位权制度（权利主体限定为债权人）作比较的研究方法不能涵盖其他的请求权类型。

第三种观点认为，行政协议第三人原告资格标准产生了基于履行权益与固有权益的二分。第三人对于固有利益的主张仍然遵照利害关系标准，但对于合同权益的主张则需回归到行政相对人标准。同时指出，这里的利害关系标准不与传统的行政诉讼利害关系标准完全一致，强调与行政协议整体的直

---

① 王文胜：《论合同法和侵权法在固有利益保护上的分工与协作》，载《中国法学》2015 年第 4 期。

② 朱晓喆：《瑕疵担保、加害给付与请求权竞合——债法总则给付障碍中的固有利益损害赔偿》，载《中外法学》2015 年第 5 期。

③ 王晶：《行政协议之外第三人的原告主体资格再考察——以行政诉讼类型化为研究视角》，载《法院改革与民商事审判问题研究——全国法院第 29 届学术讨论会获奖论文集（上）》。

④ 需要说明的是，请求权系一种学理上的称谓，而非法律概念。在该观点所采支配权与请求权相并列的具体语境下，这里的请求权还应当包括诸如物上请求权、继承权回复请求权等权利类型。

接利害关系，仅适用于行政协议第三人的权利损害系由双方共同造成的情形。出于对协议另一方表意的保护，第三人与行政协议任一单方主体之间的利害关系或基础纠纷，可能构成对于与行政协议整体之间的利害关系的“截断”。[①] 理由是：合同相对性原则仅调整合同权益，基于固有利益受损主张原告资格时，不受合同相对性原则的调整。课题组认为，这种观点考虑到了合同相对性原则对于固有利益和履行利益的调整关系，也关注到了行政协议中行为之诉的可分离性。其中存在的问题包括：一是未关注诉讼类型划分的必要性，未区分效力争议和履行争议对原告主体资格可能产生的影响。二是未回答行政协议纠纷中对于合同相对性原则的遵循程度与民法上合同相对性原则的遵循程度是否一致，是否可能存在扩张的问题。三是构建的“截断”机制不属于利害关系本身的讨论范畴，并且实际上有利害关系的情况并不会发生所谓的“截断”效果，而只可能产生中止诉讼等法律效果。

综上所述，现有的行政协议外第三人原告资格判断标准无法完全有效回应行政协议案件在解决原告主体资格问题上的现实需求。当务之急是建立一套更具可操作性的协议外第三人原告资格判断体系。在构建时，既需要在与传统行政行为诉讼的比较中求同存异，也需要从一般合同理论与制度中展开审视与借鉴；既需要坚持利益衡量原则，兼顾社会公共利益、协议相对人利益、第三人利益，也需要在整体框架上把握行政协议的合法性与安定性之间的微妙关系。

三、解决方案

《规定》延续了2015年《最高人民法院关于适用〈中华人民共和国行政诉讼法〉若干问题的解释》中的“两分法”思路，将行政协议案件分为行为之诉、履约之诉，分别作出相应规定。实践中，两类诉讼的审查重点、审查方向等亦存在鲜明的差别。课题组认为，可在上述“两分法”的框架下，根据当事人的权利基础，对不同诉讼类型中协议外第三人的原告资格判断标准作进一步细化。

（一）行为之诉

行政机关行使行政优益权变更、解除行政协议的行为，本质上仍属于行

① 白云峰：《论行政协议第三人原告资格》，载《行政法学研究》2019年第1期。

政行为。在此类行为中，行政机关对相对人的权益施加影响的方式，仍体现为单方性、强制性，此与传统行政行为无异。基于此，当行政相对人针对此类行为起诉请求撤销、变更时，法院需对行政机关变更、解除行政协议的行为进行合法性审查，其审查方式、审查重点等，与传统行政案件并无不同。故在确定协议外第三人原告资格时，仍可遵循"利害关系"标准，无论原告所主张的利益为固有利益抑或履行利益，其均有可能获得原告资格。[①]

（二）履约之诉

《规定》第九条明确的诉讼请求中，除第（一）项"请求判决撤销行政机关变更、解除行政协议的行政行为，或者确认该行政行为违法"外，其余诉讼请求均可归入履约之诉的范围。但根据实践情况，在履约之诉中，协议外第三人以原告身份起诉的案件又大致分为以下两类：

一是否定协议类[②]。指协议外第三人针对协议本身起诉，请求否定协议效力或撤销协议。在此类案件中，原告认为协议的订立、履行损害其合法权益，故对协议持消极态度，其诉讼对象往往只指向协议本身。常见类型有：（1）请求判决确认协议无效；（2）请求判决撤销协议。

二是请求给付类。此类案件中，原告对协议的效力持肯定态度，期望积极介入行政协议法律关系，要求行政机关与其订立协议、履行协议或者在肯定协议效力的前提下寻求解除协议。常见类型有：（1）请求判决行政机关履行义务；（2）请求判决行政机关签订协议；（3）请求判决行政机关赔偿或补偿；（4）请求解除协议。

1. 否定协议类

（1）第三人以固有利益主张原告资格

在行政协议涉及第三人固有利益的情况下，可采用利害关系标准把握其原告资格——不论协议双方就协议权利、义务内容的约定如何细化，只要协

---

① 白云峰：《论行政协议第三人原告资格》，载《行政法学研究》2019 年第 1 期。

② 需要说明的是，上述划分更多的是基于对司法实践的考量，尽管新修订的行政诉讼法及司法解释已对"有具体的诉讼请求"作出具体规定，但在行政审判实践中，由于诉判不统一现象的长期影响，原告对于行政行为确认违法、撤销、无效三种诉讼请求的选择具有相当大的随意性。就某一行政行为提起行政诉讼时，原告的目的通常十分质朴：只要得到"被告违法"的结论即可，至于诉讼请求，往往并非原告关注的焦点。同样，在行政协议领域，当协议外第三人对行政协议的成立、履行持消极态度时，其诉讼请求往往在"撤销协议""确认协议无效"之间摇摆。反过来说，在判断协议第三人原告资格的层面上，将"撤销协议""确认协议无效"归为一类，是符合当前的司法实践现状的。

议内容在总体上对第三人固有权益造成不利影响，即可认定第三人与协议存在利害关系，具有原告主体资格。如《规定》第五条第（二）项中规定的被征收房屋用益物权人、公房承租人。

需要注意的是，具有利害关系，并不意味着第三人必然要通过行政协议诉讼维护其合法权益。如协议外第三人与协议相对人对该固有利益存在基础纠纷，则法院可指引第三人就基础纠纷先行起诉。就其性质而言，这种指引仅仅是从权利救济的角度出发为协议外第三人设定一套救济路径，并不从理论上切断协议第三人与协议整体的利害关系。此处与"截断说"的主张不同。"截断说"认为，法院引导第三人就基础纠纷先行起诉时，第三人与行政协议整体之间的利害关系被截断。但该主张混淆了基础性请求权与救济性请求权之间的区别，法院为第三人指明的权利救济路径，并不能否定第三人的基础性请求权。第三人依法院指引解决基础纠纷，也并不意味着放弃起诉行政协议。待其主张的固有利益得到确认后，第三人仍可就协议提起诉讼。

（2）第三人以履行利益主张原告资格

这种情况多表现为债权人认为行政机关与债务人签订的行政协议损害其债权实现，从而针对行政协议起诉。如征地补偿协议签订后，曾经与被征收人约定以被征收房屋抵债的债权人，以其债权实现受损害为由，起诉请求撤销协议。此处存在两个法律关系，一是协议外第三人与协议相对人之间的债权债务关系，二是行政协议双方的征收补偿法律关系。第三人相关权益的救济无须通过起诉行政协议实现，只须通过民事诉讼等途径解决债权债务纠纷即可。此时，出于维护公共利益及行政协议稳定性的考虑，可指引第三人提起民事诉讼解决纠纷，无须赋予其针对行政协议起诉的原告资格。这种将民事纠纷剥离出去的处理方式能够与《最高人民法院关于适用〈中华人民共和国行政诉讼法〉的解释》规定合理衔接，同时有利于厘清权利救济渠道，为行政协议的稳定性提供保障。

2. 请求给付类

关于协议一方主体拒绝履行协议义务，协议相对人也怠于履行协议权利的情况下，第三人是否具有合同请求权的问题，民法学界主流观点持否定态度：我国合同法并未赋予协议第三人以合同请求权，即便合同约定为第三人提供某种权益，在债务人不积极兑现时，也只能由债权人对债务人提起诉讼，第三人不能直接起诉要求债务人履行合同义务。此观点是合同相对性原则的体现，在行政协议诉讼领域具有重要的参考价值。课题组认为，不论协议外第三人基于固有利益还是履行利益起诉请求履行行政协议，都应严格把握协议相对人标准，以确保合同相对性原则的稳定，进而确保行政管理及公共服务目标的顺利实现。然而，由于行政协议的特殊性，合同相对性原则在特定情况下可适当突破。

综上所述，行政协议外第三人的原告资格判断，可以遵循如下判断步骤（见图5）：

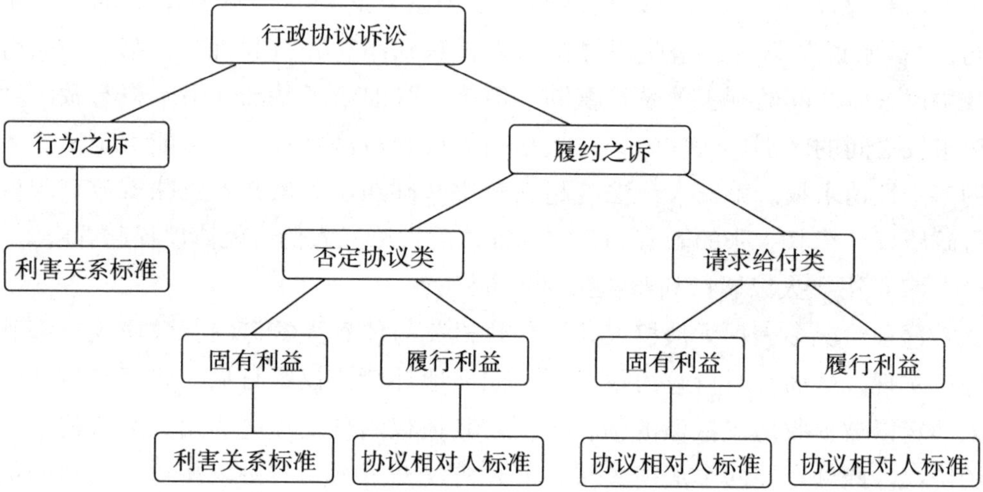

图5 行政协议外第三人原告资格的判断步骤

首先，根据原告诉讼请求判断属于行为之诉抑或履约之诉，属于行为之诉的，与传统行政案件原告资格判断标准相同，采利害关系标准。

其次，属于履约之诉的，根据诉讼请求，区分为否定协议类抑或请求给付类。

最后，根据原告的请求权基础（固有利益抑或履行利益），在否定协议类和请求给付类项下分别判断。如属于否定协议类，以固有利益主张原告资格的，采利害关系标准；以履行利益主张原告资格的，采协议相对人标准。如属于请求给付类，以固有利益和履行利益主张原告资格的，采协议相对人标准。

3. 例外情形

需要说明的是，通过对样本案例的分析可以发现，上述判断标准至少存在如下例外：

（1）法律明确规定

法律的明确规定可能使协议外第三人获得类似于协议相对人的法律地位，进而使协议外第三人具备原告资格。

例如，依照《最高人民法院关于审理涉及农村集体土地行政案件若干问题的规定》第三条之规定，村民委员会或者农村集体经济组织对涉及农村集体土地的行政行为不起诉的，过半数的村民可以以集体经济组织名义提起诉讼。在村民委员或农村集体经济组织与行政主体的行政协议法律关系中，村民属于协议外第三人。按照前述判断标准，村民个人以固有利益寻求否定协议时，如采利害关系标准，基于村民的土地承包经营权，其应当具有原告资格，但依据上述规定，村民个体并无原告资格；过半数的村民以固有利益请求给付时，如采协议相对人标准，则过半数的村民没有原告主体资格，但依据上述规定，过半数的村民可以起诉。上述规定可以视为法律的特别规定，过半数的村民通过该规定获得了类似于协议相对人的法律地位。

再如，《公司法》第151条规定了股东代表诉讼，在董事、监事、高级管理人员及他人损害公司利益时，公司议事机关怠于行使诉权，符合条件的股东在经过前置程序后，有权以自己的名义向法院提起诉讼。法律并没有将诉讼种类限定为民事诉讼，当然也应当包括行政诉讼。此时，在公司与行政主体的行政协议法律关系中，股东属于协议外第三人。按照前述判断标准，在采协议相对人标准的情形中，股东均不具备原告主体资格。但由于上述《公司法》规定的存在，股东在特定条件下取得了类似协议相对人的地位，进而具有原告资格。这一点也被司法实践所肯认，如最高法院案例明确，在征补协议签订后，行政机关未在约定期限内支付补偿款，被征收人（公司）亦怠于主张权利的情况下，被征收人的股东可以依据《公司法》第一百五十一条之规定，起诉请求行政机关履行协议义务①。

（2）继承人

在产权人（已故）与行政主体的行政协议法律关系中，继承人为协议外第三人。按照前述判断标准，协议外第三人以固有利益请求给付的，采协议相对人标准，继承人无原告资格。但由于继承关系的存在，继承人实际上也

① 详见最高人民法院（2016）最高法行再91号行政裁定书。

取得了类似相对人的法律地位，或者说，在协议相对人去世后，继承人已实质上成为新的协议相对人。即便存在多个继承人的场合，仍然可以赋予继承人原告资格。如：被征收人 A 已故，其子 B、其女 C 均在被征收房屋内实际居住，且 A 并无其他法定继承人，被征收房屋亦未进行分家析产。后，B 与征收机关订立征收补偿协议，协议注明“甲方：某机关 乙方：A（已故）”。基于本案实际情况，应将本案补偿安置对象视为 B、C 二人。在征收机关未按期履行补偿安置义务的情况下，如 B、C 起诉请求发放补偿款，则应赋予其原告资格。原因在于：B、C 在要求行政机关发放补偿款的事项上，具有一致立场。即便二人之间对于房屋份额的内部分配存在争议，亦不影响该一致立场的达成。二人请求行政机关履行协议义务的诉求，客观上有利于协议内容的实现及行政目标的达成。

（3）实际履行人

实践中，经常会出现订约人与实际履约人不一致的情形。在订约人与行政主体的行政协议法律关系中，实际履约人属于协议外第三人。按照前述判断标准，实际履约人以履行利益请求给付，不具有原告资格。但此种情形下，出于减少诉累、确保行政协议尽快履行的考虑，也可适当放宽原告资格的限制。如，A 公司与行政主体签订行政协议，后，A 公司设立项目公司 B 公司实际履行合同。在行政主体嗣后不履行协议义务的情况下，B 公司起诉请求行政主体履行行政协议[①]。课题组认为，在此类案件中有必要赋予协议第三人原告资格。与第三人提起撤销协议之诉、确认无效之诉不同，在第三人诉请履行协议的情况下，将其与行政主体之间的争议纳入诉讼程序进行实体审理，有利于监督行政机关积极履行合同义务，以保护协议相对人和实际履约人的合法权益。

（作者单位：北京市第二中级人民法院）

① 详见甘肃省平凉市中级人民法院（2014）平中行终字第 8 号行政判决书。

农村集体经济组织成员资格认定处理的广州实践

——基于广铁法院622份判决的实证调查报告

谭建军　邵　艳

【摘要】 城镇化速度的加剧已经促使城市向农村“扩容”，城中村农村集体土地流转及国有化带来的土地增值，加剧了农村集体经济组织内部的权益纠纷，农村集体经济组织成员资格待遇案件逐年在高位徘徊，广州地区关于农村集体经济组织成员资格待遇行政处理的模式回避了民事诉讼解决争端的不利，确立了“申请—行政处理—司法审查”的广州样本，有力地发挥了镇街基层政权组织贴近农村、熟悉社情、前端维稳的优势，但也存在行政处理范围不清晰、职权依据不充分、司法审查标准不统一、行政处理结果执行难等问题。农村集体经济组织成员资格认定涉及农村基层百姓的切身利益，村民自治权与成员资格保护之间存在的紧张关系，有待于更加完善的行政处理制度妥善因应。本文基于广铁法院五年对农村集体经济组织成员认定的司法实践，分析现有行政处理及司法审查模式的运行状态，提出相关完善进路，期待能对推进市域治理现代化及乡村振兴有所建树。

【关键词】 集体经济组织　成员资格　行政处理

一、广铁法院审理农村集体经济组织案件基本数据分析

（一）案件数量年年攀升，类型占比较高

本文数据来源于广铁两级法院在2016年至2020年期间审结并公开上网至中国裁判文书网①，涉及农村集体经济组织认定共622份判决书。其中2016年度共审结71件，一审32件、二审39件；2017年度共审结93件，一

① 数据最后查询日期：2021年1月1日。

审 47 件、二审 46 件，2018 年度共审结 142 件，一审 56 件、二审 86 件；2019 年度共审结 126 件，一审 58 件、二审 68 件；2020 年度共审结 190 件，一审 94 件、二审 96 件。

（二）区域分布特点

从行政诉讼所涉地区来分析，广州 11 区均有涉及，其中黄埔区 141 件、白云区 134 件、荔湾区 112 件、增城区 96 件、海珠区 29 件、天河区 25 件、番禺区 24 件、南沙区 15 件、花都区 14 件、从化区 6 件、越秀区 1 件。案件分布的数量与广州市"城中村"分布及其改造进程密切相关，黄埔区、白云区、荔湾区三地区的案件总数超过案件总数量的 50%，成为集体经济组织成员资格认定案件的集中地。根据《广州市总体城市规划 2017 – 2035》方案，随着广州主城区规划进一步扩展，地域扩容加剧：往东至黄埔区九龙镇、往西至荔湾区、往北至白云区北二环高速公路以南地区、往南至番禺区光明高速以北地区，因城市功能加快升级的需要，城市区划规划项目越多，公共服务体系、交通枢纽、科技创新产业等通过向农村土地借用空间，征收土地带来大量利民红利，矛盾纷争随之成讼。

（三）资格认定率较高，行政机关败诉率较低

根据对 622 份裁判文书的分析，广铁两级法院在农村集体经济组织成员资格认定司法审查中已经形成基本的标准，"户口 + 义务"成为两级法院审理此类案件的判断共识，文书中明确将成员资格认定标准以"户口 + 义务"鲜明表达出来的案例数量有 238 件（占比 38.26%）。从行政机关败诉率来看①，败诉案件数量为 82 件（占比 13.18%），其中 2016 年败诉 9 件（占比 12.68%）、2017 年败诉 29 件（占比 31.18%）、2018 年败诉 21 件（占比 14.79%）、2019 年败诉 7 件（占比 5.56%）、2020 年败诉 16 件（占比 8.42%）。农村集体经济组织成员资格案件，因各区各村所涉各集体经济组织均存在不同的村规民约，案件成因复杂、涉及历史悠久等因素，广铁两级法院需要花费较多的实践成本认定事实，但在确定基本原则前提下，审查不同情形，亦能作出合法裁判。行政机关在处理村民申请事项上也能较好地兼顾

① 败诉率的计算以行政机关未支持资格认定为依据，即认定成员资格但因其他事项如分红、股份处理不当，法院判决撤销重做的，不计为行政机关败诉。

行政权与村民自治权的二维空间，但从败诉率分析，行政机关应更加注重对申请事项的事实认定和审查。

（四）注重保障外嫁女及其子女权益

广州市城市化推进刺激了农民保护既有利益与身份的冲动，一些村规民约强化了以男性为主体的集体认同，这种体现集体自主意志的股份社章程的认同感往往存在限制和剥夺“外嫁女”成员资格的倾向，导致“外嫁女”与集体组织成员资格和股份社集体之间在土地权益分配方面存在较大矛盾。[①] 广铁两级法院作出的622份裁判文书汇总，涉及“外嫁女”及其子女的文书共103件，均对“外嫁女”户籍未迁出、未成年子女随“外嫁女”母亲入户的成员资格作出支持的认定。在法律适用方面，除了适用《广东省农村集体经济组织管理规定》第十五条的相关规定外，还援引了《妇女权益保障法》《广东省实施〈中华人民共和国妇女权益保障法〉办法》相关规定，切实地维护了妇女权益。

二、农村集体经济组织成员资格司法审查的问题

（一）农村集体经济组织成员资格认定本身存在的问题

农村集体经济组织成员资格的认定是处理农村事务首当其冲的问题，因此也是引发纠纷最多的问题，受限于当前经济社会发展水平、农民法律意识、村规民约等因素，从实践中看，农村集体经济组织大体能形成具有自我管控与治理的村规民约，并为农村集体经济组织成员所遵照执行。该群体或通过集体组织的章程，或未制定成文章程的，以其集体成员的意志、村社传统为依照执行。实务中存在诸多困境：

1. 民主自决与“多数人暴力”

约翰·罗尔斯在《正义论》中论述道：“任何一个人基于正义的精神，都享有不可侵犯的利益，即便是为了集体的整体利益，也不能以任何方式剥夺个人的利益，以大部分人享有的利益来弥补少部分人的利益是不正义的。”[②] 我国农村实行基层自治制度，这是一种民主的治理方式。“民主”的

---

① 张勤：《股份合作制下“外嫁女”土地权益纠纷的解决——以珠三角S区为中心的实证研究》，载《江苏社会科学》2018年第2期。

② ［美］约翰·罗尔斯：《正义论》，何怀宏等译，中国社会科学出版社1988年版，第47页。

本义不仅仅包含少数服从多数，也包含保障少数人利益，但说起来容易做起来难，基层自治民主在保障少数人利益的制度设计方面还有大量工作要做。实践中，成员资格认定的意义主要体现在分配集体财产时，而集体财产的分配方案均系以土地承包经营权为主要标准制定，如按分地人口数量、按分地数量、按土地面积等，容易产生纠纷的事项主要涉及第二轮土地承包以后户口迁出、迁入或新落户的人员，这部分人是否具有成员资格、能不能分得集体财产直接涉及原按侯轮补缺顺序享有并实际享受了分地资格的多数成员的利益，在此情况下由分得土地的多数人制定的分配方案极有可能侵害这少部分具有成员资格的人的利益。笔者在审判实践中遇到此类纠纷，不分者有之，少分者有之，纠纷数量并不少。涉及“分蛋糕”问题，集体土地征收补偿分配涉及个体成员的利益保护与全体成员的利益平衡，即多少人“分蛋糕”的问题，集体成员每增加一人，其他成员的利益就会相应减少，利益冲突较为明显。

2. 村规民约的陋俗旧习阻碍

深受封建传统的影响，农村集体经济组织仍保留部分旧观念老思想，甚至已经形成所谓的村规民约，这些思想与新时代法治教育不断交织碰撞。一方面，农村集体对法律规范、国家政策的认知不足、解读偏差。中共中央和国务院于1993年发布了《关于当前农业和农村经济发展的若干政策措施》，明确要稳定土地承包再延长30年，提倡承包期内“增人不增地、减人不减地”，2003年通过的《农村土地承包法》更是直接规定承包期内不得调整承包地，但实际上，农村村民大多数仍认为土地承包经营权归在按侯轮补缺顺序享有并实际享受了分地资格的人享有，并未真正理解“增人不增地、减人不减地”政策的真实目的，也未理解承包户与其成员的关系，承包经营权属于承包户的全体成员共同享有，在承包土地时按侯轮补缺顺序享有并实际享受了分地资格的人只是确定承包户分得土地的方式，而承包户的成员数量是一个变数，可能因有人丧失成员资格而减少，也可能因有人新取得成员资格而增加，但不论如何变化，只要该承包户尚有成员在，承包经营权就归该承包户的全体成员平等、共同享有。另一方面，存在传统观念的错误导向。如认为女儿不享有继承权、女子出嫁后就丧失承包经营权等；歧视入赘男，不认定其取得成员资格；等等。如刘某诉黄埔区某政府行政处理案，刘某因结婚到女方落户，一审法院认为，刘某具有户口迁入情形，应经社委会或者理事会审查和成员大会表决确定其成员资格，经集体组织户代表会议表决，不同意给予刘某集体经济组织成员资格及待遇，黄埔区某政府认定刘某不具有第三人集体经济组织成员资格，并无不当。二审生效判决认为，根据《妇女权益保障法》第三十三条第二款规定：“因结婚男方到女方住所落户的，男方和子女享有与所在地农村集体经济组织成员平等的权益”，该条款是对于因结婚将户口迁入女方所在农村集体经济组织的男方人员的特别规定，农村集体经济组织应依法保障该类人员享有与其他成员平等的权益，而不应通过村民表决形式剥夺该类人员的合法权益。刘某因结婚将户口迁入女方所在集体经济组织，属于因结婚迁入人员。该经济社通过户代表表决，决议刘某不享有该社成员资格和待遇，与上述法律规定不符，改判撤销并重新作出行政处理。

3. 法治宣传教育缺位

农村集体作为传统色彩浓厚的群体，由于交通、地理环境先天条件闭塞，经过历史悠久的传承与发展形成不成文的习俗与集体意志，存在部分传统甚至落后的习惯。因法治宣传缺位，导致保留到现在的错误认知与现今的法律制度规范针锋相对。目前虽然进入司法救济程序的案件越来越多，往往并不是因为农村村民法律意识的提高，更多的是因为其对未满足自身要求的不满，很多都是对想不通的自救，多数情况下对裁判结果并无合理的预判，恰如“秋菊打官司”。

4. 因现行法律规定不完善产生的司法救济途径不通畅

全国法院对农村集体经济组织成员资格认定纠纷是属于受案范围还是基层自治范围执行标准不一。但在规范层面，国家立法缺位，大范围的原则性规范尚无实际可操作性；各地区地方立法虽较国家立法考量到地区的发展及相关实际，目前我国没有统一的有关认定“外嫁女”集体经济组织成员资格的法律法规，但是在现实生活中尤其近些年，土地征收补偿款案件纠纷、土地征收权益纠纷经常出现，其中涉及“外嫁女”的案件也在逐年增加，法院在确认受理这些案件后首先就要对集体经济组织成员资格进行认定。但是因为缺少关于认定外嫁女集体经济组织成员资格的法律法规，此类案件大部分都是依据村规民约来认定外嫁女的集体经济组织成员资格。①

① 王竹青：《论农村妇女土地权益法律保障的体系化构建》，载《妇女研究论丛》2017 年第 56 期。

（二）行政处理、行政复议中的问题

1. 村民自治与行政权力介入边界不定

20 世纪 80 年代，村民自治在我国全面推开。行政权与村民自治权置于二元对立之中。传统理论认为，作为国家机器的行政权力意味着破坏性与强制性，行政权力介入村民自治中将会使行政权力边界扩张延长，这无疑是出现“行政挤压自治”的根源。相反，随着村民和农村集体经济组织之间面临的利益调整越来越多，因“自治过多”而呈现的私人治理局面展露，行政机关恪守村集体自治的边界不敢逾越，对村民申请成员资格认定以及福利待遇盲目遵照村规民约不敢作出处理，此类现象从农村集体经济组织成员资格的审判实践即可窥见一斑[①]。例如：何某诉海珠区某街道办行政处理案，何某自出生后随母入户合作社，无迁入迁出情形。何某的父母于 1983 年生育何某的行为不符合当时施行的《广东省计划生育条例》的有关规定，但该条例只是对超生子女享受的社会福利待遇作出限制，不能成为剥夺超生子女集体经济组织成员资格的依据。集体组织村干部会议关于“父母造成超生第三胎的，则第二胎小孩不予办理《后备社员证》”的决定，与法律及规章的规定相抵触，亦不能作为剥夺何某集体经济组织成员资格的依据。海珠区某街道办以何某属于超生子女，违反《广东省计划生育条例》以及集体经济组织的村规民约为由，对于何某申请确认具有成员资格的请求不予支持，属于查明事实不清，适用法律错误，一审法院判决撤销街道办作出的行政处理决定并责令其重作，二审法院予以维持。

2. 行政机关的消极作为

对于村民请求行政机关处理确认成员资格的申请，行政机关仍踞守传统高地，将行政权与自治权对立二分化，不敢逾越行政与自治的楚河汉界。例如：简某诉请海珠区某街道办对其村民待遇事项作出处理，该街道办认为，农村集体经济组织与其成员之间因收益分配产生的纠纷，属平等民事主体之间的纠纷，该类纠纷属于人民法院民事诉讼受案范围。由此可见，该类纠纷的处理不属于行政机关或法律、法规、规章授权的组织应履行的法定职责。因此，我方在收到原告的申请后，经审查确定并无义务和职责进行处理，继

---

① 刘高勇、高圣平：《论基于司法途径的农村集体经济组织成员资格认定》，载《南京社会科学》2020 年第 6 期。

而依法作出不予受理决定，并告知原告另循法律途径予以解决。抑或者，在此类案件的处理过程中，仅依据村民的申请，书面审查集体经济组织的书面答复，未尽调查取证、听证等程序，径行作出行政处理决定。例如：朱某、邱某诉增城区某街道办行政处理案，街道办未查经济社有无制定组织章程，在组织章程中针对邱某此类情况即户口迁入、迁出集体经济组织所在地的公民是否具有集体经济组织成员资格有具体明确的约定，在诉讼过程中亦未向法院提交经济社所适用的组织章程。根据《广东省农村集体经济组织管理规定》第十五条第三款的规定，该公民是否具有集体经济组织成员资格的问题尚处待定的状态，在按照组织章程规定，经社委会或者理事会审查和成员大会表决确定其是否具有成员资格后方可最终认定其是否具有成员资格，而非直接认定不具有集体经济组织成员资格。街道办在双方均未能提供证据证明邱某已经被经济社社委会或者理事会审查和成员大会表决确定其成员资格的情况下，特别是对村民待遇方面尚存在争议的情况下认定邱某经济社的成员资格，不符合上述规定。生效判决认为，荔城街道办认定邱某不具有集体经济组织成员资格认定事实不清，主要证据不足。

3. 程序空转常态化

囿于村集体高度自治权的管理传统，集体经济组织成员资格的认定的行政处理、复议以及行政诉讼均需恪守尊重村民自治原则。行政机关尤其是镇街主体对农村集体经济组织成员资格的处理，针对村民向其提出行政处理的申请，就该村民与经济组织之间的纠纷作出的居中裁决，村民或者经济组织对镇街作出处理的行为不服进而提起行政诉讼。该模式使得村民与集体之间的纠纷纳入行政诉讼的范围。但行政机关在处理此类纠纷过程中过于迁就村民自治，未实质审查相关事实径行作出处理决定，法院因谦抑的司法属性以及对村民自治的尊重，往往无法直接作出资格认定类的确认判决，而是判令撤销行政处理决定并限期重作，但行政机关再次作出处理后又再次被法院撤销重做。如此往返，无论是行政程序还是司法程序均消耗大量时间成本，程序空转常态化。例如：古某诉某街道办行政处理案，请求撤销行政处理决定，经一审判决撤销重做，二审维持后，行政机关再次作出行政处理决定。古某亦不服提起诉讼，生效判决认为，古某是生产大队的成员，自出生入户，户籍未发生迁出、迁入、变更的情形。经济社出具的书面证明没有其他证据予以佐证，并不足以证明古某未履行村民义务，街道办采纳经济社的证明，以此否认古某的成员资格，没有充分依据，判决撤销行政处理决定责令重新作出处理。

（三）司法审判中的问题

1. 实质解决争议困难，司法效益不佳

随着农村集体土地的大量征收，征收补偿款额巨大牵涉利益繁多，如何“分蛋糕”成为集体经济组织最棘手的问题。农村集体成员身份认定实践中公平正义原则的坚守，各界未能达成一致意见，因为公平正义具有抽象性。根据诺奇克的正义理论，一个所有者，只要他的财产来源清白，此后的财富增值又完全通过自由交易，没有强制与欺诈，那么即便他富可敌国，也无可指责（持有正义）任何一个环节出现了不正义，之后的环节也就失去了正当性。此时，便必须受到诺奇克正义的第三个原则即“矫正的原则”的干预，罗尔斯的观点则认为即便没有环节出现不正义，个人财物的积累也必须受到“矫正正义”的限制，他认为可以对清白致富者实行强制性二次分配措施[①]，且这种强制性的二次分配并非单独针对某个人或者某个群体，而是具有普适性。因此，罗尔斯的强制性的二次分配，也绝对不是毫无道理的随意抢夺，人们在农村集体成员身份认定标准方面的不同观点，实际上也正是因为对正义诠释的不同，农村集体成员认定是一个有历史包袱的问题。[②] 法院在审理此类案件过程中，亦陷入尊重自治“持有正义”与解决争议“矫正正义”的两难境地。实践中，成员资格纠纷随着集体经济组织成员的频繁变动，新的问题不断涌现，法院处理成员资格纠纷可能导致司法资源浪费，处理效果有限，不加区分的司法介入会给法院造成较大负担。另外，集体成员资格与农民土地权益关联极强，土地问题政策性强，处理不当容易扩大社会矛盾。在当前集体成员资格认定标准远未统一的情形下，此类纠纷的处理具有很强的政策性，只有在党委和政府配合下，法院处理才会获得较好的效果。

2. 司法认定可能损害集体成员自治

立法上国家未就农村集体经济组织成员资格认定作出统一规范，各地方标准不一。法院在适用地方法律规范的同时，亦以尊重农村集体经济组织的自治权为原则。行政机关作出行政处理后，法院对行政机关作出的行政行为

---

① 秦晖：《中国改革：历史与伦理的评价》，载《战略与管理》2000 年第 1 期。

② 秦静云：《农村集体成员身份认定标准研究》，载《河北法学》2020 年第 6 期。

的合法性进行审查，这种审查仅具有较低的强度，行政机关认定成员资格不恰当，法院撤销重做，行政机关再次作出认定；反之，经司法审查后认为行政机关作出的行政处理正确，集体经济组织却拒不执行生效判决，或者仅对该成员申请的该次事项履行法院判决，后续仍然不给予相关待遇。面对法院作出相关判决，集体经济组织对行政机关和法院处理该组织内部事宜，同样具有抵触心理和敌对情绪，集体的其他成员认为提出申请的群体侵犯其既得利益，蛋糕越分越小，不可能通过村民大会或者成员理事会的表决同意。利益群体的严防固守，集体自治成为“民主的暴力”，集体成员自治无法两全其美。

三、农村集体经济组织成员资格认定审查的“制度供给”

（一）成员权的立法保障

《民法典》第九十九条规定：“农村集体经济组织依法取得法人资格。”《农村土地承包法》第五条规定：“农村集体经济组织成员有权依法承包由本集体经济组织发包的农村土地。任何组织和个人不得剥夺和非法限制农村集体经济组织成员承包土地的权利。”农村集体经济组织成员权对农村土地制度具有深远意义，农民作为农村集体经济组织的成员享有共益权和自益权：农民有权参与农村集体经济组织的事务之管理；农民有权受领或分享基于集体财产而生之利益。

成员权是一种以身份为基础而针对农民集体财产和农村集体事务管理等方面的事项所享有的复合型权利。[①] 土地作为农村集体成员生存的基础，土地承包经营权应以保障成员权为精神内核，特别是妇女权益保护、土地调整与农村集体经济组织成员权密切相关。如果构建农村集体经济组织成员权制度，立法认可农村妇女是农村集体经济组织的一名成员，将该妇女享有的土地承包经营权纳入农村集体经济组织成员享有的自益权范畴予以处理，则无论妇女是否外嫁，其享有的土地承包经营权均能够得到法律的保障，困扰农村妇女的土地权益保护问题将得到妥适解决。土地调整问题的解决同样需要以农村集体经济组织成员权的建构为基础。[②] 作为用益物权，土地承包经营

---

① 管洪彦：《农民集体成员权研究》，中国政法大学出版社2013年版，第12页。

② 高飞：《农村土地“三权”分置的法理阐释与制度意蕴》，载《法学研究》2016年第3期。

权在承包期限内不得调整，但现行的《农村土地承包法》却规定了承包地调整的条件，这与保持土地承包经营关系的稳定性存在矛盾，也是未能通过建立农村集体经济组织成员权制度，区别对待农民作为农村集体经济组织成员与土地承包经营权人两种角色的结果。加快出台相关配套地方规范以及司法解释，在构建农村集体经济组织成员权的基础上，区分基于集体土地所有权产生的利益与基于土地承包经营权产生的利益，明晰农民的农村集体经济组织成员身份和土地承包经营权人身份，则农村社会现实中的妇女权益保护问题和土地调整问题的解决指日可待。

（二）行政处理的现实关照

1. 行政与自治良性互动的实然路径

随着农民土地利益财产权观念不断强化，多数排斥少数的成员资格确定形式将持续甚至加剧，新增人员对后续身份认可和福利分配的诉求叠加震荡，导致经济社内利益分配矛盾激化。经济社作为按股分红的利益性组织，成员皆有强烈的利益追求诉求，每一次集体所有权的行使，如征地补偿款分配、宅基地分配、集体股权配置、集体收入分红和其他集体收益分配等，都会触动内部利益分配格局并引发博利性冲突。广州地区农村集体经济组织成员资格和福利待遇分配，嵌套于广州作为国际化大都市快速城市化的版图之中，对于提升市域治理现代化水平和维护基层社会稳定，有着非同一般的意义。广州地区处理集体成员资格问题的行政—司法模式，源自2006年12月13日中共广东省委办公厅、广东省人民政府办公厅联合转发的《省委农办、省妇联、省信访局关于切实维护农村妇女土地承包和集体收益分配权益的意见》（粤委办〔2006〕142号），意见主要基于对农村集体经济组织“外嫁女”及其子女的合法权益的保护，规定基层政府有对集体收益分配纠纷作出处理决定的职能。此种模式与既有的、其他省仍主要施行的民事诉讼解决纠纷方式相比，有比较明显的优势：民事诉讼有诉讼时效的限制、有相对严格的程序要求、有法定的举证责任分配、有不菲的诉讼费用负担，对诉讼主体的法律能力要求很高，对于文化程度相对较低的农村村民来说，启动民事诉讼无疑是一个很高的门槛。行政处理模式启动后，这一类纠纷民事诉讼不再受理，镇街组织的行政指导职能被激活，村民可随时向政府提出行政处理申请，启动程序的证据要求不高，没有案件费用负担，行政机关一般会依职权调查收集证据，行政处理决定生效后可申请执行，给权利人带来了很大的便利。但不可回避的是，由于基层政权机构、人员编制有限，缺乏专门的法治部门，此类纠纷的大量涌入，也对行政能力提出了严峻的考验和挑战，特别是行政指导监督如何与农村集体经济组织实际情况精准对接、疏解而不是制造更多的矛盾、提升村民依法自治水平而不是削足适履“动辄得咎”，避免司法化的“被动、中立”等形式化弊端，成为亟待破解的课题。

完善对农村集体经济组织的监督与指导，确保经济组织确实行使好自治权，一方面，镇街应当建立村集体各级经济组织台账，实行重点事项的备案制度，与成员利益相关的重大决策事项必须要经过合法有效的集体决策程序，对不良行使决策权的应当建立曝光平台，防止多数人的意思表示代替所有集体成员的利益；另一方面，各镇街应与村及经济社形成良性互动的沟通机制，镇街在处理资格认定申请事项时，不敢对村规民约进行审查，对村集体的书面说明亦盲目作为认定依据，使得镇街不能切实为少数群众实质解决争议。镇街作为指导村级工作的首要行政机关，应落实到基层，尤其涉及征收补偿、宅基地、股份等重大项目，应当派专人负责指导跟进，加大加强集体经济组织的法治宣传与教育，普及法律法规、国家政策，并督促、指导集体经济组织做好村务社务公开，完善政策解读与答疑，促进集体经济组织透明化、法治化、民主化地管理集体事务。

2. 探索将农村集体经济组织成员资格待遇纳入土地承包经营权调解仲裁机制

农村集体经济组织是我国集体土地制度的所有权主体，其成员资格认定是当下土地制度改革、农村新型经营主体创新、农地“三权”分置改革推进中无法绕过的问题。[①]《农村土地承包经营纠纷调解仲裁法》，建立了受理土地承包经营权引发的相关纠纷的农村土地承包仲裁制度。尽管目前其受案范围有限，不能受理集体收益分配权引发的纠纷，但从法律的发展角度来看，仲裁制度是解决侵害集体收益分配纠纷的有效方式。考虑到农村社会已经建立仲裁委员会，为了避免机构设置的糅杂，可以将集体收益分配权纠纷纳入其受案范围，及时、有效地维护集体收益分配权，维护农村社会的稳定。从

① 王丽惠：《集体产权共有制的成员资格塑造及认定维度——以珠三角地区为对象》，载《甘肃政法学院学报》2020 年第 4 期。

制度上看，申请人可以申请调解制作调解协议，反之作出裁决；申请人申请仲裁作出裁决并送达生效，裁决具有效力，不必再经司法审查认定。关于受案的范围，可以扩大受案的范围，将集体组织成员资格认定纳入到裁决范围，考虑到仲裁委会组成人员的多样性与专业性，可以行使更具有效性与直接性的裁决权力。其他涉及集体土地收益、股权、分红事项的，应当放权至仲裁裁决。

3. 适当扩大镇街行政处理受案类型

当前广州市在农村集体经济组织成员资格认定的实践上，一般分“三步走”或者“两步走”，即由镇街先行处理，当事人不服的提起行政复议后再提起行政诉讼，或者对镇街的处理决定不服直接提起行政诉讼。行政和司法实践中，镇街对农村集体经济组织成员申请处理的纠纷类型并未定型，在探索实践中，有的镇街将处理范围扩大到了土地权属争议、土地承包经营权、征地补偿安置、集体经济组织选举与被选举权、集体经济组织对村民处罚以及村务公开等纠纷。从实践来看，由镇街组织对上述与农村集体经济组织有关的纠纷依申请处理，实际是行使了对民事纠纷的行政裁决职能，这种模式也部分得到了最高人民法院行政审判裁决的认可。乡镇（街）政府处于我国行政体系的最基础层级，直接面向最基层居村民自治组织和广大公民，由其处理相关农村集体经济组织纠纷具有相应的优越性，可以充分发挥镇街组织面向基层、熟悉基层、服务基层的优势，有利于将农村矛盾纠纷解决在当地、稳定在基层，对于城市化进程中的市域社会治理和乡村振兴都有不可替代的价值。随着行政处罚权和相关的行政检查、行政强制措施权下放镇街集中行使，以及2020年6月中央下发《关于健全行政裁决制度加强行政裁决工作的意见》，广州镇街的相关行政管理和执法力量将会得到进一步加强，将更多涉及农村集体经济组织的纠纷交由镇街处理，可行性进一步加大。但随着司法需求的进一步扩大，在地方性法规层面应当考虑及时立法，为镇街处理赋予足够的权限，进一步实现当前处理模式的法治化。

（三）司法审查的能动回应

一是加强司法案例指导。农村集体经济组织成员资格认定案件发展到今天，因其原因复杂、自治形式多样，其司法审查的标准仍处于探索成长阶段，确立成员资格认定行政案例指导制度确有必要。最高人民法院亦通过发布指导案例，提炼概括相应的诉讼规则，不仅有助于规范政府机关依法行政，而且为统一裁判尺度提供标准。最高人民法院可以按照下列步骤推动集体成员资格的司法认定：颁行集体成员资格司法认定指南—出台集体成员资格认定的指导案例—颁布集体成员资格认定的司法解释—推进集体成员资格认定的立法或立法解释。[①] 通过司法实践不断检验已有经验和智识，逐步扩大集体成员资格认定的共识内容最终上升为法律规定。以法院作为平台，通过案件的司法审查，一方面能推动行政机关提升治理能力，另一方面通过加强对案件的协调与释法，积极提高公民法律意识，正面引导公众理性参与政府管理活动，为法治政府建设贡献法院智慧和司法力量。

二是加强与党委、政府互动。当前的集体经济组织成员权纠纷，具有群体性、历史性的特点，往往涉及面上的利益纠葛，对于某一集体经济组织甚至某一乡镇都有示范性，可谓“牵一发而动全身”，处理稍有不慎即可能引发群体性事件。对此类纠纷的处理，由于目前尚无充足的立法供给，行政处理和司法审查可适用的法律法规十分有限，更多的是参照当地政策，形成较为稳定的司法裁判意见。这种处理结果具有很强的政策性，既要考量当地农村的稳定和集体经济组织的可持续发展，又要体现对弱势村民的正当权益保护，行政处理结果和裁判结果要取得各方当事人的认同，十分不易。因此，对此类问题要在充分把握当地传统、集体经济组织的经营现状和历史问题由来等问题的基础上，加强与地方党委、政府的沟通互动，尽可能达成共识，努力争取地方对于司法处理的支持和上级法院的认同。

三是加强对相关法律问题的研究，提高裁判的可接受度。涉农村经济组织成员资格及待遇问题内容广泛，涉及的法律部门较多，一些问题的处理从适法性看可能还存在争议，对此有进一步研究、在更高层面上形成共识的需要。首先，关于户籍标准。司法实践中通行的做法是非农村户籍一律不予认定资格。户籍制度属于历史遗留性质的管理制度，在城市化进程加速的今天，是否还具有其合理的承载价值？当前“打破城乡二元户籍”限制的呼声越发强烈，以户籍是否属于村集体经济组织所在地为标准判断成员资格存属，是否还具有正当性？其次，关于成员福利的来源。广州市内的农村集体经济组

① 江晓华：《农村集体经济组织成员资格的司法认定——基于372份裁判文书的整理与研究》，载《中国农村观察》2017年第11期。

织成员福利主要肇源于农村土地在城市化进程中的增值，随着农村完成土地征收、村民农转居，成员福利更多来源于房产出租、建设用地流转及开发，是否享有资格及待遇已经与土地没有太多关联，新增人口福利获取的正当性成为疑问。此外，还有司法统一处理带来的社会效果问题，比如关于村民经申请处理后获得资格后的福利补发问题，当前司法实践中统一以申请时点向后保护，不支持补发。这种处理方式来自上级法院的指导意见，但仍有可探讨的余地，主要争议在于当前民法规定的普通诉讼时效为三年，对村民恢复资格后补发参照三年诉讼时效前推三年，具有民法法理支撑。而且，农村集体经济组织是否有足够能力补发，主要是一个执行问题而非法律问题。另外，对于未成年子女迁入迁出的问题，需要联系对未成年人保护的法政策来予以处理，如果一律以需要集体表决为由不予认定其成员资格，可能使较多的未成年子女无法得到生存保障。还有，农村集体经济组织对行政机关、司法机关认定成员资格的处理结果不服，在执行过程中采取给资格不给福利、当年处理当年给的“软抵抗”，导致一些村民年年因为福利发放问题向行政和司法机关寻求救济，制造了大量的讼累，对此应该如何处理以切实保障弱势群体的权益，值得研究。

四、结语

“农村稳则社会安，农业丰则基础强”。农村集体经济组织成员资格及福利纠纷的处理，由广东首创行政处理模式，对于稳定农村集体经济组织、协调化解基层矛盾、推进乡村振兴具有可贵的“标本价值”。但由于此类行政处理模式的立法供给先天不足，目前为止只有文件性的规范依据，亟待有更高位阶的法律法规予以赋权扩容，以加强行政处理和行政裁决、行政处罚集中行使制度的对接，明确基层政权行政处理权的边界，统一行政处理和司法审查的标准，以充分发挥基层政权组织贴近农村、服务农民、维护稳定的职能优势，在推进市域治理现代化和实现“共建共治共享”中展示更多的作为。

（作者单位：广州铁路运输中级法院、广州铁路运输法院）

行政裁判回应诉讼请求的困境与出路

——以审查方式二元整合为路径

钟海峰　蒋利龙

【摘要】 行政诉讼单就行政行为合法性进行审查，作出的裁判结果未能充分回应原告诉讼请求，导致行政争议无法实质化解。司法实践中存在行政裁判对诉讼请求不予回应、部分回应、过度回应以及无法回应等诉请回应不畅的问题。究其原因是受到多元诉讼目的、主客观诉讼模式、补救裁判不具体、诉判主体配合不当等多重因素影响。为使行政裁判能够有效回应原告诉讼请求，本文主张以实质化解行政争议统领诉讼目的，以审查方式二元整合为审查路径，在加强对原告诉讼请求释明的基础上，通过对行政行为进行合法性审查作出主体判决，在此基础上通过对诉讼请求进行应诉性审查，在补救判决中逐条回应原告的诉讼请求，实现行政裁判对诉讼请求的有效回应，促进行政争议实质化解。

【关键词】 行政裁判　行政诉请　补救判决

行政诉讼规定对行政行为合法性进行审查，对裁判结果如何有效回应原告诉讼请求，未予以明确规定，导致司法实践中原告诉讼请求的作用被忽视。在司法实践中，原告经过复杂的诉讼程序得到的判决结果却未能有效回应原告诉讼请求，引发原告对裁判结果不满，致使行政争议无法实质化解。因此，为实现行政裁判对诉讼请求的有效回应，需要对行政诉讼审查方式及裁判内容进行有益探索。本文主张在对行政行为进行合法性审查作出主体判决的基础上，通过对原告诉讼请求进行应诉性审查，以补救判决内容具体化，最大限度回应原告的诉讼请求。采取合法性与应诉性二元整合的审查方式有利于充分回应原告诉讼请求，有利于防止行政诉讼程序空转，推动实质化解行政争议。

一、问题检视：行政裁判对诉讼请求回应不畅的司法现状

为全面了解司法实践中，行政裁判对诉讼请求回应的现状，本文采取统计分析与问卷调查相结合的实证分析方式，考察了司法实践中行政裁判对行政诉请回应的现状，并进行了类型化分析。

（一）行政裁判对诉讼请求回应的实然状态

为考察诉讼请求回应的司法现状，本文选取了 H 省 M 市中级人民法院 2015 年至 2019 年审理的 720 件行政二审案件上诉状以及 10 个基层法院的 85 件行政信访案件进行实证分析，并对 55 名行政法官进行了问卷调查。调查结果如下：

对 M 市中级人民法院近 5 年来审理的 720 件行政案件上诉状中的诉讼请求和事实理由进行统计分析，如图 1 所示：

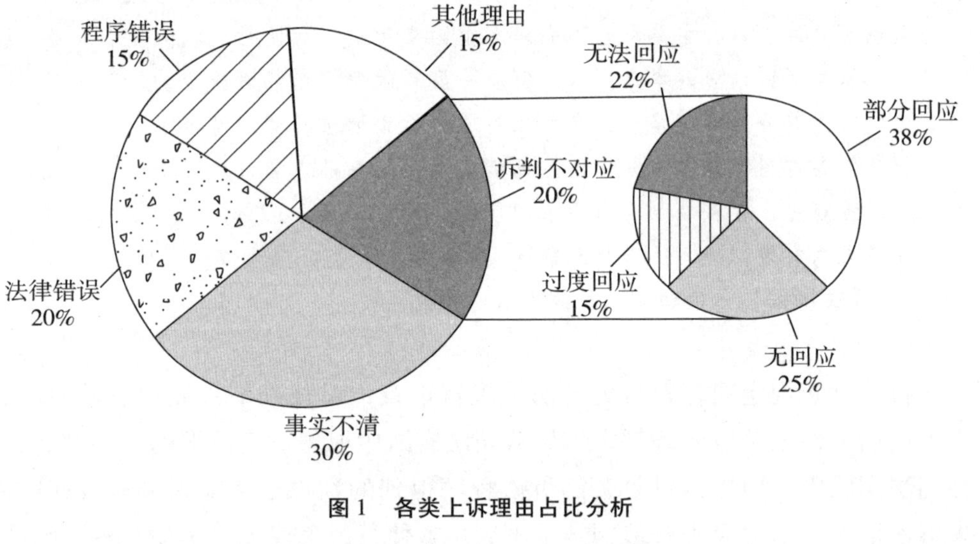

图 1　各类上诉理由占比分析

通过图 1 可看出，在原告不服一审判决上诉的理由中，以诉判不对应为由上诉的有 144 件，占原告上诉总数的 20%。通过对该 144 件案件的上诉理由进行统计分析，其中认为裁判仅部分回应其诉请的有 54 件，占 38%；认为裁判未回应其诉请的有 36 件，占 25%；认为裁判超出其诉请范畴的有 22 件，占 15%；以认为原告诉请不明裁驳的有 32 件，占 22%。图 1 反映出行政诉讼裁判结果未能充分回应原告的诉讼请求，成为引起原告上诉的重要原因之

一。司法实践中胜诉的裁判结果并未对原告诉请作出有效回应，行政裁判结果对原告诉请回应不充分导致行政争议无法有效化解，造成行政诉讼程序空转，影响司法公信力。①

通过对2016年－2019年M市10个基层院的85件行政信访案件进行分析，原告对裁判结果不满意是其上访的主要原因。其中，原告因诉请被驳回而上访的有62件，占比72.94%；原告胜诉后仍上访的有23件，占比27.06%。在原告胜诉后仍上访的案件中，原告认为判决结果对其诉请回应不充分是主要原因，主要表现为撤销判决而未要求被告重作或重作内容不具体，确认违法、确认无效未要求采取补救措施，履行裁判的内容不具体等方面，如图2所示：

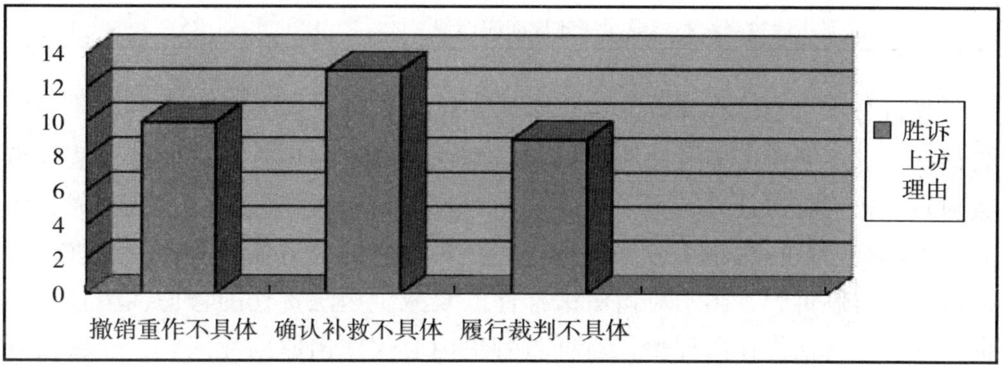

图2　胜诉后仍上访的原因分析

在诉讼过程中，由于诉讼法仅要求对行政行为的合法性进行审查，经过合法性审查对行政行为有效性作出裁判后，对原告诉请未予以充分审查，导致原告胜诉后补救裁判内容不具体。因补救裁判内容不具体，致使胜诉裁判得不到有效执行，争议无法实质化解。

为了解行政法官审理案件过程中对原告诉请的重视程度，本文通过向M市55名行政法官发放问卷调查55份，收到有效问卷50份，结果分析如表1所示：

---

① 薛刚凌、杨欣：《论我国行政诉讼构造："主观诉讼"抑或"客观诉讼"?》，载《行政法学研究》2013年第4期。

表 1　法官对原告诉讼请求认知统计表

调查问卷汇总表（对象：50 名法官）				
审理阶段	调查内容	人数统计（人）		
		总是	偶尔	很少
开庭前	阅卷时是否关注起诉状的诉讼请求	35	10	5
	对于原告诉讼请求不明的是否予以释明	28	15	7
	是否将诉讼请求作为案件审理的方向	13	16	21
开庭中	是否根据诉讼请求归纳争议焦点	15	21	14
	庭审中对于原告诉请是否予以释明	30	15	5
	是否将应诉审查作为合法性审查的补充	15	23	12
裁判时	撰写裁判理由时是否回应诉请	10	18	22
	在判项中是否具体表述补救裁判的内容	12	25	13
	是否通过释法答疑或司法建议回应诉请	12	25	13

通过分析可知，在开庭前法官将诉讼请求作为起诉条件较为重视，对原告诉讼请求不明确的多数法官能够进行释明。在庭审中，法官通过合法性审查对行政行为合法性进行重点审查，但对诉讼请求关注较少。在裁判时，法官重点围绕行政行为是否合法进行论述，对原告诉讼请求的内容较少进行答复。在原告胜诉时，出于对司法谦抑性以及减少司法责任的考虑，法官更倾向于对行为合法性作出评价，对补救判决内容仅作出原则性回应，导致裁判对诉讼请求回应不畅。

（二）诉讼请求回应不畅的类型化分析

本文对 144 件存在行政诉讼请求回应不畅问题的案件进行类型化分析，主要可归为以下 4 种类型：

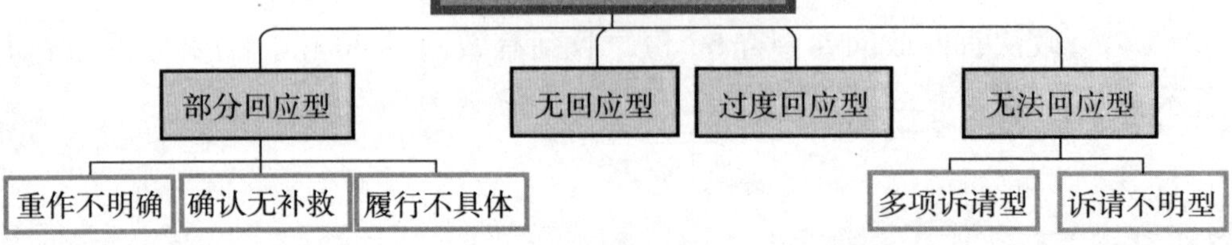

图 3　诉讼请求回应不畅类型图

1. 裁判无回应型

裁判无回应型表现为行政裁判结果与原告诉讼诉请不一致，行政判决仅对行政合法与否作出评价，对原告诉请未作回应。例如：原告向被告邮寄信息公开申请，被告超期作出答复，以信息涉及他人隐私为由不予公开，原告不服诉请被告公开信息。法院经审查判决确认被告超期答复违法。此案例中，行政判决确认不予公开违法虽然符合合法性审查原则，但行政判决并未对原告诉请作出有效回应。

2. 裁判部分回应型

裁判部分回应型表现为经合法性审查对行政行为作出否定评价，部分回应原告诉请后，对补救裁判内容裁定模糊，不具可操作性，表现为以下三种类型：

一是撤销重作内容不明型。此类型表现为在授益类行政诉讼中，行政判决撤销被告行政行为后，并未明确重作的具体内容。例如：原告对被告依据过时的评估时点作出的房屋征收补偿决定不服提起诉讼请求以新标准补偿，法院审查认为行政程序违法并且按过时的评估时点补偿显失公平，判决撤销原补偿决定并责令被告重新作出补偿决定。本判决撤销了原补偿决定虽然部分满足了原告诉请，但补救判决仅要求被告重作，对所依据的新旧标准未作说明，若被告完善程序后仍依据原标准作出决定，会再次引发诉讼，无法实质化解争议。

二是确认违法、无效无补救型。《行政诉讼法》第七十六条规定在确认违法或者无效后，对于可以补救的应当补救。司法实践中，存在仅判决确认行政行为违法或无效，而忽视补救措施或者仅原则性判决被告采取补救措施，对补救具体内容和补救期限等内容并不明确。

三是履行判决不具体型。针对行政不作为行为违法，且具有作为的可能性时，法院经合法性审查依据《行政诉讼法》第七十二条判决被告在一定时期履行行为。出于司法谦抑性及减轻司法责任的考虑，部分履行判决仅原则性判决被告履行职责，对于履行内容、履行期限并未明确裁定，导致原告诉讼请求仅部分得到回应。

3. 裁判过度回应型

裁判过度回应型表现为行政裁判内容超出了原告的诉请范围。过度回应是由于行政诉讼目的的多元性客观决定了行政裁判不仅要回应原告诉请，还应对行政行为的合法性进行监督，所以裁判结果有时会超过原告诉请范围。例如：原告请求被告核发不动产登记证，被告审查认为原告申请条件不符合条件，遂不予发放，原告起诉要求被告履行颁证职责。法院审查认为被告应履行颁证义务，遂撤销不予发放决定，责令被告履行颁证义务。虽然原告诉请要求履行颁证义务，但对行政行为合法性审查要求需要在撤销原决定的基础上才能责令被告履行职责。行政裁判虽超出原告的诉请，但符合多元诉讼目的，有利于保护原告诉权。

4. 诉请无法回应型

诉请无法回应型表现为由于原告在一个诉讼中提出多项诉请或诉请不符合法律规定，经释明后仍拒绝变更，导致无法对原告诉请作出裁判，只能裁定驳回起诉。主要表现为：

一是多项诉请型。行政诉讼坚持“一行为一诉讼”的原则，但在司法实践中，部分原告对诉讼条件不了解或希望“毕其功于一役”，选择在一起诉讼中同时提出多项诉讼请求，且在释明后仍拒绝变更，此时，因多项诉请无法在一件诉讼中查清，只能裁定驳回原告诉请。

二是诉请不明型。司法实践中，部分原告由于法律知识缺乏或仅为对被告施加压力，提交的起诉状诉讼请求内容笼统模糊，不符合《行政诉讼法》第四十九条第（三）项要求，经法院释明后仍然拒绝变更，导致行政裁判无法对其进行回应，只能裁定驳回起诉。

二、追根溯源：行政裁判对诉讼请求回应不畅的归因检视

由于受到多元诉讼目的、主客观诉讼模式、补救裁判不具体以及诉判主体因素的影响，制约了行政判决对诉讼请求的有效回应。

（一）诉讼目的因素：多元诉讼目的影响诉判统一

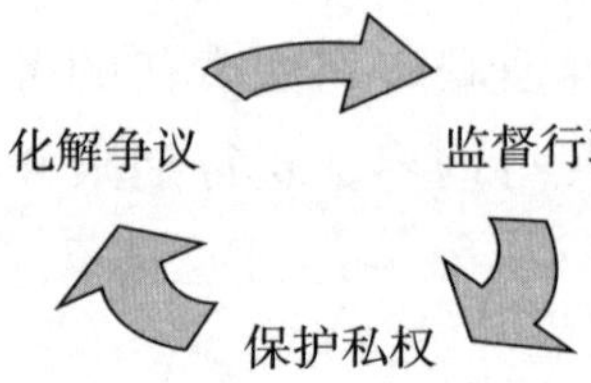

图 4　行政诉讼的多元诉讼目的

行政诉讼目的是国家构建行政诉讼制度希望实现的制度目标，虽然关于行政诉讼目的一元论、二元论以及三元论的争议尚存，但《行政诉讼法》第一条开宗明义指出，行政诉讼具有化解争议、救济私权、监督依法行政的三元诉讼目的。① 三元诉讼目的具有各自独立的价值，影响着行政诉讼审理方式和裁判结果，也影响着行政诉讼诉判统一。

一是实现监督依法行政的诉讼目的。行政诉讼设立初衷并不是实现一案一事的私权救济，而是希望通过个体起诉来监督行政机关依法行政，实现维护客观法秩序的目的。② 监督行政的目的决定行政审判需要进行合法性审查并对行政行为进行评价，而不是仅依据原告的诉请作出裁判。

二是实现救济私权利的诉讼目的。在实现私权救济的诉讼目的指导下，原告希望通过诉讼保护的私权利集中表现在原告的诉讼请求中，因此行政诉讼审查将围绕原告的诉讼请求展开，此时原告的诉讼请求与行政裁判结果具有一致性。

三是实现化解行政争议的诉讼目的。《行政诉讼法》修订后新增的诉讼目的，主要是解决行政程序空转，指引行政诉讼良性发展。为实现化解行政争议的行政诉讼目的，要求行政裁判充分回应原告的诉讼请求，实现原告胜诉有依据，败诉能理解。此时，要求对原告的诉讼请求与行政行为的合法性同时进行审查，实现行政裁判对诉讼请求的充分回应。

多元诉讼目的分别从不同的诉讼目标出发，在审查方式选择、审理对象确定以及诉请回应程度方面各有不同，决定行政裁判不能仅根据原告诉讼请求作出裁判，裁判结果也无法与原告诉请相统一。

（二）诉讼模式因素：主客观诉讼模式制约诉判回应

我国行政诉讼模式是以公民私权救济为核心的主观诉讼，还是以维护客观法秩序为核心的客观诉讼，在理论和司法实践中存在较大争议。表现为：

表 2　主客体诉讼模式的具体表现

	原告资格	审理方式	主体判决	补救判决
客观诉讼		√	√	
主观诉讼	√			√

① 胡卫列：《行政诉讼目的论》，中国检察出版社 2014 年版，第 24 页。

② 霍振宇：《不同诉讼目的的主导之行政审判模式间的整合与调适》，载《法律适用》2020 年第 6 期。

行政诉讼作为“民告官”的诉讼，在直观认知上表现为主观诉讼，在行政诉讼启动以及原告资格认定等方面带有主观诉讼的色彩，但在审查和裁判方式上主要从监督依法行政的客观诉讼角度进行设计，使诉讼模式呈现出主观与客观并存的“内错裂”状态。①

具体表现为：在原告资格方面，《行政诉讼法》第二条、第二十五条规定原告只要主观认为行政行为侵犯其合法权益，并与该行为具有利害关系便可提起诉讼，原告资格认定具有主观性。但在审查方式方面，《行政诉讼法》第六条直接规定对行政行为合法性进行审查，这就决定审查时只需对行政行为是否合法作出评价，对诉讼请求的回应成为合法性审查附带的反射效果，具有客观诉讼特点。② 在裁判结果方面，基于合法性审查得出的对于作为类违法作出撤销判决，对于不作为类违法作出履行判决，对作为或不作为不能时作出的确认判决等主体裁判具有客观性。但对于撤销判决后的重作、确认裁判后的补救以及履行判决而言需要依据原告诉讼请求作出回应，具有主观诉讼的特点。不同诉讼模式指导下的行政裁判对诉讼请求回应程度不同，主客观混乱的诉讼模式制约着诉判有效回应。

（三）技术因素：补救判决不具体导致诉请回应不充分

受到司法谦抑性和司法中立观念影响，行政裁判往往尽量避免介入到具体行政行为之中。当原告胜诉时，法官作出主体裁判后，对于补救裁判法官应当在何时作、如何作？相关法律和司法解释对此并未具体规定，法官具有较大自由裁量权。为减轻责任、提高效率，法官裁判时倾向于仅作出“责令重作”“责令补救”“责令履行”等原则性裁判，这就导致原告虽已胜诉，但模糊的裁判内容并未有效回应原告的诉讼请求，原告的胜诉权并未充分实现。

（四）主体因素：诉判主体配合不当影响诉请回应效果

实现行政裁判对诉讼请求的有效回应，需要原告与法官共同配合，即原告做到诉讼请求清晰明确，符合法律规定；法官通过判决对请求作出明确回应，但实践中诉判主体配合不当影响着诉请回应效果。

---

① 薛刚凌、杨欣：《论我国行政诉讼构造：“主观诉讼”抑或“客观诉讼”?》，载《行政法学研究》2013 年第 4 期，第 34 页。

② 邓刚宏：《论我国行政诉讼功能模式及其理论价值》，载《中国法学》2009 年第 5 期。

1. 原告因素。原告的诉讼请求明确合法表述是行政裁判有效回应的前提。但司法实践中，行政诉讼原告多数缺乏法律专业知识，当缺少律师代理时，其提交的诉请请求会存在诉请不明、诉请多样、诉请不合法等问题。虽然在立案阶段法官会对原告给予释明，明确其诉讼请求，但部分原告会拒绝变更。当立案法官迫于原告压力对案件立案后，在审判阶段行政法官对于原告诉讼请求不明且拒绝变更的，只能裁定驳回起诉。部分进入实体审理的案件，由于原告希望通过诉讼解决的问题未能通过诉讼请求准确表达出来，导致行政裁判结果无法达到原告心理预期。

2. 法官因素。受司法中立的惯性思维影响，法官更倾向于对补救裁判内容作出原则性回应。这种严格按照合法性审查原则，对原告诉讼请求作出主体裁判，对于裁判法官而言可以减少案件被发改的风险，避免因补救裁判内容不当引起被告不满或原告另诉。[①] 尤其是在对补救裁判内容把握不准时，往往选择责令改正等模糊性答复。模糊性裁判虽然能够实现裁判结果的法律效果，但未能对原告诉讼请求进行有效回应，导致行政争议无法实质性化解。

三、梳理分析：行政裁判有效回应诉讼请求的要素整合

为实现对诉讼请求的有效回应，需要对影响诉讼请求有效回应的各类因素进行梳理分析，对相关要素进行分析整合，力求在各因素间实现平衡。

（一）以实质化解行政争议统领行政诉讼目的

行政诉讼法未区分三元诉讼目的的主次轻重和适用条件，导致司法实践中诉讼目的适用混乱。三元诉讼目的具有不同价值取向，将三种价值目标无差别地适用于同一诉讼中，会导致行政裁判与行政诉请间出现张力甚至冲突。[②] 为了实现行政裁判对诉请的有效回应，需要对三元诉讼目的进行整合调试，明确各个诉讼目的在诉讼中的价值位阶，以实现不同诉讼目的间的均衡。

首先，实质化解行政争议具有统领和主导其他诉讼目的的作用。行政诉

---

① 张松波：《论行政诉讼原告诉讼请求对法院的拘束力》，载《行政法学研究》2019 年第 1 期。

② 霍振宇：《不同诉讼目的主导之行政审判模式间的整合与调适》，载《法律适用》2020 年第 6 期。

讼制度设立的目的在于通过诉讼制度规范行政行为，以期达到解决诉讼争议的目的。无论是对行政行为的合法性审查还是对诉讼请求的应诉性审查，根本目的都是实现化解行政争议，因此实现化解行政争议的诉讼目的具有根本性，对其他诉讼目的具有统领作用。

其次，监督被告依法行政和救济原告私权利的诉讼目的具有同等重要性。传统行政诉讼发源于以监督依法行政为目的的客观诉讼，认为监督依法行政是行政诉讼的主要目的。[①] 客观诉讼在片面强调监督依法行政时忽视了对原告的私权保护，随着对私权保护日益重视，以私权救济为主要目的的主观诉讼越来越受到关注，因此在行政诉讼中应坚持监督依法行政和实现私权救济有同等地位。但为了实现化解争议的诉讼目的，在不同诉讼类型中有所侧重，对于作为类行政诉讼侧重通过合法性审查监督依法行政；对于不作为类行政诉讼侧重应诉性审查实现对合法权益的救济。

最后，通过是否有利于实现实质化解行政诉讼的目的，来衡量和检验行政诉讼目的整合的效果，如图 5 所示：

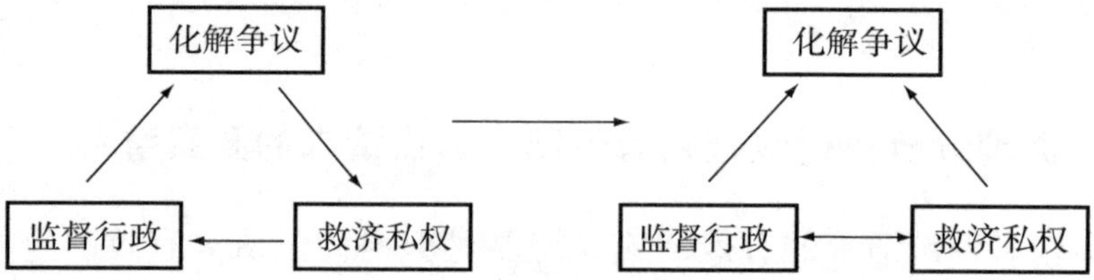

图 5　以化解争议为统领的多元诉讼目的示意图

（二）以诉讼请求有效回应衡量诉判对应程度

现行行政诉讼制度深受客观诉讼模式影响，在行政诉讼方面将监督依法行政作为首要目的，在审查方式强调对行政行为的合法性审查，诉判对应关系较弱。[②] 虽然单纯进行合法性审查在部分诉讼中能够回应诉讼请求，但在多数诉讼中未能实现对请求的有效回应。为了实现对私权的有效保护，以私权保护为中心的主观诉讼受到广泛关注。[③] 主观诉讼主张围绕原告权利损害

① 邓刚宏：《行政诉判关系研究》，法律出版社 2013 年版，第 37 页。

② 付荣、江必新：《论私权保护与行政诉讼体系的重构》，载《行政法学研究》2018 年第 3 期。

③ 马怀德：《保护公民、法人和其他组织的权益成为行政诉讼的根本目的》，载《行政法学研究》2012 年第 2 期。

与救济展开诉讼，在诉讼中遵循诉判一致的原则，努力实现判决与诉请相对应。但无论是客观诉讼主张的合法性审查还是主观诉讼主张的诉判一致，在实践中都具有一定局限性。客观诉讼单纯强调对行政进行合法性审查忽视了对原告权利的保护；主观诉讼主张的诉判一致受到多元诉讼目的等客观因素影响，在现有诉讼模式下无法实现。①

为了实现主客观诉讼相统一，笔者主张在合法审查与诉判一致之间选择以行政裁判是否有效回应原告诉讼请求作为衡量诉判关系对应程度的指标，并在行政诉讼中通过对行政行为的合法性审查以及对行政诉请的应诉性审查实现对原告诉请的有效回应。对行政诉请的有效回应并非诉判一致，更不是对诉请予以忽视，而是在对行政行为合法性作出裁判的基础上，通过补救裁判内容的具体化实现对原告诉请的有效回应。有效回应不拘泥于原告诉请的具体表述，不要求裁判与原告诉请一一对应，而是判决对原告诉讼主张的有效反馈，如图 6 所示：

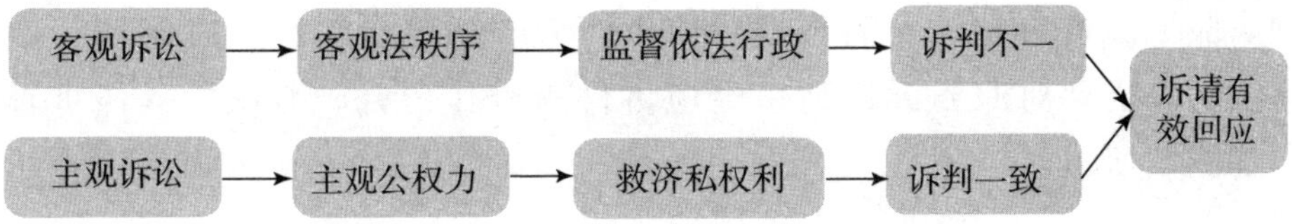

图 6　行政裁判对行政诉请的有效回应

（三）充分发挥诉讼请求在行政诉讼中的作用

行政与民事诉讼的区别在于民事诉讼遵守不告不理的原则，严格根据原告的诉讼请求进行审理和裁判；行政诉讼受到多元诉讼目的、合法性审查以及司法谦抑性等因素影响，在审理过程中容易忽视诉讼请求的作用，导致裁判与诉请不对应。虽然受客观因素影响行政诉讼无法实现诉判一致，但合法性审查并不意味着可以忽略原告诉请径行作出裁判。在诉讼过程中，原告诉请贯穿审理全过程：诉讼发起于原告诉请，审理重点聚焦于诉请内容，行政裁判终结于对诉请的回应，因此为实现对原告诉请有效回应，需要在起诉、审理和裁判中充分重视诉讼请求的作用。② 具体来讲，在起诉阶

① 张旭勇：《行政判决原论》，法律出版社 2017 年版，第 108—110 页。
② 张松波：《论行政诉讼原告诉讼请求对法院的拘束力》，载《行政法学研究》2019 年第 1 期。

段，原告有明确的诉讼请求是提起诉讼的条件之一，此阶段应重点审查原告的诉请是否明确合法，并根据诉讼请求确定案件审理重点。在审查起诉阶段，根据原告诉请确定案件审理对象，并以此归纳案件审理焦点，以此作为当事人进行诉辩的中心。在案件裁判阶段，在对行政行为进行合法性审查的基础上，对原告诉请进行应诉性审查，通过补救裁判的具体化最大限度实现判决对原告诉请的有效回应。

四、路径探析：以审查方式二元整合实现诉讼请求的有效回应

为了实现行政裁判对诉讼请求的有效回应，在充分梳理与整合影响诉请回应的各因素基础上，本文主张通过审查方式二元整合实现行政裁判对诉讼请求的有效回应。审查方式二元整合是指在加强对原告诉讼请求释明的基础上，明确原告的诉请内容，根据原告诉讼请求确定被诉行政行为，并对该行政行为进行合法性审查，如果经审查被诉行政行为合法有效的，则判决驳回原告诉请，无需再进行应诉审查。如经合法性审查确认行政行为违法的，需要对原告诉讼请求经应诉性审查作出补救判决。具体审查程序，如图7所示：

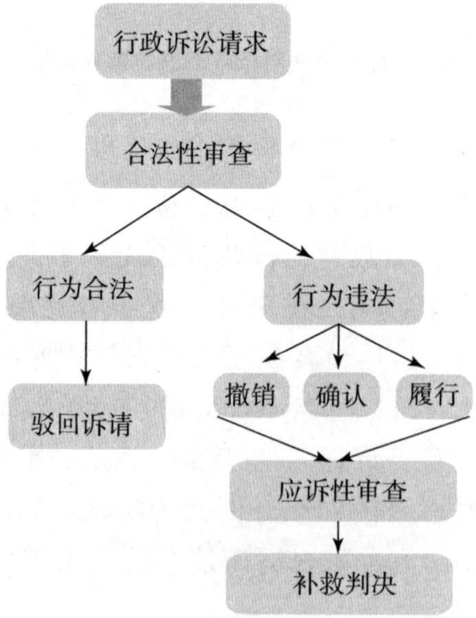

图7　二元方式审查流程示意图

（一）通过加强释明明确原告诉讼请求

行政诉讼请求是原告希望通过行政诉讼得到支持的权益主张，是启动行政诉讼的前提条件，决定行政诉讼审查的重点和方向。因此，原告诉讼请求应当合法、明确。

诉讼请求应有合法性。行政相对人与行政机关的矛盾多样，但并非任何纠纷都可以通过行政诉讼得以解决。原告的诉请必须是在行政诉讼法调整范围内，能够通过行政裁判予以解决的。为了使行政诉请更加明确，《最高人民法院关于适用〈中华人民共和国行政诉讼法〉的解释》第六十八条将诉讼请求分为9类分别论述。当诉请不符合法律规定时，应在立案或审理前向原告释明，当诉请无法通过行政诉讼解决时，应引导原告通过行政复议、行政裁决等方式解决。

诉讼请求应具体明确。对于原告诉请不明法官应在立案和审理前加强释明，具体应与原告沟通使诉请满足三个条件：一是语言条理清晰、意思明确。法官应释明原告，诉请主张虽无需达到完全用法言法语表述，但原告诉请的内容应清晰、准确、不矛盾，明确希望通过诉讼获得的诉求。二是明确审查对象。审理对象是行政机关的作为或不作为，因此法官通过向原告释明，让原告在诉请中明确针对被告的哪个具体行政作为或不作为提起诉讼。三是诉讼对象具体唯一。为了保障审理内容清晰，一般一件行政诉讼只针对一个行为进行审理。但实践中原告往往想通过一次诉讼解决所有问题，当原告在一起案件中对多个行政行为提起诉讼，法院应释明原告明确唯一的诉请对象。①对于原告经释明仍拒绝变更诉请，应裁定不予受理或驳回起诉，如图8所示：

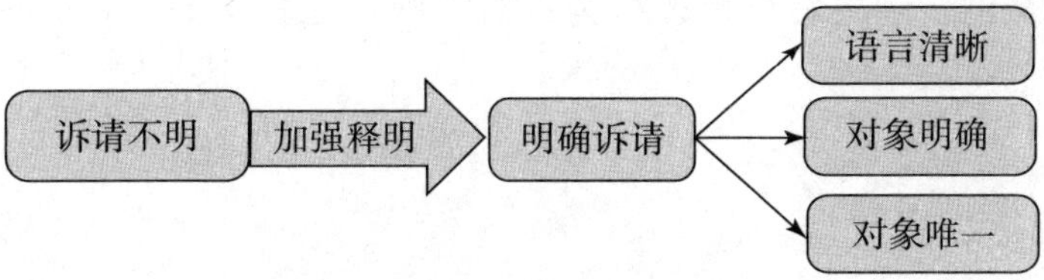

图8 原告诉请释明示意图

① 张松波：《论行政诉讼原告诉讼请求对法院的拘束力》，载《行政法学研究》2019年第1期。

（二）通过合法性审查对行政行为有效性作出主体裁判

为了实现监督依法行政的诉讼目的需要首先对行政行为合法性进行审查，行政行为是否合法是原告诉请能否得到实现的先决条件。行政行为合法性审查可分为以下三个阶段：

首先，审查行政行为是否合法。根据原告诉请确定被诉行政行为，并根据被告的证据和双方诉辩意见对行为是否合法作出判断。根据《行政诉讼法》第六十九条，行政行为合法需要满足几个条件：一是被告具有主体资格，要求被告实施的行为需要具有法律法规授权或委托，且在其职权范围内，被告能够对外独立承担责任；二是证据确实充分，要求作出的行政行为具有充分的法律和事实依据，并收集完毕；三是适用法律法规正确，要求行政机关作出行政行为时引用的法律法规准确具体，不存在漏引、多引或错引的情形；四是程序合法，要求行政行为符合法定程序，遵循必要的法定步骤。

其次，通过价值衡量判断行为的效力。如果经合法性审查认定行政行为合法的，则会依法判决驳回原告诉请。如果认定行为违法，对于违法行为并非一概撤销，而应考虑行政效率、行为稳定性以及公共利益等因素，并根据违法程度综合衡量违法行为的效力。对于程序轻微违法或虽然违法但撤销可能使公共利益受到损害的，可以确认违法保留行为效力。

最后，根据行为效力确定裁判类型。对于行为违法可分为作为和不作为违法两类。一是针对作为违法，对于作为程序轻微违法，可以判决确认违法，保留行为效力；对于一般违法，原则上予以撤销，行为无法撤销或撤销损害公共利益的可确认违法；对于行为严重违法的可确认无效。二是针对不作为违法，具有履行意义的，判决履行行政行为；对于履行无意义的，判决确认违法，如图9所示：

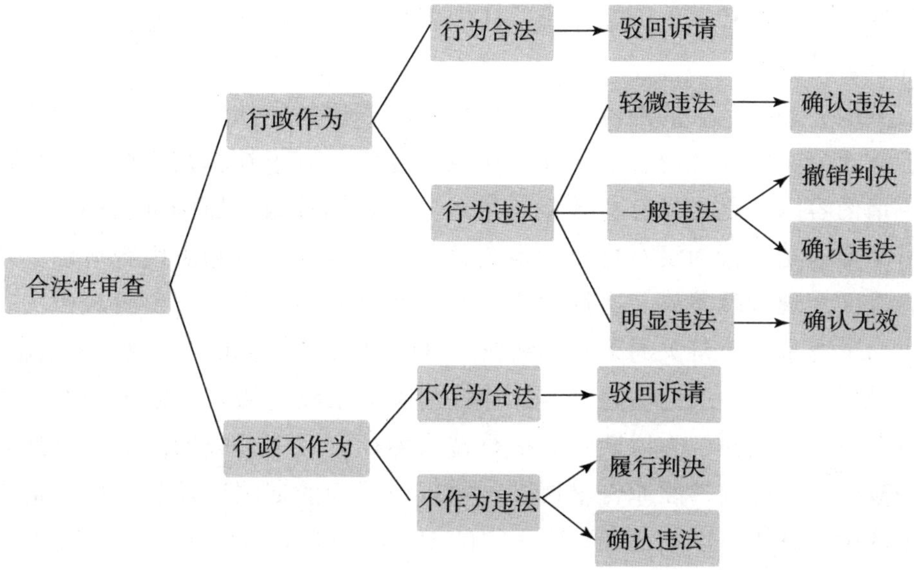

图 9　合法性审查流程示意图

监督依法行政为目的的合法性审查，因行为违法并不必然导致行为无效，使得行政裁判与原告诉请并非完全一致，经过价值衡量的裁判结果部分回应了原告的诉请。

（三）通过应诉性审查实现补救判决的精细化

为了弥补合法性审查对原告诉请回应不足，在合法性审查基础上，通过应诉性审查作出补救判决，以实现对诉请的充分回应。在对行政行为有效性作出否定评价后，充分考虑原告的诉请内容，通过应诉性审查使补救判决在裁判内容、执行期限方面具体明确，使补救判决内容更加具体，更有可操作性。

首先，补救判决的适用前提。补救判决是在对行政行为经过合法性审查后作出否定评价后，为了稳定后续法律关系而通过对原告诉请进行应诉性审查作出的补充判决，因此补救裁判必须以行政行为被否定评价为前提。[①] 虽然《行政诉讼法》第七十六条仅规定在确认违法或无效后采取补救措施，但在广义上撤销后的重做判决以及履行判决同样属于补救判决范畴。补救判决作为对原告诉请通过应诉审查后的回应，除为维护公共利益外原则上应依据

① 陈思融：《行政诉讼补救判决研究》，法律出版社 2019 年版，第 168 页。

合法性审查结果和原告诉请作出，还应根据原告诉请通过补救裁判尽可能回应原告诉请内容。

其次，补救判决的内容限度。虽然补救判决越具体、越精细对原告诉请回应越充分，但补救内容必须在司法权限度内。对于补救判决内容可根据原告诉请内容以及是否具有行政裁量余地分为具体补救和原则补救两类。对于案件事实清楚，行为没有行政裁量余地的，法院的补救判决内容可以具体明确，进而实现行政争议一次性解决。对于案情尚不清晰，需要行政机关裁量的，为了尊重行政机关的首次判断权，可以原则上责令被告采取补救措施。

最后，补救判决的期限设定。补救判决如果没有履行期限限定会为被告拖延履行留下空间，为后期强制执行造成障碍。对于补救判决的履行期限不能一概而论，可以参照原告申请被告履行该行为的期限以及履行的紧迫程度自由裁量。具体可以划定在判决生效的15天、30天、60天、3个月、6个月等时间段内履行，督促行政机关及时履行补救判决内容。

五、结语

克服行政程序空转，促进行政争议实质化解，是行政诉讼需要考虑的重要课题。单纯对行政行为进行合法性审查，无法实现对原告诉请的充分回应，因此本文主张通过对行为合法性审查实现监督依法行政的目的，并在此基础上通过对原告诉请进行应诉性审查，以补救判决的具体化实现对原告诉请的充分回应。希望通过对行政诉讼审查方式以及裁判结果的梳理与完善，为实现行政裁判对诉请的有效回应提供借鉴，起到抛砖引玉的效果。

（作者单位：黑龙江省高级人民法院、黑龙江省牡丹江市中级人民法院）

行政处罚法修订的新要求与司法、执法的应对

江苏省高级人民法院行政庭课题组*

2021年1月22日，十三届全国人大常委会三审通过了行政处罚法修订草案，本次修订幅度大、涉及内容多。行政处罚是行政机关有效实施行政管理以及保障法律、法规贯彻施行的重要手段；行政处罚类案件也是人民法院行政诉讼的主要案件类型之一，“在人民法院近年受理的一审行政案件中，行政处罚类案件始终居于各类行政案件数量之首，成为观察我国社会转型时期行政执法质量变迁的绝佳窗口”①。1996年颁布并实施的《行政处罚法》成为我国第一部保障和监督行政机关依法行使行政职权，统一规范行政行为的法律，也是我国行政法治进程中一部具有里程碑意义的重要法律。《行政处罚法》的修订不仅对行政执法提出了新要求，也让行政审判面临了新挑战。为更好地贯彻落实即将于今年7月15日起施行的新《行政处罚法》，江苏省高级人民法院行政审判庭在新法通过之后即成立课题组，就《行政处罚法》修订的新要求与司法、执法的应对进行专题调研，形成本调研报告。

一、本课题调研的主要目的、内容与方法

（一）课题调研的主要目的

1. 应对修法带来的新要求

《行政处罚法》既要保障，又要监督行政机关有效实施行政管理，既要维护公共利益和社会秩序，又要保护公民、法人或者其他组织的合法权益。②此次修订对行政执法机关实施行政处罚、行政复议机关履行行政复议审查职

---

* 课题组成员：郑琳琳、吕长城、孙安然、贺妍玉。

① 耿宝建：《行政处罚案件司法审查的数据变化与疑难问题》，载《行政法学研究》2017年第3期。

② 胡建淼：《行政处罚法修订带来行政执法的新考验》，载《学习时报》2021年3月3日。

责、人民法院行政审判发挥法律监督功能，都提出了新的要求。这些新的要求主要涉及以下五个方面的内容：一是贯彻党中央重大改革决策部署，推动行政处罚制度进步；二是完善行政处罚设定权限，强化源头规范；三是健全行政处罚规则，保障行政执法既有力度又有温度；四是完善行政处罚程序，推进严格规范公正文明执法；五是防范行政不作为，加强对行政机关的监督制约。[①] 为应对修法对各方履职带来的诸多新挑战，课题组针对《行政处罚法》修订中的重点难点问题，开展本次专题调研，旨在明确司法裁判标准，提出执法应对之策。

2. 源头规范行政处罚实施工作

修订后的《行政处罚法》对行政处罚的定义作出明确规定，增设了新的处罚种类；明确了地方性法规设定行政处罚的权限；增加行政处罚权下放乡镇街道制度；增加行政执法公示、执法全过程记录、重大执法决定法制审核三项制度；完善行政处罚和刑事司法衔接机制；增加了发生重大突发事件时依法快速、从重处罚制度；增设了保障行政执法更有温度的各项制度，实行无错不罚、小错轻罚，增加没有主观过错不罚，首违可以不罚等新规定。这些修订内容，对行政机关实施行政处罚工作提出了更高标准、更严要求。课题组结合江苏法院近年来审理行政处罚类案件的司法实践，以及实地调研座谈、网上问卷调查等情况，为行政执法机关尽快适应新修订的《行政处罚法》提出有针对性的解决之策。

3. 统一处罚案件审理裁判标准

上述诸多新的制度、规定不仅对行政执法提出了新的要求，也给人民法院审查行政处罚行为的合法性、合理性带来了新的挑战。在新法实施初期，较为容易出现审查标准不统一、同案不同判的现象，一定程度上会影响行政审判的权威和行政执法的规范。为此，课题组围绕新法中一些具体的新制度新规定，结合以往全省法院审理行政处罚类案件的裁判观点，从依法监督行政机关准确适用《行政处罚法》、更加充分保障行政相对人的合法权益的角度出发，明确提出行政处罚类案件的相关审理裁判建议，努力实现江苏法院行政处罚类案件裁判标准的统一，并为全国范围内类案裁判标准的统一提供

---

① 张桂龙：《行政处罚法主要修改内容》，载中国人大网，http：//www. npc. gov. cn/，最后访问日期：2021 年 3 月 30 日。

江苏司法实践素材。

（二）课题调研的主要内容

1. 分析网上调查问卷结果及处罚败诉案件情况

本次调研，课题组借助网络平台，设计、制作网上调研问卷并通过微信推送，深入了解全省行政执法的一线状况和各级法院审理行政处罚案件的基本情况。课题组还逐一分析了全省法院近三年一审审结的行政机关处罚类案件的败诉裁判文书，重点分析败诉案件情况及呈现特征，深度分析行政机关败诉原因，为执法规范和裁判统一提供基础性素材。

2. 明确全省法院审理行政处罚类案件的裁判标准

课题组在对全省法院近三年行政处罚类败诉案件进行统计分析的基础上，结合《行政处罚法》修订的重要条款，从行政处罚的判断识别标准、行政机关或者其他组织实施行政处罚时的职权认定、当事人违法事实的调查取证、行政处罚决定的法律适用、行政处罚的程序合法等五个方面，提出了行政处罚决定合法性审查的相关裁判标准。

3. 提出行政机关适应《行政处罚法》修订新要求的对策建议

针对《行政处罚法》修订对行政机关带来的新问题、新挑战，课题组结合调研座谈和网上调查形成的相关数据素材，从坚持行政处罚职权法定原则、强化行政处罚调查取证能力、遵循行政处罚法定程序规则、提升行政机关精准适用法律能力、秉持行政处罚与法治教育并重理念等五个方面着手，就行政执法机关迅速适应修订后的《行政处罚法》提出了对策建议，以进一步提升江苏行政机关实施行政处罚的能力水平。

（三）课题调研的方式方法

1. 分析数据资料

课题组以网上调查问卷以及 2018 年至 2020 年间行政机关败诉案件的裁判文书为范本，通过数据分析、图表设计等方式，全面了解行政执法一线和中、基层法院办理行政处罚类案件的基本情况，并深入分析对《行政处罚法》修订新变化的认识和思考。

2. 梳理热点难点

以《行政处罚法》的热点难点问题和新修订的条文规定为基础，借鉴比较全国部分行政法专家学者对《行政处罚法》修订的认识和观点，结合法律的规定以及实地调研收集到的信息与江苏实际情况，针对热点难点及存在争议的问题提出应对之策。

3. 设计网上问卷

为使数据的采集更广泛更科学，同时提升调研效率，课题组针对全省行政执法机关和全省法院系统分别设计了一份调查问卷，依托"府院支部共建平台""江苏行政审判"等微信工作群积极推送。截至3月31日，针对行政执法机关的问卷总计收到答卷2625份，其中99%的有效问卷来源于基层以及市级一线执法机关；针对法院系统的调查问卷共收到88份，覆盖全省13个地市。

4. 座谈听取意见

为充分了解一线行政执法人员执法现状及中基层法院审理行政处罚类案件的基本情况，在初步分析败诉案件分布区域、领域的基础上，课题组又分别赴南通、苏州、南京等地以及部分省级机关进行实地调研座谈。调研对象涵盖了公安、城市管理、生态环境、自然资源与规划、开发区管委会、乡镇政府（街道办事处）、行政复议部门及一线行政法官。参加调研座谈人员基本涵盖了主要的执法领域和行政处罚的层级，素材广泛，参与面广。

二、江苏行政处罚现状与行政处罚类案件审判状况

（一）网上调查问卷反映的全省行政处罚现状

1. 行政执法机关调查问卷结果分析

针对行政执法机关收集到的2625份问卷，涵盖了公安（含交警）、城管、市场监管（含药品监管）、自然资源与规划、生态环境、税务、交通、应急管理、卫健、农业等行政执法领域，参与范围广、参加人数多。其中，有51%的问卷来源于县级职能部门，28%来源于市级职能部门，12%来源于乡镇政府（含街道办）。问卷结果充分展示了基层一线执法现状，也呈现出一线执法人员在实施行政处罚时面临的一些主要问题，具体分析如下：

（1）行政处罚种类集中于警告和罚款。根据问卷情况，行政机关在一线执法中处以"警告"和"罚款"这两类处罚种类的频率最高（含并处）。其中，作出警告的占比46.10%，作出罚款的占比约92%。没收违法所得、没收非法财物和责令停产停业等处罚种类占比也较大。在其他类目里面，部分

答卷人填写了拆除违法建筑物、责令限期缴存公积金、责令交还土地、限期改正通知书等类别。

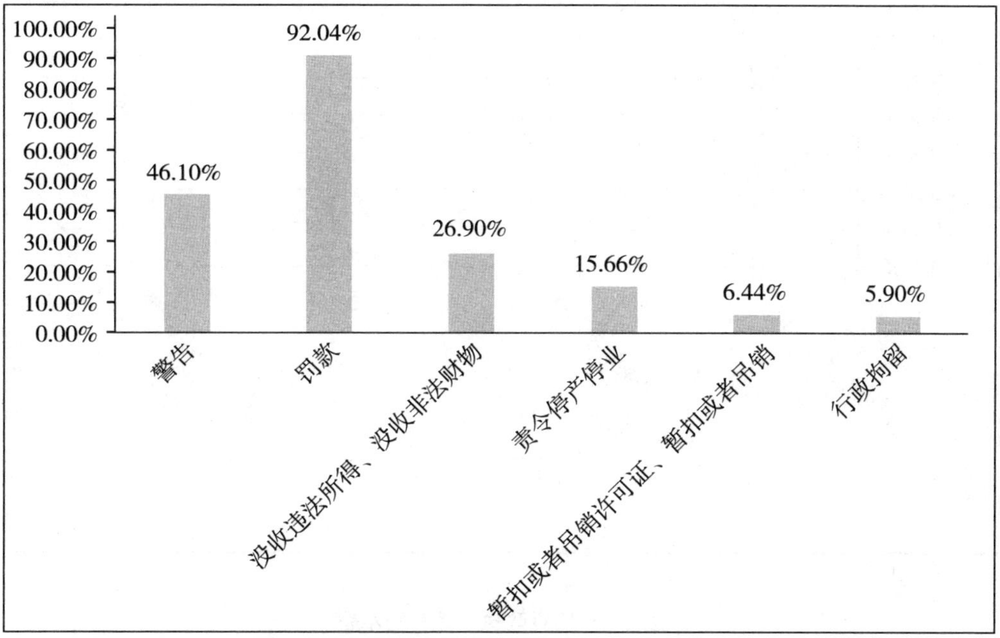

图 1　行政执法机关行政处罚种类

（2）一线行政执法普遍面临当事人不配合的难题。在“执法人员在具体实施行政处罚中遇到的突出问题或困难主要在哪些方面”这一问题的回答中，81.22%集中在“调查取证时行政相对人不配合”这一选项；48.53%投给了“裁量尺度难以把握”这一选项；在“其他”项下，众多答卷人反映“执法力量配备薄弱”。

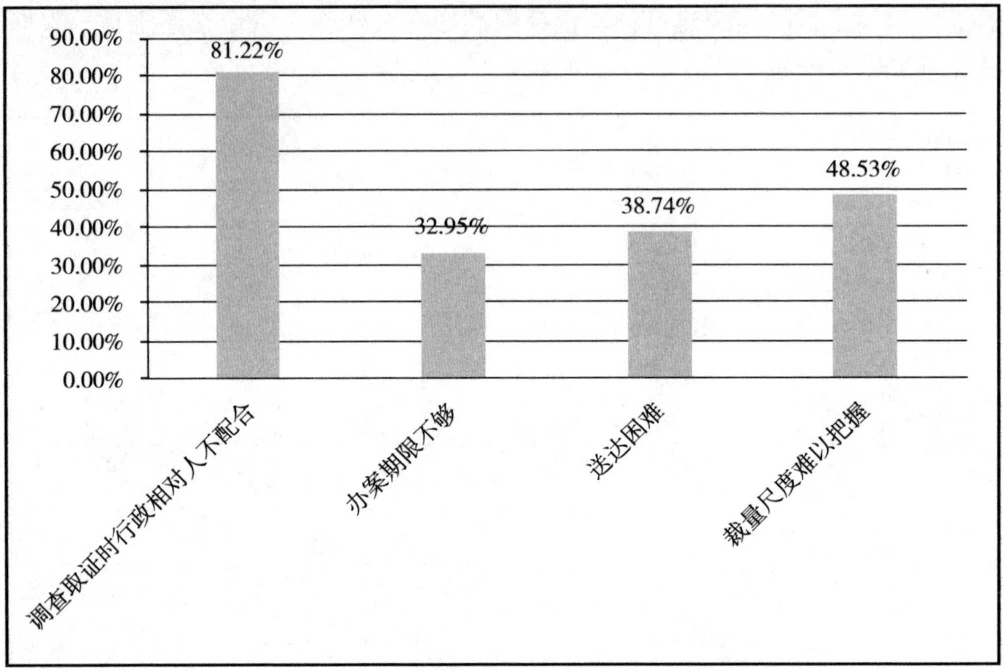

图 2　一线行政执法面临的难题

（3）行政处罚裁量基准有待完善。在“在您负责的执法领域，是否制定了行政处罚裁量基准”这一问题中，90% 的答卷人选择了“是”，9% 的答卷人选择了“否”。在“其他”项下，众多答卷人反映“裁量基准比较混乱”“仅为比例式，缺乏具体标准”“裁量难以把握”“太宽泛”“机构改革后适用性不明”等难题。

2. 法院系统审理行政处罚类案件问卷结果分析

全省法院系统参与问卷调查的有 88 人，其中 52. 3% 的人员为基层法院法官或法官助理；44. 3% 为中级人民法院的法官或法官助理；3. 4% 为高级法院的法官或者法官助理。问卷结果反映出如下信息：

（1）涉及行政处罚种类集中于罚款和行政拘留。法院在审理行政处罚案件中，涉及的行政处罚种类中以罚款和行政拘留居多；除此之外，行政处罚中涉及没收违法所得、责令停产停业的案件也相对较多。这与行政执法人员的调查问卷结果大体相当，而警告这一种类之所以在行政处罚诉讼案件中占比不高，课题组认为一方面因为实践中警告单独适用的比例不多，往往是和其他种类的处罚种类并用；另一方面因为即使单独处以警告，也因其处罚的程度较低，被处罚人选择提起行政诉讼的意愿不大。

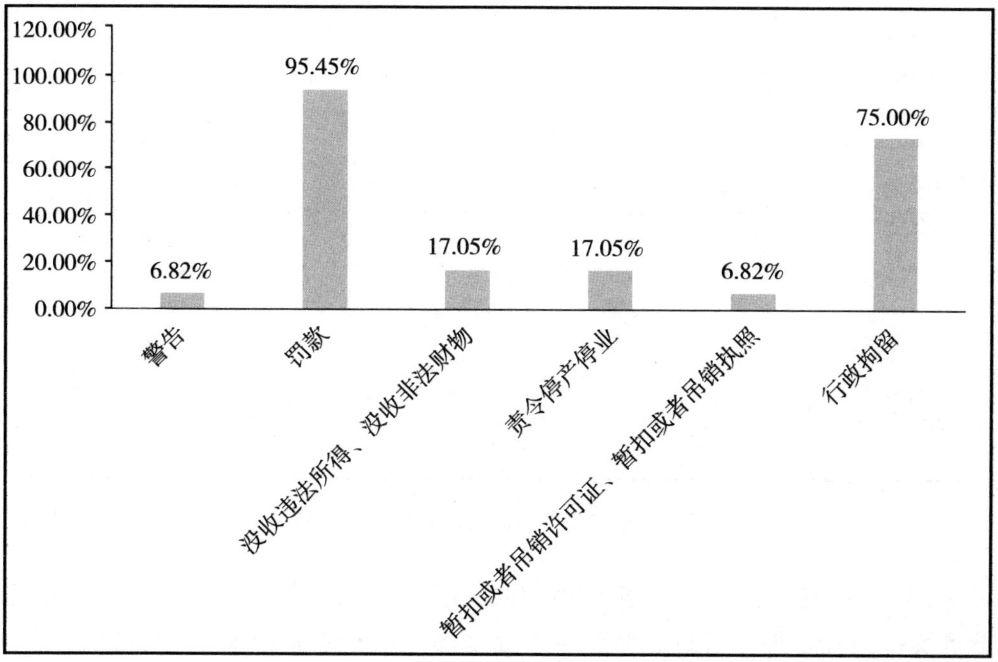

图 3　法院系统审理行政处罚种类

（2）在事实认定方面，证据之间缺乏印证力的问题较为突出。在行政处罚的事实认定方面，最容易出现的瑕疵为证据不足、证据之间缺乏印证；其次为事实认定错误和执法人员在运用格式处罚文本时，因工作粗心错选违法事实的情形。

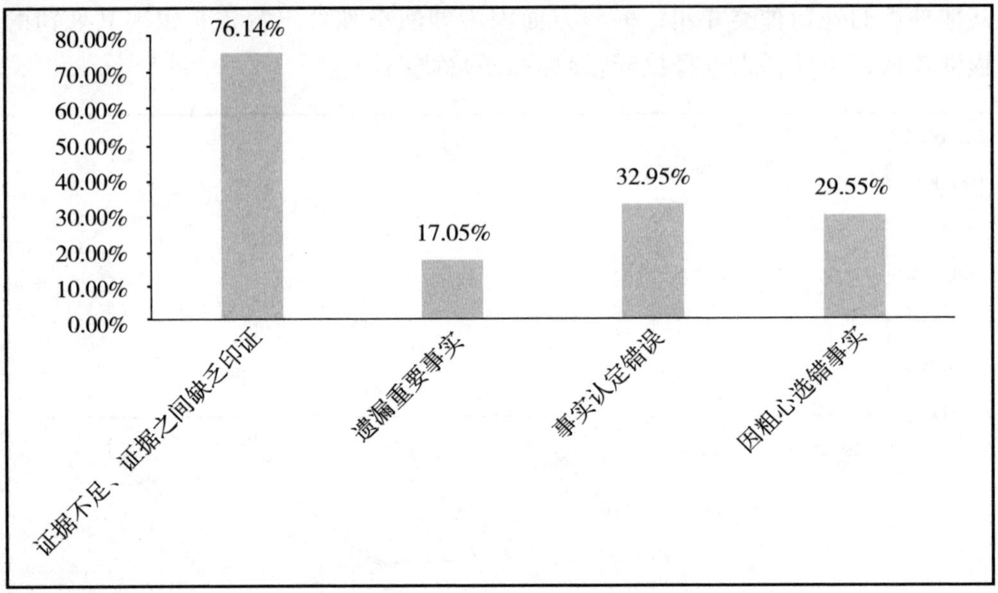

图4　法院系统审理行政处罚事实认定

（3）在处罚程序方面，集体讨论决定程序不明确较为突出。法院在审理此类案件时，发现在行政处罚程序方面最容易出现的瑕疵是集体讨论程序不明确；其次为处罚告知不规范和办案容易超过法定期限。

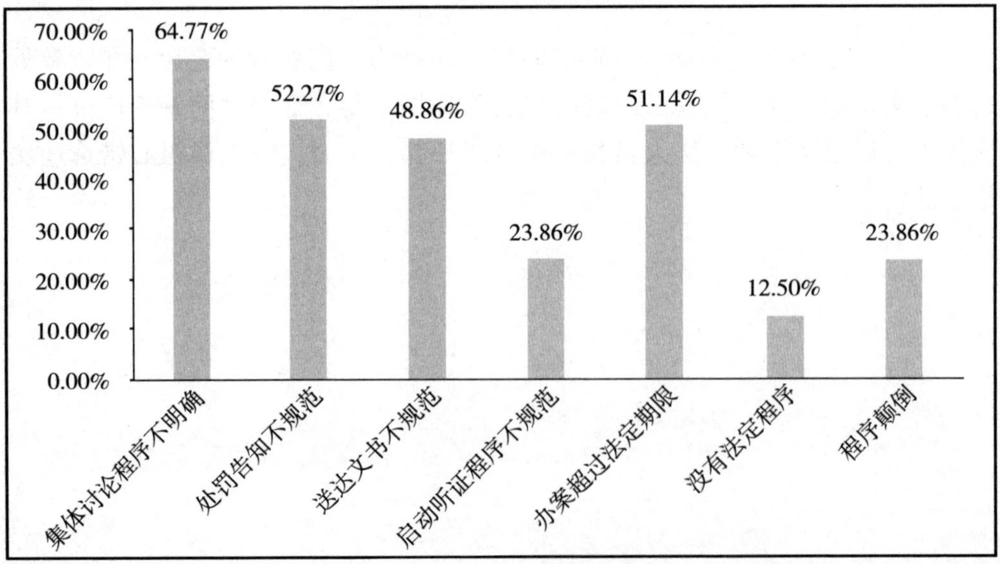

图5　法院系统审理处罚程序

（4）在职权依据方面，未依法履行职责成为突出问题。法院在审理此类案件时，发现在职权依据方面最容易出现的瑕疵为未履行职权。而在“其他”选项下，部分答卷人反映“权责不明”“职能交叉”等问题。

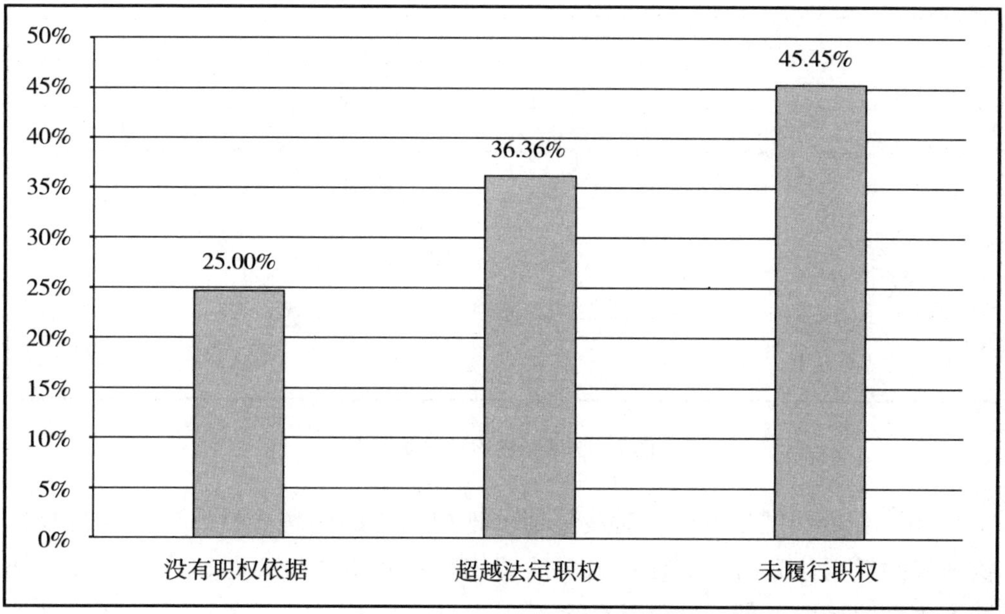

图6 法院系统审理职权依据

（5）在法律适用方面，适用错误的法律规范、适用正确法律规范的错误条款问题较为突出。在法律适用方面，适用错误的法律规范、适用正确法律规范的错误条款问题发生频率较高；执法人员在运用格式处罚文本时，因粗心选错法律依据也容易发生。

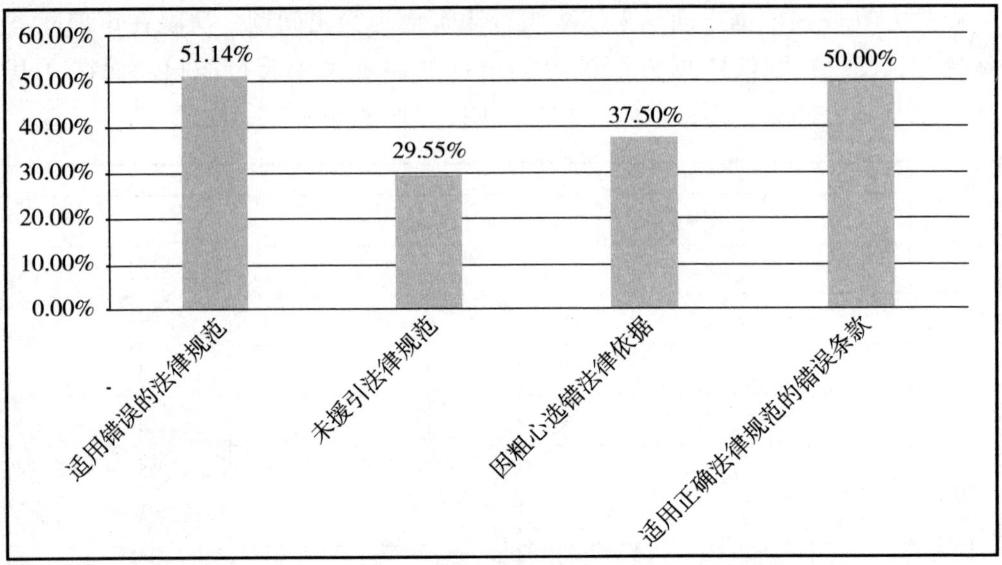

图 7　法院系统审理法律适用

（6）在处罚结果方面，对裁量情节把握不当的问题容易发生。在行政处罚结果的适当性方面，最容易出现的瑕疵是行政执法机关对违法情节轻重把握不当导致量罚不当，这也是较容易引发社会舆论关注的方面。在其他具体说明的填空项中，有答卷人反映“对违法情节显著轻微的，没有减轻或免予处罚”“同一行为触犯两个法律规范时，分别处罚，处罚过重，明显不当”等问题。

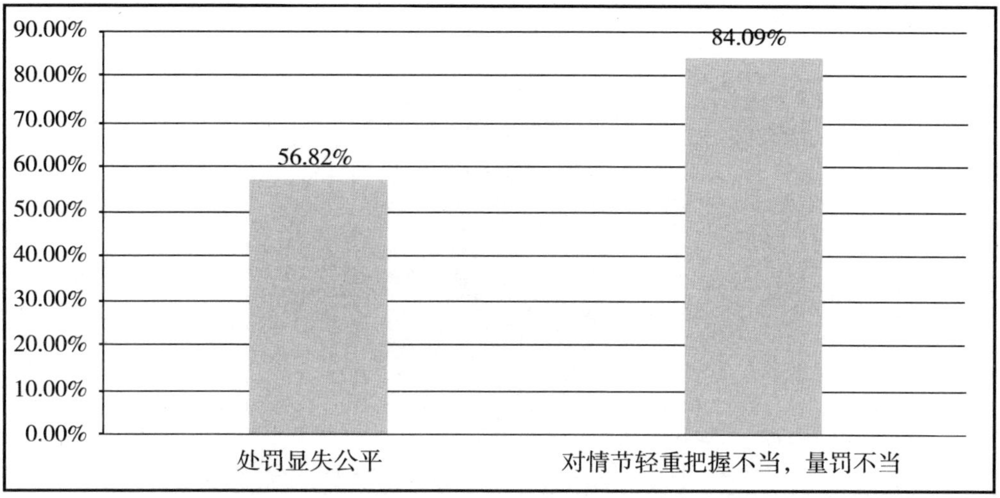

图 8 法院系统审理处罚结果

（二）2018—2020 年江苏省法院行政处罚类败诉案件情况分析

2018—2020 年，江苏省法院在一审行政诉讼中判处行政机关败诉的案件中，有 168 件为行政处罚类案件。其中，判决全部或部分撤销案件（含责令重做）95 件，确认违法案件 68 件，变更案件 4 件，确认无效案件 1 件。败诉案件呈现出以下四个方面的特征：

1. 城建、市场监管、公安执法领域败诉占比高

全省行政处罚类败诉案件涉及 14 个执法领域。其中，败诉案件发生较多的执法领域有：城建 47 件、市场监管 39 件、公安 31 件，这三个执法领域共计败诉 117 件，占处罚类败诉案件总数的 70%。上述三个执法领域也是与人民群众日常生活最为密切的执法领域，因而在行政管理中产生了相对较多的行政处罚。

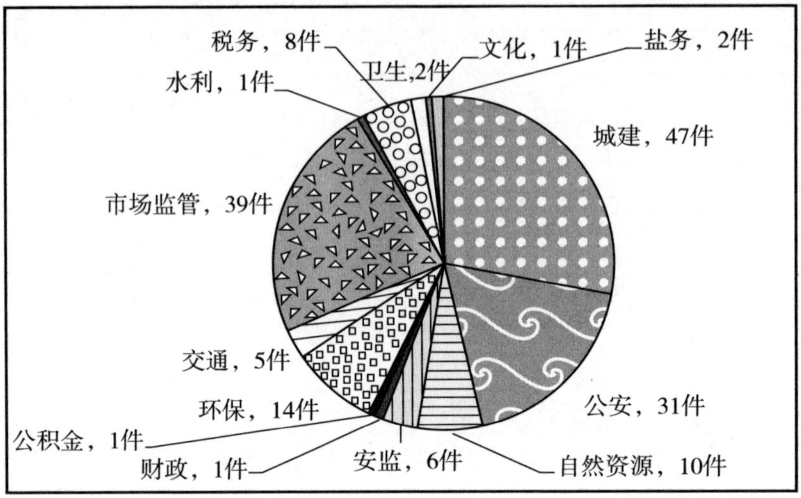

图9 处罚类案件败诉领域分析

2. 县级职能部门败诉案件居多

从全省败诉案件执法机关的层级来看，县级职能部门败诉案件126件，占处罚类败诉案件总数的75%，这与县级职能部门是行政处罚的主要实施主体有着直接关联。此外，市级部门败诉21件、乡镇政府败诉14件。

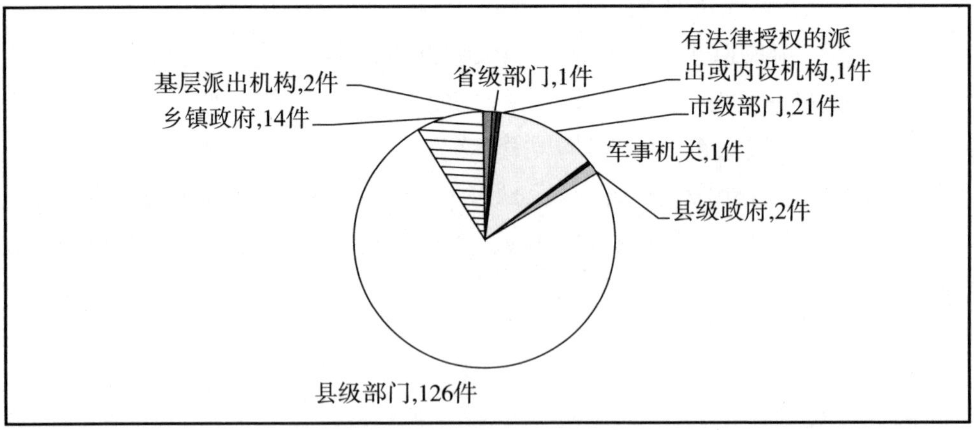

图10 败诉机构层级分析

3. 因程序和证据存在问题导致的败诉占比高

从败诉的原因类别来看，因程序存在问题而败诉的处罚案件有71件，因证据存在问题而败诉的有 67 件，这两个类别共计导致败诉案件 138 件，占处罚类败诉案件总数的 82.14%。另外，因适用法律存在问题的有 24 件，因行政机关职权存在问题的有 6 件。

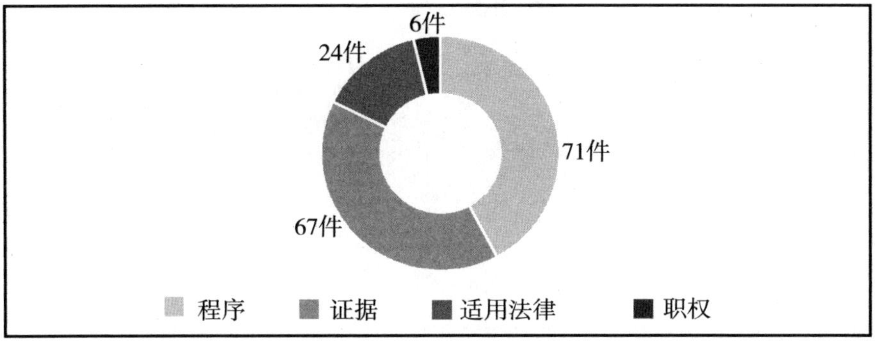

图 11 败诉原因分析

从程序败诉类别的具体原因来看，占比较多的情形有超过法定期限 32 件、送达违法 10 件、法定程序缺失 8 件、未听取陈述申辩 5 件。由此可以看出，一线行政执法人员忽视法定程序的问题较为突出。从证据败诉类别的具体原因来看，占比较多的情形有证据之间缺乏印证力 27 件、主要证据不足 23 件、未尽到审慎审查职责 11 件。由此亦可看出，一线行政执法人员调查取证能力的短板有待补强。

4. 败诉案件地域分布差异明显

从全省败诉案件分布的地域来看，南通、苏州地区分别判决行政机关败诉 41 件、37 件，两者合计 78 件，占处罚类败诉案件总数的 46.43%。除此之外，泰州、淮安、南京、无锡、连云港等地区行政机关因实施行政处罚导致的败诉案件也相对较多。

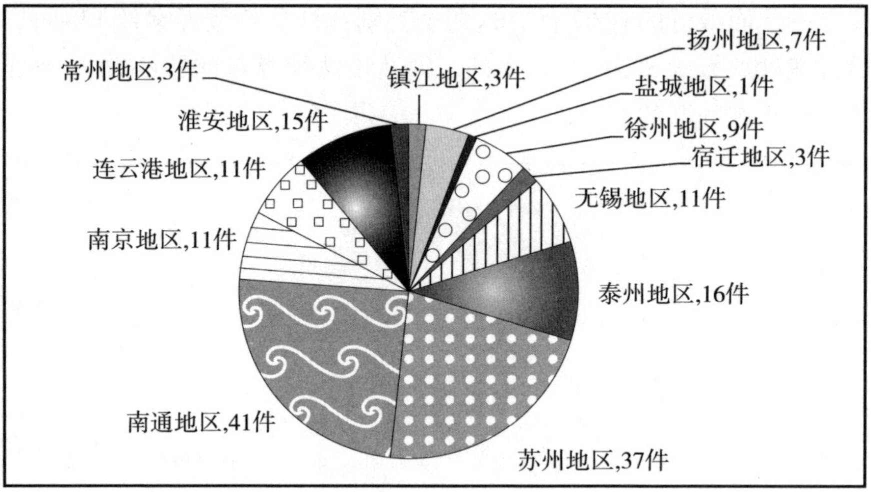

图 12　败诉案件地域分布情况

三、江苏法院审理行政处罚类案件的疑难问题与裁判思路

结合江苏省法院 2018 年—2020 年审理的行政处罚类败诉案件呈现出的问题，并对照《行政处罚法》修订的重要条款，课题组梳理出行政处罚类案件五个方面的审理重点、难点，从统一全省类案裁判标准的角度，提出相关裁判思路。

（一）行政处罚种类较难识别

修订后的《行政处罚法》第二条首次对行政处罚的概念进行了立法界定，其中“减损权益或者增加义务”成为判断行政行为或者行政措施是否属于行政处罚的核心特征。以往审判实践中，类似于“责令改正行为”“列入失信黑名单”“撤销行政登记”等行为是否属于行政处罚，审判实践中争议较大。而是否属于行政处罚的种类，又直接关系到人民法院在审理此类案件时能否适用《行政处罚法》的规定。

1. 责令改正行为是否属于行政处罚

经检索全省近三年的败诉文书，处罚种类中涉及“责令行为”的败诉案件有 67 件。司法实践中，常见的有责令限期拆除、责令退还土地、责令停产停业、责令整改、责令改正等情形。责令改正行为是否属于行政处罚，在行政执法和行政审判实践中争议较大，理论界也存有分歧。主张属于行政处罚的观点认为，其是对当事人的不利决定，符合行政处罚的实质特征和修订后的《行政处罚法》第二条的规定；主张不属于的观点认为，其属于行政执法机关给予当事人自我纠错的机会，并不具有惩罚性、制裁性。

课题组认为，对责令改正行为的法律性质应当区分判断。判断责令改正行为是否属于行政处罚，应当回到修订后的《行政处罚法》第二条关于行政处罚的定义，对于以减损权益或者增加义务的方式予以惩戒的行为属于行政处罚；而对实施目的在于恢复行政管理有序状态的责令改正行为，就不应视为行政处罚。《行政处罚法》第二十八条第一款规定："行政机关实施行政处罚时，应当责令当事人改正或者限期改正违法行为。"从立法本意来看，责令改正或限期改正行为，不属于行政处罚的内容，而是与行政处罚并列的行政命令行为，原则上也不适用《行政处罚法》的规定，尤其是行政处罚的程序性规定。

审判实践中，有几类特殊行为应当纳入行政处罚的范畴之中：（1）责令停产停业、责令关闭。这已经被明确列入修订后的《行政处罚法》第九条第（四）项，属于立法明确列举的行政处罚种类。（2）责令限期拆除决定。虽然有关权威批复、包括不少地方法院将城乡规划领域的责令限期拆除决定不作为行政处罚，但结合《行政处罚法》第二条的规定，课题组主张在司法实践中应将其视为行政处罚进行审查，主要理由包括：一是符合行政处罚的本质属性。责令限期拆除属于行为罚，从性质、功能、目的上分析，是要限制或者剥夺相对人某种行为能力（限制相对人继续占有和处分违法建筑的行为能力）、强迫相对人为一定行为（强迫相对人进行限期拆除的行为），较之财产罚更为严厉。[①] 二是与《土地管理法》第八十三条将责令限期拆除定性为行政处罚的立法规定相协调。三是符合《城乡规划法》第六十四条的立法本意。该条规定"无法采取改正措施消除影响的，限期拆除，不能拆除的，没收实物或者违法收入，可以并处建设工程造价百分之十以下的罚款"，该规定中的"限期拆除"与"没收实物或者违法收入可并处罚款"相并列，后者明确属于行政处罚，如果前者不作为行政处罚的话逻辑上不能自洽。四是《最高人民法院关于行政案件案由的暂行规定》已经明确将"责令限期拆除"归

---

① 林翰：《也谈"责令限期拆除"的法律属性》，载《中国土地》2013年第3期。

入二级案由“行政处罚”之中。

2. 列入失信黑名单是否属于行政处罚

“黑名单”不是法律概念或术语，而是近年来众多行政管理领域的一种手段，也叫“失信名单”。虽然不少专家学者和实务界人士主张应当在本次修订《行政处罚法》时明确将列入“黑名单”决定作为行政处罚的种类，但最终未被立法机关所采纳。主张其不属于行政处罚的理由有两点：一是行政处罚系针对违法行为作出的，而列入“黑名单”一般是针对“不文明”行为或者“失信”行为作出的；二是《行政处罚法》中并未规定列入“黑名单”这种处罚形式。主张属于行政处罚的观点则认为，列入“黑名单”都以当事人存在违法行为（大量被标注“不文明行为”或“失信行为”的，实际上也是“违法”行为）为前提，上了“黑名单”，当事人的一系列权利实际上已被连锁剥夺或限制。

课题组认为，行政机关将当事人列入“黑名单”并对外公示，应当属于行政处罚。通过对众多失信惩戒措施的分析，并结合行政处罚的本质特征，将其中最能体现处罚性的公布黑名单和从业限制措施从此间抽离，纳入《行政处罚法》范畴予以规制。[①] 行政管理实践中，多数“黑名单”及相关联合惩戒措施的制裁效果远甚于行政处罚的效果，其已经对当事人的权利造成了实际的减损效果，符合《行政处罚法》第二条关于行政处罚的立法定义。同时，课题组认为，当事人虽然可以对列入“黑名单”决定这一行政行为提起行政诉讼，但不宜对参与联合惩戒措施的所有行政机关都逐一提起行政诉讼，因为这些行政机关实施的联合惩戒行为并非出于自身的意思表示，而是履行规范约束的协助行为，除非当事人有证据证明相关联合惩戒行为已经超过了规范约束的范围。人民法院对“黑名单”列入行为可以从以下方面着重进行审查：一是“黑名单”的设定有无违反相关立法权限的规定；二是“黑名单”的列入主体是否在职权范围内依法依规认定并发布、公示；三是列入“黑名单”是否符合比例原则，一般情况下只有情节严重的才可列入；四是有无履行必要的法定程序，尤其是是否听取了当事人的陈述、申辩。

3. 撤销行政登记是否属于行政处罚

撤销行政登记是否属于行政处罚一直存有争议。一种观点主张，撤销行

---

① 张晓莹：《行政处罚视域下的失信惩戒规制》，载《行政法学研究》2019 年第 5 期。

政登记不属于行政处罚，理由是根据《行政许可法》第十二条第（五）项“企业或者其他组织的设立等，需要确定主体资格的事项”之规定，如企业、社会团体等主体资格的登记事项属于行政许可，而对于行政登记存在违法因素的，按照《行政许可法》第六十九条的规定可以撤销该行政登记，这属于行政许可的监督检查范畴，而非行政处罚。这也与全国人大法工委《关于公司法第一百九十八条“撤销公司登记”法律性质问题的答复意见》的精神相一致。另一种观点认为，撤销行政登记，否定了正在合法存续的社会主体或者市场主体的权利能力，属于《行政处罚法》第二条所规定的行政处罚的范畴。《民政部办公厅关于社会组织撤销登记有关问题的复函》明确，撤销登记属于行政处罚，撤销后除组织清算、办理注销及进行诉讼活动外，不得开展任何其他活动。

课题组认为，撤销行政登记原则上不属于行政处罚，而是行政许可的监督检查范畴。但对于单行法律规范以及执法实践中，将撤销行政登记作为对当事人违法行为予以惩罚或制裁手段的，该撤销行政登记应当属于行政处罚。例如，《社会团体登记管理条例》第三十条对社会团体的“罚则”规定中，不仅包括警告、限期停止活动、责令撤换直接负责的主管人员，还包括撤销登记，且撤销登记还是作为“情节严重的”法律责任承担方式。

（二）实施处罚的主体资格和法定职权较难审查

综合执法体制改革是相对集中行政处罚权改革推进到一定阶段的产物，两个概念经常交织混用，但前者包含的权力类别不限于行政处罚，还包括行政检查、行政强制等。修订后的《行政处罚法》也为行政处罚权下放至乡镇（街道）提供了法律依据。如何衔接综合执法机构改革下行政处罚权的实施，尤其是对实施处罚的主体资格和法定职权进行审查，也给人民法院行政审判工作带来了新挑战。

1. 综合执法体制改革对主体资格和法定职权认定的影响

综合执法体制改革给司法实践带来的主要冲击是适格被告的判断与确定，主要表现有：一是具有法定职权的主体将处罚职权转移到新的执法主体时如何认定；二是改革范围内某项职权由独立的执法主体集中统一行使时如何认定；三是因履行职权向没有隶属关系的其他主体提出的依法予以协助的行为时如何认定。典型情形如违法建设的认定处罚，集中行使处罚权的城管部门在查处违法建设时，往往需要向城乡规划部门发函，就建筑物是否为违法建筑、是否影响城市规划、是否同意当事人补办手续等问题征求意见，而在引发复议、诉讼时，集中处罚部门又以违法建设认定权属于城乡规划部门为由，抗辩其不是法律责任承担主体。

通常情况下，行政处罚权已经明确划转的，划转后的执法部门应对其实施的行政处罚行为负责，是相应处罚行为的适格被告。例如，马某等诉南京某区城管局请求拆除垃圾中转站或者责令停止运输垃圾案中，行政机关既未答复，也未采取任何处理措施，理由为认定职权属于城乡规划主管部门。城管局作为独立的行政执法主体，负责区划范围内的相对集中处罚权工作，对辖区内涉嫌违反城市管理规划规定的违法建筑物具有调查、处理的法定职责，判令其依法作出处理。在协助执法的情形中，协助行为属于行政机关之间的内部协作行为，并非以外部行政相对人为直接行为对象，一般不可诉，除非所实施的协助行为明显超出行政机关请求协助的事项范围。

2. 委托实施行政处罚对主体资格的影响

修订后的《行政处罚法》从委托主体、受委托主体及依法委托等方面规定委托实施行政处罚的相关事项。司法实践中，委托实施行政处罚的难点主要有：一是委托行使行政处罚时适格被告的确定；二是是否需要列受委托组织作为行政诉讼的第三人；三是超出委托范围的法律责任承担主体的确定，法院对于超出委托范围实施的处罚如何处理。

在行政诉讼中，受托行政组织以委托机关名义实施行政处罚的，委托机关应作为被告；法院可以根据查明事实的需要，通知受委托组织作为案件第三人参加诉讼，或者通知其作为证人出庭作证。关于多个行政机关委托一个行政机关实施处罚时被告的确认。两个行政机关所委托的行政行为都在职权范围内，如果能明确区分委托的事项，则由该职责主体承担责任；如果委托的事项不能有效区分，或者多个行政机关之间存在内部的职责分工但未告知当事人的，则当事人在向法院起诉时，可以以多个委托机关为共同被告。受委托组织明显超出委托权限实施的行为，如果未经委托机关追认，则由受委托组织自行承担相应法律后果。行政诉讼中，超出委托机关的委托范围实施相应的行为，一般不应视为委托机关的委托，若当事人对该超出委托的行为不服，应当以具体实施该行为的主体为适格被告。

3. 行政处罚权下放乡镇（街道）对主体资格的影响

修订后的《行政处罚法》明确了处罚权下放至街镇的相关规定。新法修订之前，我省不少地方也已经开展了向基层下放处罚事权的改革探索工作，江苏也是开展处罚权下放试点较早的省份①，这其中既有根据上级文件实施的授权执法，也有各地自行开展的委托执法。例如，启东市人民政府发布的《关于委托区镇行使城市管理领域行政执法权的指导意见》，从制定行政执法委托实施办法、签订委托协议、明确委托范围、明确委托权限、界定委托责任、严格执法程序、规范罚没收入等方面，对委托区镇行使城市管理领域行政执法权工作进行规范。根据设定授权条件和授权途径方式，间接地、附条件地把县级职能部门享有的处罚权授给基层政府实施。新法实施后，司法实践中可能出现的问题有：一是处罚权下放后如何确定适格被告；二是何种授权才符合法定的授权下放；三是此类授权规范是否可诉等。

课题组认为，一是省级有权组织根据《行政处罚法》第二十四条第一款规定作出行政处罚权下放乡镇政府、街道办决定且已经对外公布的，自实施之日起，所涉处罚职责应由乡镇政府、街道办依法行使，并由其自行承担法律责任。二是究竟如何进行权力下放，这属于地方自主立法范畴，既可以是由省人大常委会制定地方性法规立法下放，也可以是由省政府出台政府规章进行下放，还可以省政府规范性文件的形式予以明确。三是如果是以法规、规章形式作出的下放决定，则此类规范既不可以单独起诉，也不能由人民法院附带审查；如果是以省政府规范性文件作出的下放决定，则当事人可以在提起行政诉讼的同时请求一并进行审查。

（三）认定违法事实成立的证据较难判断

修订后的《行政处罚法》明确规定，违法事实不清、证据不足的，不得

---

① 早在2011年，按照中央部署，江苏20个镇入列首批“强镇扩权”改革的试点，探索经济发达镇行政管理体制改革，其中，吴江市盛泽镇、昆山市张浦镇、江阴市徐霞客镇、兴化市戴南镇被列入国家级经济发达镇行政管理体制改革试点。2016年，《关于深入推进经济发达镇行政管理体制改革的指导意见》加强对经济发达镇行政管理体制改革工作的指导，规定理顺县（市、区、旗）和经济发达镇的关系，省（自治区、直辖市）政府可以将基层管理迫切需要且能够有效承接的一些县级管理权限包括行政处罚和监督检查权等赋予经济发达镇，制定目录向社会公布，明确镇政府为权力实施主体。2017年，江苏省发布《关于公布经济发达镇行政管理体制改革名单的通知》，梳理赋予试点镇724项县级经济社会管理权限，采用“确认”和“交办”方式，以县级政府文件形式向试点镇直接赋权；按副县级管理，明确镇政府为“经济社会管理权限实施主体”。

给予行政处罚，并强化了证据的记录、收集、移送等规定。在违法事实的认定方面，违法行为人自认的证明效力、主观过错的认定或推定、追责期限适用是司法审查的难点所在。

1. 违法行为人自认的证明效力

自认是指当事人对不利于自己事实的承认，于行政处罚而言则体现在行政机关对当事人的询问笔录、陈述申辩笔录及听证笔录中，所产生免除行政机关证明责任的法律效果。在行政处罚案件中，证明被处罚人存在违法事实的证明责任在行政机关，但被处罚人的自认同样也是行政程序中的重要证据形式。课题组认为，一是行政处罚可以适用自认规则，尤其对于某些执法领域行政机关难以收集、固定证据的情形。同时也应注意排除情形，如行政诉讼法规定的以非法手段取得的证据，以及凡是不符合当事人自愿情况下作出的自认。二是在行政机关能够证明已经充分保障被处罚人的程序权利，且无其他相反证据能够推翻的情况下，被处罚人的自认可以作为认定案件事实的依据；但行政机关拟对当事人作出涉及人身权利（如行政拘留）、重要财产性权利（如关闭企业）等重大行政处罚的，如果仅有当事人的自认而无其他证据予以证明的，则不能证明行政处罚的合法性。三是在行政程序之后，被处罚人再行推翻上述事实，则需要提供充分的相反证据，否则将视为反言而不被认可或采信。

2. 当事人是否存在主观过错的认定

修订后的《行政处罚法》增加了违法行为人主观过错的规定，同时根据行政处罚的立法定义，原则上只要当事人实施了违反行政管理秩序的行为，即应当予以行政处罚，而不苛求其主观要件。因此，只有在部分情况下，当事人实施的违法行为需要具有主观过错的，才能给予行政处罚；多数情况下，行政处罚领域适用的是推定过错原则，即只要存在违法行为，就基本可以推定为行为人存在主观过错，如其他构成要件符合，就应予以处罚。

司法实践中需要注意的问题有：一是某些单行法明确规定了主观过错是违法行为的构成要件，则应适用过错责任规则，由行政机关承担当事人主观上存在过错的举证责任。二是对于单行法律规范并未规定当事人的过错是行政处罚构成要件的情形，行政机关也应允许当事人提供其确实没有主观过错的证据，且收集的证据如果达到足以证明自身没有过错的程度，原则上可以免除其本应承担的行政处罚责任。三是当事人在行政程序中能够及时收集证明主观上没有过错的证据但怠于收集、提交，而后在行政诉讼程序中提交的，人民法院应当严格审查，依法判断该证据是否可以采信。

3. 违法行为追责期限的适用

根据修订后的《行政处罚法》规定，违法行为在二年内未被发现的，不再给予行政处罚；延长了重点领域违法行为追责期限，规定涉及公民生命健康安全、金融安全且有危害后果的，行政处罚追责期限由二年延长至五年，确保行政执法有温度、有力度，解决重大违法行为违法成本低、惩处力度不够等问题。

司法实践中需要注意的方面有：第一，关于违法行为“未被发现”的判断标准。一是原则上是以行政机关是否已经立案为标准；二是如果没有正式立案，但已经对违法行为进行了初步的调查取证，以初步调查取证时间为准；三是针对违法行为的举报，后被认定属实的，追责时效以举报时间为准。[①]此外，违法行为在发生的二年内被发现，违法行为人在二年内未被查获或者违法行为人故意逃避行政处罚、在二年后被行政机关查获的，仍应依法给予其行政处罚。因行政机关怠于立案或者接举报应调查未调查，导致超过追责期限，利害关系人起诉的，人民法院应当对行政机关不依法履职的行为给予否定性评价。第二，行为的状态。违法行为有连续或者继续状态的从行为终了之日起计算。其中，违法行为的继续状态是指行为人的一个违法行为发生之后，该行为及其造成的不法状态一直处于不间断的持续状态。而行政机关作出处罚时未正确区分即时违法行为与持续性的违法行为的，人民法院应予以纠正。例如，当事人驾驶汽车在高速上某个特定时间内，因超速行驶受到多个行政处罚的情形。第三，期限的适用。新法规定的五年追责期限必须具备两个条件：一是违法行为在性质上应当属于涉及公民生命健康安全、金融安全的违法行为。二是有危害后果存在，如果没有造成危害后果，依然适用二年的追责时效。公民生命健康安全、金融安全是不特定的概念，行政机关对适用期限进行扩大解释并作出处罚的，人民法院不予支持。

（四）行政处罚决定的法律适用较难理解

修订后的《行政处罚法》增加了法条竞合时“择一重罚”的适用规则，

---

① 参见《全国人大常委会法制工作委员会关于提请明确对行政处罚追责时效“二年未被发现”认定问题的函的研究意见》（法工委复字〔2004〕27号）。

增加了从旧兼从轻适用、行政处罚裁量基准等量罚情节规定，法律适用关系到行政机关作出行政处罚决定的合法性与合理性，也是人民法院司法审查的重点。

1. 法条竞合时的法律适用

修订后的《行政处罚法》第二十九条规定了“择一重罚”适用规则，即同一个违法行为违反多个法律规范的，按照罚款数额高的规定予以处罚。实践中，易引发争议的问题主要有：一是同一违法行为的认定，不同管理领域的行政机关理解不一致时如何处理；二是顺序上，在先的行政机关适用规范作出较低的罚款，后面的行政机关依法本应作出较重的罚款，如何处理；三是对于分散于各个规范中的裁量幅度，关于“重”的理解不一致时如何适用。

（1）关于“同一违法行为”的理解。其表现形式是行为人在一个特定的时间和空间内，所作出的违反法律规范的行为。连续性的违法行为，以及不中断的持续性的违法行为，如违反了一个行政管理秩序，也应认定为同一违法行为。而行政机关虽然对于当事人的违法行为作出了罚款的行政处罚，当事人也缴纳了罚款但并未改正违法行为的，其后行政机关又对其作出罚款的，不属于法律禁止的情形。此外，当事人在同一事件中存在违反不同法律规范的多个违法行为的，不同行政机关依据不同法律规范对其作出罚款的，也不违反法律规定。例如，最高人民法院再审审查的一起案件中，刘某名下的一艘未办理营业执照的渔船，为开展非法海上旅游的无照经营行为提供运输工具，擅自搭载游客到某海域旅游。该省海洋执法部门依据《渔业船员管理办法》对刘某作出罚款决定，该地工商管理部门依照《无照经营查处取缔办法》对刘某也作出罚款决定。因处罚事实及依据均不相同，故不构成重复处罚行为。

（2）关于“择一重罚”的实施顺序。立法规定的适用情形可能是着眼于不同行政机关同步启动的行政处罚程序，如果在先立案的行政机关已经作出罚款，即使该罚款数额相对较低，但基于遵守一事不再罚原则，后面的行政机关认为该罚款低于其他法律规范规定的较高数额，也不宜再就同一违法行为作出罚款，否则就会与《行政处罚法》第二十九条“对当事人的同一个违法行为，不得给予两次以上罚款的行政处罚”之规定相冲突。

（3）关于“罚款数额高的规定”的理解。其一般是指直接比较同一违法行为分别对应的法律责任中罚款金额的幅度。但法律责任条款中规定的罚款一般并非确定的数额，行政机关作出处罚决定前应当全面了解当事人的基本情况、违法事实、违法行为的目的和动机，以及违法后的认错态度、表现等因素。也就是说，虽然一部法律规范中规定的罚款幅度的上限较高，但适用该法律规范并不一定会作出较重的罚款。例如，当事人随意焚烧处理垃圾，分别触犯市容管理和大气污染法律法规，应选择竞合法条中较重的条款进行处罚，市容管理规定的罚则是处 200 元以下的罚款；大气污染法规定的是可以处 500 元以上 2000 元以下的罚款。“可以”是授权性规定，赋予执法者自由裁量权，“并可处罚款”的意思是较轻的情形可以不罚款，严重的情形可以罚款；但市容管理规定并没有赋予执法者自由裁量的权力。

2. 量罚情节的法律适用

修订后的《行政处罚法》的亮点之一是对量罚情节规定的增加，一方面增加了不予处罚、免予处罚等规定，另一方面也规定了“快速、从重处罚”的规定，充分体现了本次修法教育与惩罚相结合的原则。

实践中可能出现的问题主要有以下方面：

（1）“可以不予行政处罚”不同于“不予行政处罚”。不予行政处罚属于法定情形，应当同时满足违法行为轻微、及时改正、没有造成危害后果三个条件。违法行为轻微，一般指违法行为单一且行为只违反一个规定；及时纠正，对于及时的判断，关键在于采取纠正措施时间节点的确定，实施违法行为尚未造成危害后果时及时采取纠正措施以防止危害结果的发生，且不禁止在受到外在压力下予以纠正；[①] 没有造成危害后果即社会危害性较小。当违法行为满足上述情形，行政机关依然作出行政处罚的，应当被撤销。而初次违法虽然危害后果轻微并及时改正的，如果不能满足“违法行为轻微”这一要件，只能由行政机关视情判断是否可以不予处罚；而对涉及公民生命健康安全、社会公共利益、国家利益等违法行为并不适用“首违不罚”规定。

（2）“快速、从重处罚”的理解适用。修订后的《行政处罚法》增加了突发事件发生时，行政机关对违反突发事件应对措施的行为依法快速、从重处罚的条款。新增这一条款的目的在于应对突发事件发生给国家公共治理和

① 尹培培：《不予行政处罚论——基于我国〈行政处罚法〉第 27 条第 2 款规定之展开》，载《政治与法律》2015 年第 11 期。

危机处置能力带来的挑战。例如，新冠肺炎疫情暴发以来，为维护市场秩序，市场监管总局发布《关于坚决维护防疫用品市场价格秩序的公告》，规定凡捏造、散布涨价信息，大量囤积市场供应紧张的防疫用品，大幅度提高销售价格，串通涨价，以及其他违反价格法律法规的行为，各级市场监管部门要依法从严从重从快查处。关于“快速”，即从快，意味着行政机关在依法处罚的前提下尽可能地缩短办案期限，有意识地简化处罚系列程序，迅速适用法律规范尽快作出处理决定，有效应对突发事件的紧急状态。关于“从重”，系指对当事人在法定的处罚限度内决定实施较重的行政处罚，以及在若干种类行政处罚中选择一个较重的行政处罚种类。

需要注意的是，一方面，对当事人的处罚，行政机关若有裁量空间的，其采取的处罚内容应当与突发事件可能造成社会危害的性质、程度和范围相适应，不得超出必要的限度；有多种应对措施可供选择的，应当选择有利于最大限度地保护公民、法人或者其他组织权益的措施。另一方面，人民法院对于涉及突发事件的案件，应当依法从严、从快审理，严格司法审查标准，依法支持行政机关采取的分类处置、精准施策、于法有据的应急措施，及时纠正明显不符合比例原则的防控行为。

3. 违法所得计算规则的合法性、合理性

修订后的《行政处罚法》保留了没收违法所得作为处罚法定种类之一，同时明确了违法所得系指实施违法行为所取得的款项。司法实践中，有关没收违法所得的争议主要集中于以下方面：一是违法所得的认定标准难以统一，内涵和外延难确定，行政机关漏算或者少算时，应如何处理；二是违法所得与罚款同属财产罚如何正确选择适用，单处还是并处；三是违法所得合法性的审查依据及规范如何确定。

（1）违法所得的计算规则。《行政处罚法》虽然对违法所得的界定作出了原则性规定，但也有例外性规定，即“法律、行政法规、部门规章另有规定的，从其规定”。实践中争议焦点主要为是否要按“全部收入”计算，即“总额说”与“净额说”两种观点。[①] 以往行政管理实践中，违法所得的认定主要依照的是国家部委的解释和答复，行政审判中一般也予以尊重并参考，

---

① 马怀德：《〈行政处罚法〉修改中的几个争议问题》，载《中国政法大学学报》2020 年第 4 期。

除非此类专门解释明显不合理，或者明显侵犯被处罚人权益。[1] 因此，对于法律、行政法规、部门规章对违法所得的计算规则作出例外规定的，行政机关执行该规定的，人民法院应予尊重；对于地方性法规、地方政府规章，甚至规范性文件作出的例外性规定，则不具有法律效力。

（2）违法所得的适用规则。实践中有的法律规范规定单处没收违法所得，如《建筑法》第六十九条第二款[2]；有的规定单处罚款，主要存在于没有违法所得的情形；更多的是规定没收违法所得并处罚款，如《食品安全法》等。当法律规范明确规定了并处的情形，行政机关未依法并处的，处罚决定的结果不合法，应当被撤销并责令重做。单行法律规范虽未规定没收违法所得的，但客观上当事人确实存在违法所得的，行政机关也应当适用《行政处罚法》第二十九条的规定并处没收违法所得，否则会出现当事人从违法行为中合法获利的不合理情形。

（3）没收违法所得应当在行政处罚决定书中明确具体数额，以确保后续执行，亦便于人民法院进行合法性审查。如果行政机关作出的没收违法所得存在多计算的情形，人民法院可以直接判决变更，也可判决撤销并责令重做；如果存在少计算的情形，基于"禁止不利变更"的规定，人民法院只能判决撤销并责令重做。例如，叶某诉常州市钟楼区市场监督管理局案，行政机关适用《食品安全法》及实施条例认定叶某的营业性收入，因没收违法所得认定的营业所得不清，法院在判决中予以变更。

（五）行政处罚程序的认识分歧较难统一

修订后的《行政处罚法》更加注重完善行政处罚的程序，从立案、听证、告知、送达等各环节作出严格规范，程序法定有利于规范公正文明执法，也会给行政机关产生新的败诉风险点。其中，对立案程序及期限的新规定、对法制审核程序的新规范、对集体讨论程序的新要求，也给法院的司法审查带来新的挑战。

1. 立案程序的审查

修订后的《行政处罚法》增加了关于立案的规定。司法实践中，对立案

---

① 耿宝建：《行政处罚案件司法审查的数据变化与疑难问题》，载《行政法学研究》2020 年第 3 期。

② 《建筑法》第六十九条第二款："工程监理单位转让监理业务的，责令改正，没收违法所得，可以责令停业整顿，降低资质等级；情节严重的，吊销资质证书。"

程序的审查争论主要集中在以下几个方面：一是是否必须在立案后才可以调查取证，“调查取证、立案、再调查取证”的情形是否必然导致处罚的否定性评价；二是立案之前调查的证据是否可以作为认定违法事实证据；三是立案是否应当书面告知各方当事人。有的观点认为，立案只是行政处罚的内部程序，作出规定在于提高案件的查处质量和效率，立案与否，并不直接对当事人的实体权利和义务产生不利影响，人民法院没有必要也无权对立案程序进行实质性审查；相反的观点则认为，立案程序是否合法关系到后续调查取证、处罚决定作出的合法性。

（1）《行政处罚法》没有“必须立案后才可以调查取证”的规定，立案也不是调查取证的必要前提条件，法律对立案前的调查取证并无禁止性规定，不能将立案作为划分是否可以开展调查取证的时间点。除非相关法律规范明确规定应当先调查后立案，或者必须先立案后调查，否则不应因顺序导致行为违法。总之，立案前的取证和立案后的取证，既不能相互代替也不能截然割裂。

（2）修订后的《行政处罚法》明确规定了作出行政处罚决定的期限，而该处罚决定期限的起算点即为立案时间。因此，立案时间的确定直接关系到处罚决定的合法性。同时，是否及时立案也关系到当事人的合法权益以及行政机关是否及时履责，因此，立案阶段和时间属于行政处罚合法性审查的范围。

（3）关于立案标准的把握。调研座谈中了解到，为了减少立案后再消案带来的麻烦，部分行政机关会在违法事实基本查实、相关证据固定之后才予立案，而且还存在一经立案未经继续调查取证，立即作出处罚决定的情形。是有线索即应立案，还是查实才立案，在实践中把握不一。如《卫生行政处罚程序》第十五条规定的立案条件就比较严格，包括有明确的违法行为人或者危害后果、有来源可靠的事实依据、属于卫生行政处罚的范围和属于本机关管辖。课题组认为，只需要存在应当启动行政处罚程序的违法行为发生，哪怕尚未达到必须给予行政处罚的证据标准，有管辖权的行政机关也应及时予以立案。至于违法行为人是谁、危害后果具体多大、应当给予何种处罚，可以在立案后进行进一步的调查核实。

2. 法制审核程序的审查

重大行政执法决定法制审核是确保处罚决定合法的关键程序，修订后的

《行政处罚法》第五十八条细化了法制审核的要求，列明适用情形，明确未经法制审核或者审核未通过的不得作出决定。司法实践中易引发的争议主要有以下方面：一是法制审核程序适用于哪些具体行政处罚案件；二是法制审核程序如何运行、操作，尤其是权力下放街镇后，进行法制审核的人员如何符合规定；三是审核流程、审核结果等材料是否应当作为证据提交法院；四是法制审核人员不满足规定的资格要求，在处罚决定未有其他瑕疵或者违法情形时是否必然导致败诉。

（1）特别法律规范明确规定需要法制审核的，未经法制审核作出的处罚不符合法律规定。此外，涉及国家、社会利益，案件情况复杂、存在重大法律疑难问题，对相对人、第三人的人身权、财产权等权益产生影响的情形，也应当进行法制审核，未经法制审核的，法院可以不予支持。

（2）基于以往司法实践①和法律的立法本意，行政机关应当将作出处罚决定中形成的法制审核意见材料，主动作为被诉行政行为合法性的证据提交法院，作为审查处罚决定合法性的依据。如果行政机关未主动提供，人民法院也应当在法庭调查中要求该行政机关当庭提供并作出合理说明。

（3）人民法院应进行必要的审查。包括法制审核流程是否规范，送审材料是否符合报送要求，审核的方式、时限、责任是否符合规定。但是，法制审核意见所指向的行政处罚决定虽然是对当事人权利义务产生影响的行为，但其制度功能又与告知、听取陈述申辩等程序存在不同，如果行政处罚决定的处理结果及程序并无不当，即使法制审核过程略有瑕疵，人民法院也不宜以此否定行政处罚决定的效力。

3. 集体讨论程序的审查

修订后的《行政处罚法》第五十七条规定，对情节复杂或者重大违法行为给予行政处罚，行政机关负责人应当集体讨论决定。行政机关负责人集体讨论程序具有重要的制度价值，但司法实践中，对于集体讨论决定程序的属性界定和价值功能认识存在较为明显的分歧。主要集中在以下方面：一是集体讨论决定是内部还是外部程序。主张内部程序的观点认为，这一程序属于行政机关内部监督管理程序，与行政相对人无关；主张外部程序的观点认为，

① 经检索2018年至2020年败诉168件处罚类案件中，有7件文书中明确注明行政主体向法院提交了法制审核资料，且集中于安全生产监督领域。

这一程序与听取陈述申辩、听证等程序类似，对行政相对人的权益保障有着重要作用。二是集体讨论笔录在诉讼中是否应当作为被诉行政处罚行为合法性的证据向法院提交。主张不用提供法院的理由是该程序是内部程序，无需法院司法审查；主张应当提供的观点认为该笔录是否客观存在属于行政处罚程序合法性的证据之一，应当与其他证据一并向法院提供，并在庭审中举证质证；主张由法院调取的观点认为该笔录可以由法院在案件审理中根据情况依职权调取，行政机关应当提供，但不作为证据进行当庭举证质证，由法院审查是否采信。三是集体讨论顺序颠倒的司法裁判方式。实践中，不少行政机关往往先进行集体讨论，后根据集体讨论的意见向当事人告知拟处罚的事实、理由和结果，事后又未再次进行集体讨论，法院如何审查此类案件。有观点认为这属于法定程序颠倒，应当以违反法定程序为由判决撤销被诉处罚决定；有观点认为应当区分判断，如果书面告知后行政相对人放弃陈述申辩或者陈述申辩并无实质内容的，不能以此为由认定处罚决定不合法；如果事后依申请进行了听证，听证之后又未再次集体讨论的，应当认定违反法定程序，判决撤销处罚决定。

（1）集体讨论决定程序不仅仅是内部监督制约程序，也是行政处罚作出程序中的法定环节，既然立法明确规定对情节复杂或者重大违法行为给予行政处罚的，行政机关负责人应当集体讨论决定，那么这一程序就具有一定的外部性，对被处罚人的实体权益保障具有重要意义。

（2）作出行政处罚决定的行政机关应当在诉讼中将集体讨论笔录作为证据之一依法提交法院审查。该证据也是审查判断被诉行政处罚决定是否合法的证据之一，也应当在庭审中进行举证质证；但是为平衡集体讨论程序的参加人发表意见更加充分自由，行政机关可以在向法院提交集体讨论笔录时对该笔录参加人的姓名职务信息进行技术处理。

（3）违反集体讨论法定步骤的，人民法院可以区分处理，根据其后行政相对人是否提交了有实质意义的陈述申辩意见，以及是否组织了听证进行判断。原则上，如果被处罚人在书面告知后提出了有实质意义的陈述申辩意见，或者参加了听证程序，但集体讨论程序在告知程序之前的，应当认定违反法定程序，并判决撤销该处罚决定；违法事实客观存在的，还应当同时责令行政机关重新调查处理。

四、提升全省行政机关实施行政处罚能力的对策建议

本次《行政处罚法》的全面修改，坚持为行政处罚权行使定规矩、划界限，全面体现了严格规范公正文明执法要求，并在法律条文上作了一系列有针对性规定，对行政机关实施行政处罚提出了更高要求、更严标准。根据江苏法院2018 年至 2020 年审结的涉行政处罚类败诉案件的特征情况，结合《行政处罚法》的修订变化和江苏法院近年来涉行政处罚类案件的审判情况，课题组建议全省行政机关可以从职权法定、调查取证、法定程序、精准适法、秉持理念等五个方面着手，迅速适应修订后的《行政处罚法》，进一步提升江苏行政机关的行政处罚执法能力水平。

（一）坚持行政处罚职权法定原则

职权法定是行政处罚决定合法性的前提和基础，也是依法行政的核心要义之一。全省行政机关应当严格按照《行政处罚法》以及相关单行法律法规的规定正确行使行政处罚职权。

1. 严格遵守地域、层级、事务的法定管辖权

根据《行政处罚法》的规定，行政处罚原则上应当由违法行为发生地的县级以上地方人民政府具有行政处罚权的行政机关实施；只有在法律规范另有特别规定的，其他行政机关方能实施行政处罚。例如，《治安管理处罚法》第九十一条规定警告、500 元以下的罚款可以由公安派出所决定。各级行政机关对自身负有行政处罚职责的事项，应当依法及时履责；对不属于自身行政处罚职责的事项，不得越权行使。对于不具有行政主体资格的各类组织，以及明显不具有行政管理职责的行政机关，以自己名义实施行政处罚的，应属行政处罚无效的情形。

2. 严格遵守委托实施行政处罚的法定规则

为适应“放管服”改革和基层执法“三整合”的新要求，行政机关可以依照法律、法规、规章的规定，在其法定权限内书面委托符合法定条件的组织实施行政处罚。但委托行政机关应当与受托组织签订委托书或者委托协议，载明委托的具体事项、权限、期限等内容；委托行政机关和受托组织应当将委托书向社会公布。委托书未对外公布的，受托组织作出的行政处罚应当无效。行政机关不得委托其他组织或者个人实施行政处罚，尤其是不具有行政

执法资格和能力的企业或经营性组织实施行政处罚。委托行政机关对于委托事项不能放任不管，应当对受托组织实施行政处罚的行为进行监督，尤其是要加强执法业务培训指导，必要时可以行使法制审核职责，并对该行为的后果承担法律责任。

3. 依法及时履行法定协助职责

在现代行政管理中，由于更加注重职能分工和专业化治理，加上交通运输和信息技术的飞速发展，行政机关的执法活动更加离不开异地行政机关和本行政区域内其他职能部门的协助配合。《行政处罚法》规定，行政机关因实施行政处罚的需要，可以向有关机关提出协助请求。协助事项属于被请求机关职权范围内的，应当依法予以协助，相关法律规范或者规范性文件对于执法协助的办理程序和期限有明确规定的，应当从其规定；没有明确规定的，可以由行政机关之间进行协商确定，根据请求协助事项的难易程度，确定一个相对合理的期限。在城市管理、道路运输、应急管理等执法领域中，已经形成相对固定协作关系的行政机关之间，如城管部门与自然资源和规划部门在违建查处方面、公安交管部门与道路运输管理部门在超限超载车辆查处方面、应急管理部门与生态环境部门在危化品处置方面，可以探索建立常态化的协作机制，如签订执法协作协议、定期开展联合执法等，以更好地履行行政管理和执法工作。

4. 审慎稳妥推进乡镇、街道承接行政处罚事权

在我国以市、县（区）两级地方政府管理为主的体制下，行政执法职能主要由市县两级行政机关承担，乡镇、街道有管理职责但无执法手段，权责不统一，造成“看见的管不了，管得了的看不见”的局面；将行政执法权适度下移，扩大基层政权经济社会管理权限，有利于加强基层政权建设、完善基层政府功能，这也是深化改革过程中的时代要求。① 但乡镇、街道执法力量和水平整体较为薄弱，多数乡镇、街道仍然缺乏与行政处罚相适应的专业技术人员、法制审核人员；在全省部分地区实地调研座谈中，无论是作为行政复议机关的市县司法行政部门，还是人民法院从事行政审判的法官，乃至乡镇街道工作人员，都对迅速承接较多事项的行政处罚职权，提出了担忧。

---

① 应松年、张晓莹：《〈行政处罚法〉二十四年：回望与前瞻》，载《国家检察官学院学报》2020年第5期。

因此，短期内向乡镇、街道下放较多的处罚事项，尤其是专业性较强的事项，风险隐患较大。

为确保平稳有序地向基层下放行政处罚权，课题组建议：一是由省级层面尽快制定全省统一的乡镇（街道）承接行政处罚权的标准规则。现阶段，上级政府尤其是县级政府职能部门向乡镇、街道转移的处罚事项总量应保持合理限度，应当以目前基层执法队伍能力和力量能够承担为原则，不能不加区分地进行普遍下放、全部下放。要根据承接的乡镇、街道自身的执法力量确定能够下放的处罚事项，确保放下去、接得住、用得好，不能搞“一刀切”式的事权下放，如果由基层不具备执法资质、执法条件和执法能力的机构和人员作出一批存在不当的行政处罚，将会激化社会矛盾，损害政府权威。从承接主体来看，一般应下放给经济较为发达、行政区域较为广阔、人口比较集中、社会治理水平较高的乡镇、街道，新法实施初期可以在下放之前的经济发达镇探索试点。从事项来看，一般集中在市容环境、市场监管、社会治安、民生事业、农业水利等执法领域；应急管理、文化市场、生态环境等专业性较强的执法事项不宜下放。二是应当履行法定报批程序。根据《行政处罚法》规定，只有省级人民政府才有权将本应当属于县级人民政府部门的行政处罚权交由乡镇政府、街道办行使，依法下放后乡镇政府、街道办可以以自己的名义对外作出行政处罚决定，引发的法律责任也应当由其独立承担。如果未经省级人民政府依法作出决定，县级政府职能部门自行决定下放处罚事权的，应当视为行政委托，仍然由作为委托机关的县级政府职能部门承担法律责任。三是迅速加强充实基层执法力量。一方面，接受承接的乡镇、街道应当尽快整合乡镇执法力量，争取上级支持力度，招录、补充乡镇执法紧缺的专业技术人才和法制审核人员；另一方面，县级政府应当主动作为，根据下放事项的难易程度，按照“人随事走”原则，选派一定数量的职能部门执法人员到乡镇任职。同时县级职能部门不能对处罚权一放了之，要加强业务指导培训，对于乡镇政府、街道办短期内无法开展法制审核工作的，应当履行法制审核职责。

5. 厘清综合行政执法部门与行政主管部门之间的职权关系

综合执法机制改革有利于统筹配置行政处罚职能和执法资源，整合精简执法队伍，解决多头多层重复执法问题。2018 年 3 月，中共中央印发《深化党和国家机构改革方案》，明确指出整合组建市场监管、生态环境保护、文化市场、交通运输、农业五大领域的综合执法队伍，继续探索实行跨领域跨部门综合执法。综合执法机构主要是行使相关行政主管部门原本行使的全部或部分行政处罚权，而相应的行政审批、日常监管等职能仍然由行政审批部门、行业主管部门行使。因此，需要理顺综合执法机构与行业主管部门之间的职权分工和协作机制，明确双方各自职责，尤其是应当履行的行政处罚职责。“按照整体性政府治理理念和机构协同原则要求，综合行政执法改革需要更加注重维护行政权整体性，理顺综合执法机关与行政主管机关的职责关系，建立信息互通、资源共享、协助配合、监督制约的运行机制，避免因行政权分割造成监管与执法边界不清、部门间融合度不够、职能运行不畅等问题。”① 课题组认为，综合执法机构行使行政处罚权需要行业主管部门协助的，行业主管部门应当依法及时予以协助；行业主管部门在日常监管中发现存在违法行为需要作出行政处罚的，应当及时向综合执法机构移送违法线索和相关证据，双方都要切实做到依法履行法定职责，不越位、不缺位。

（二）强化行政处罚调查取证能力

行政处罚证据是行政机关实施行政处罚措施的根据，也是令当事人信服的关键，更是顺利通过司法审查的保证。② 行政处罚证据的合法有效，有赖于行政执法人员调查取证能力的保障。

1. 认定违法行为的成立应有相应证据支撑

行政机关认定违法行为、查清危害后果，均要有相应的证据予以支撑。在调查取证时，一方面要收集证据查证与违法行为相关的客观事实情况，包括对行为人不利的事实和有利的事实，均应当予以收集认定；另一方面还需要综合考量当事人的主观心理状态，结合主客观方面对当事人作出全面性评价，最大限度地实现“过罚相当”。③ 在执法实践中不能因为构成要件上要求不严格，而完全放弃对当事人主观方面的查证，至少应当将当事人的主观状态作为处罚的裁量情节予以考虑，以体现调查取证的完整性和处罚的合理性。而在一些执法领域，针对特殊违法行为，仅仅有违法行为的存在还不足以构

---

① 程琥：《综合行政执法体制改革的价值冲突与整合》，载《行政法学研究》2021 年第 2 期。

② 杨解君、蒋都都：《〈行政处罚法〉面临的挑战与新发展——特别行政领域行政处罚应用的分析》，载《行政法学研究》2017 年第 3 期。

③ 江必新、夏道虎主编：《中华人民共和国行政处罚法条文解读与法律适用》，中国法制出版社 2021 年版，第 138 页。

成给予行政处罚的条件，行政机关还要考虑行为人在主观方面是否存在故意或过失，并收集相应证据。尤为重要的是，行政机关在作出行政处罚时，必须遵循“先取证后裁决”的原则，不得在行政处罚决定作出后继续调查取证或者补充证据。

2. 加强对电子技术监控设备的法制和技术审核

利用电子技术监控设备收集、固定违法事实，对于提高执法效率、缓解执法压力、强化秩序管理等都具有重要的积极意义，也已经广泛运用于城市管理、道路交通管理等执法领域。但科技运用不当，也会带来行政管理价值和导向的偏离。因此，行政机关使用电子技术设备辅助执法，应当遵循以下规则：一是利用电子技术监控设备辅助行政执法的，应当具有法律、行政法规的规定。对于行政机关在部门规章甚至规范性文件中创设电子技术设备执法的，其采集的证据不具有法律效力，不能作为认定违法行为存在的证据。二是经过法制和技术审核，确保电子技术监控设备符合标准、设置合理、标志明显，设置地点应当向社会公布。三是电子技术监控设备记录违法事实应当真实、清晰、完整、准确。四是行政机关应当审核记录内容是否符合要求，未经审核或者经审核不符合要求的，不得作为行政处罚的证据。

3. 多种形式提升行政执法人员调查取证能力

调查取证能力是行政执法人员实施行政处罚的基本能力，也是关乎行政处罚质量的关键。各级地方政府以及相关职能部门应当通过加强业务培训、执法稽查、案卷评审、岗位练兵等形式，不断提升行政执法人员的调查取证能力水平，尤其是要提高识别案件性质的能力和收集、固定、保全证据的水平。对于专业性较强的违法事实，必要时可以委托专业技术机构和人员进行检测、分析、鉴定，但要对取证过程和结论意见进行必要的合法性、科学性审查，切实做好违法行为的证据收集和固定工作。对于调查过程中经常出现的当事人不配合的情况，执法人员一方面要明确告知其是否配合调查将影响对其最终的处罚结果，另一方面也要结合证人证言、电子技术、走访了解等多种途径尽力查清违法事实，不得以当事人不配合为由怠于履行行政处罚职责。

（三）遵循《行政处罚法》定程序规则

行政处罚决定的合法性不仅应当体现在事实证据和法律适用方面，也离不开行政程序的合法性。修改后的《行政处罚法》不仅保留了原有的法定程序，还对听证、集体讨论决定等程序进行了修改完善，并增设了立案、法制审核等程序，使行政处罚的程序制度更加完备，对行政机关实施行政处罚也提出了更加严格的程序要求。

1. 对违法行为依法及时予以立案

《行政处罚法》明确规定“符合立案标准的，行政机关应当及时立案”，旨在督促行政机关依法及时履行法定职责。行政处罚立案是行政机关对违法行为线索材料进行初步审查或核查，认为存在依法需要给予行政处罚且属于本机关管辖范围的违法事实，决定启动行政处罚普通程序开展调查处理的行政执法环节。[①] 在《行政处罚法》修改之前，市场监管、生态环境等执法领域已经有法规、规章对行政处罚的立案程序作出了规定。

《行政处罚法》虽然增加了立案程序的规定，但对立案期限并未作统一明确规定。实践中，具体期限有法律法规规章特别规定的，按照相应规定执行；没有规定的，也应当在合理期限内作出，不得无故拖延。行政机关可以在立案之前进行一定的调查取证工作，相应证据可以作为后续行政处罚的证据内容；但行政机关认定违法事实的证据不能全部来自立案之前，否则即违反了“先立案后调查”的程序规则；尤其是还未进行立案，就已经对当事人进行了处罚前的告知，甚至启动行政机关负责人集体讨论决定程序，这显然违背了《行政处罚法》的规定。如果有一定的证据或者明确的违法线索存在，即使最终对当事人不给予行政处罚，行政机关也应当先行立案；立案后不予行政处罚或者认定不构成违法行为的，可以作出不予行政处罚决定或者撤销行政处罚案件，并书面告知当事人。

2. 规范告知并听取、复核陈述申辩意见

行政机关在作出行政处罚决定前，应当告知当事人拟作出的行政处罚内容及事实、理由、依据，并告知当事人依法享有的陈述、申辩、要求听证等权利。告知的内容不仅应当全面，还应当确保相对精准，以便于当事人进行有针对性的陈述、申辩。行政机关对于当事人提出的陈述、申辩意见应当进行复核，复核结果原则上应当在最终的行政处罚决定书中载明，适用简易程序的可以口头告知复核结果。行政机关不得因当事人陈述、申辩而给予更重

① 江必新、夏道虎主编：《中华人民共和国行政处罚法条文解读与法律适用》，中国法制出版社 2021 年版，第 182—183 页。

的处罚。行政机关未依法向当事人告知拟作出的行政处罚内容及事实、理由、依据，或者拒绝听取当事人的陈述、申辩的，不得作出行政处罚决定；除非当事人明确表示放弃陈述或者申辩权利。

3. 保障听证权利并充分发挥听证价值

听证不仅是行政处罚的重要程序，也是当事人享有的重要程序性权利，其在内涵上也属于陈述、申辩权的范畴，只不过是更加严格、正式地发表陈述、申辩意见。修订后的《行政处罚法》不仅根据《行政处罚法》法定种类的扩大相应扩大了听证的适用范围，将“没收较大数额违法所得”“没收较大价值非法财物”“降低资质等级”“责令关闭”“限制从业”等对当事人权益产生较大不利影响的行政处罚种类纳入听证的适用范围，而且增加了听证适用范围的概括条款、兜底情形，将其他较重的行政处罚以及法律、法规、规章规定的其他情形处罚也纳入到听证的范围。今后，行政机关对于一些虽然没有在《行政处罚法》中作为处罚种类列举的行政行为或者行政措施，如责令限期拆除违法建设决定、收回国有建设用地使用权决定、纳入失信“黑名单”等，也应当比照适用行政处罚的法定程序，必要时还应保障当事人申请听证的权利。

在听证程序中，行政机关应当全面出示拟作出处罚的证据以及适用的法律规范，不得选择性地出示证据，以便于当事人更加充分地进行申辩和质证，确保听证程序发挥出实质性功能。听证会中应当全面记录参加人的发言，形成的听证笔录应当作为行政处罚决定作出的根据，对于听证笔录未载明作为事实根据、定案证据的，不应认定其作为行政处罚决定合法性的证据。

4. 重视法制审核程序并落到实处

对重大复杂案件作出决定前应当进行法制审核，是本次《行政处罚法》修订增加的内容之一，也是对部分地区试行“三项制度”经验的立法总结和提升。法制审核程序，既能够实现行政机关内部职能分离与互相监督，又可以提高行政效率，确保行政处罚合法。课题组建议，全省具有行政处罚权的行政机关应当尽快建立本部门、本系统的专职法制审核队伍，在力量不足时可以充分发挥法律顾问和公职律师的作用。行政机关中初次从事行政处罚决定审核的人员，应当通过国家统一法律职业资格考试取得法律职业资格。乡镇、街道短期内无法配齐配强法制审核队伍的，可以由县级司法行政部门或者相关职能部门进行指导审核，弥补法制审核力量的短缺与不足。

在法制审核中建议着重审查以下内容：一是行政执法主体是否合法，行政执法人员是否具备执法资格；二是行政执法程序是否合法；三是案件事实是否清楚，证据是否合法充分；四是适用法律、法规、规章是否准确，裁量基准运用是否适当；五是执法是否超越执法机关法定权限；六是行政执法文书是否完备、规范；七是违法行为是否涉嫌犯罪、需要移送司法机关等。

5. 集体讨论程序应当规范运行

《行政处罚法》规定对情节复杂或者重大违法行为给予行政处罚，应当由行政机关负责人集体讨论决定，这既是对国家机关“民主集中制”原则的落实体现，也更加有利于保障当事人的合法权益。修订后的《行政处罚法》将原有条款中的“较重的”予以删除，既消除了立法条款理解上的歧义，也扩大了集体讨论决定程序的适用情形。

根据对全省行政执法机关进行的问卷调查显示，在行政处罚程序方面，集体讨论决定程序不明确成为最突出的问题。为规范运行集体讨论决定程序，课题组主张：一是集体负责讨论决定属于法定行政程序，符合情形的行政机关应当强制适用，不属于行政机关或执法人员的自由裁量空间。如果单行法律、法规、规章对集体讨论决定的适用情形或范围有明确规定的，应当按规定执行；没有规定适用情形的，可以参照听证的适用情形。二是集体讨论决定程序应当在调查取证工作结束后、行政处罚决定作出前进行，如果行政机关在处罚告知前就进行了集体讨论决定，事后当事人又提出了实质性的陈述申辩意见或者进行了听证程序，但行政机关又未再进行集体讨论决定的，应当认定行政处罚程序重大违法。三是集体讨论决定应当形成正式笔录，笔录中必须载明参加集体讨论决定的人员和讨论内容，同时对不同讨论意见予以全面记载；事后形成行政复议、诉讼的，还应当将其作为行政处罚决定的合法性证据之一，提交复议机关或人民法院。

（四）提升行政机关精准适用法律能力

行政处罚决定是否准确适用法律条款，不仅是确保行政处罚符合法律规范的必备要件，也是人民法院事后审查行政处罚合法性的重要判断标准。

1. 对照《行政处罚法》抓紧清理规范部门规章规范性文件

《行政处罚法》第二条明确界定了行政处罚的定义，其核心特征是“减损权益或增加义务”；第九条又新增了“通报批评”“降低资质等级”“限制开展生产经营活动”“责令关闭”“限制从业”等几类行为作为行政处罚的法定种类；同时，第六十三条第（五）项规定行政机关拟作出“其他较重的行政处罚”，应当告知当事人有要求听证的权利，当事人要求听证的，行政机关应当组织听证。鉴于现行法律、法规、规章、规范性文件中“通报批评”“降低资质等级”“限制开展生产经营活动”“责令关闭”“限制从业”等规定大量存在，但其中对照行政处罚的立法定义又不是全都属于行政处罚。因此，为避免新法实施后出现的行政执法争议，课题组建议：全省各级行政机关应尽快对现有法律规范中涉及的相关行政措施加以清理规范，属于行政处罚范畴的，今后在执法时应当严格按照《行政处罚法》规定的程序执行；如果不属于行政处罚范畴的，也应及时调整规范表述，避免与《行政处罚法》明显冲突。法律规范制定主体属于中央层面的，也可以通过一定渠道、路径及时反映。但是，对于责令限期拆除违法建设决定、收回国有建设用地使用权决定、列入“黑名单”等以往存在争议的行政行为，为充分保障当事人的合法权益，建议将此类行政行为明确纳入行政处罚的范畴，并告知当事人依法享有申请听证的权利。

2. 认定违法事实作出处罚内容要精确到相应条款

行政机关在处罚决定书中认定的违法行为与适用的法律责任条款应当匹配、对应，否则会构成适用法律错误。针对以往败诉处罚案件中，行政机关错误适用法律规范、适用法律规范不够精准等违法情形，课题组建议行政机关应加强法律适用能力培训，将本执法领域常见的违法行为形成格式化的执法文书，载明对应的法律适用条款，在提高执法效率的同时，确保违法行为适用法律责任条款的精准性。同时，还应根据法律法规的修改变化及时对执法文书样式进行调整和更正。

3. 正确理解适用行政处罚裁量基准

裁量基准对行政处罚理由的预设具有内外两个方面作用：对内，裁量基准为行政机关的处罚行为预设了处罚理由，要求行政机关在无特殊情况时应当依据裁量基准所预设的处罚理由作出处罚；对外，当事人可以通过裁量基准了解行政机关的处罚理由。① 修订后的《行政处罚法》规定，行政机关可

① 朱晓勤、李天相：《“原则之治”下环境行政处罚裁量基准适用规则的优化》，载《吉林大学社会科学学报》2020年第2期。

以依法制定行政处罚裁量基准，并向社会公布，以规范行使行政处罚裁量权。如果行政机关或者上级行政机关已经作出行政处罚裁量标准并对外公布的，行政机关在作出处罚时应当予以适用。但行政处罚裁量基准只能作为行政机关作出处罚时依据的补强，不能单独作为行政处罚的法律依据。行政机关在制定裁量基准时应当广泛听取一线执法人员的意见建议，在确保裁量基准符合法律规定的同时，也应确保其具有可操作性、可执行性。裁量基准出台并发布前，应当及时组织一线行政执法人员进行学习培训，准确掌握。同时，如果在个案中适用裁量基准作出的行政处罚决定明显不符合实质公平正义的，行政机关就不应机械适用，而应从法律的立法目的、旨意和基本原则出发，作出相对合理的处罚决定。当然，如果在个案中摒弃适用裁量基准的，建议经过法制审核和行政机关负责人集体讨论决定的程序，以避免行政执法人员的执法随意性，同时也可以降低执法风险的压力。

（五）秉持行政处罚与法治教育并重理念

“实施行政处罚，不仅是惩罚违法者，并通过惩罚防止其再次违法，而且寓教育于惩罚之中，使违法者通过处罚受到教育，自觉遵守法律秩序；同时也教育他人维护法律，提高法制观念。”① 对违法行为施以适度的处罚，既能纠正违法行为，又能使违法者自我反省，同时还能教育其他公民自觉守法。

1. 正确处理一般法与特别法的关系

针对食品安全、广告监管、生态环境等执法领域近年来执法中出现的“天价”罚款金额引发的社会争议，需要行政执法人员更好地理解适用《行政处罚法》，尤其是在执法中如何衔接《行政处罚法》与单行法律法规之间的关系。一般情况下，法律适用范围大的是一般法，法律适用范围小的则属于特别法。② 课题组认为，《行政处罚法》是各类行政处罚法律规范的一般法，不应当被行政执法所“虚置”。“《行政处罚法》是行政处罚领域的基本法律、通用规范，为单行法律、法规设定行政处罚提供基本遵循、发挥指引作用。”③ 目前行政处罚呈多样化发展，在各特别领域尤为明显，要保证行政处罚实施的统一性，使各部分逻辑一致，就必须规定各特别或单行行政处罚

---

① 金国坤：《基层行政执法体制改革与〈行政处罚法〉的修改》，载《行政法学研究》2020 年第 2 期。

② 胡建淼：《发生“法律冲突”时应如何适用法律?》，载《学习时报》2020 年 10 月 28 日。

③ 黄海华：《行政处罚的重新定义与分类配置》，载《华东政法大学学报》2020 年第 4 期。

所必须遵循的共同准则，即《行政处罚法》的原则和通用规则。在制定大量特别或单行《行政处罚法》律规范的同时，国家立法机关还要对《行政处罚法》的立法投入大量精力和资源，就在于行政处罚总则的意义非常重大，其是规定各类行政处罚活动必须遵循的基本原则和一般性规则，为各个行政管理领域行政处罚活动的具体规定提供原则依据，确保《行政处罚法》律规范体系的统一性和完整性。例如，《行政处罚法》第四条规定的过罚相当原则，建立了违法行为及其危害性与处罚种类、幅度间的比例关系，确保行政处罚的设定与实施既要实现规制违法行为、保护社会秩序的目的，又不能过度减损相对人的权益，是行政处罚具备实质合法性的基本要求。① 司法实践中，不少法院已经通过强调《行政处罚法》的适用，否定了行政机关仅适用单行法律规范实施行政处罚的做法。

2. 依法准确适用免于处罚、不予处罚规定

修改后的《行政处罚法》增加了“首违不罚”“没有主观过错的不罚”等新规定，进一步强化了处罚与教育相结合的原则，提高了全社会对行政处罚的认可度。行政机关对于违法情节显著轻微、没有危害后果或者后果较轻的违法行为，应当结合《行政处罚法》关于从轻、免予行政处罚的相关情节，公正合理地作出行政处罚决定，确保行政处罚结果的实质合法。尤其是对于初次违法且危害后果轻微并及时改正的，可以依法作出不予行政处罚的决定，以最大限度地体现行政处罚教育与惩罚相结合的原则。

课题组建议，江苏省部分行政机关还应摒弃“为罚而罚”的不当思维和认知，积极推行“柔性执法”方式，探索建立各执法领域的“首违不罚清单”；对法律规定当事人是否存在主观过错作为行政处罚必备要件的，如果当事人能够证明自身无过错的，应当不予行政处罚。在慎用行政处罚权的同时，各级行政机关也应加强对违法行为当事人的法治教育，以增强当事人对自身违法行为的深刻认识，避免再次实施类似违法行为，这也是落实“谁执法谁普法”责任制的要求。

（作者单位：江苏省高级人民法院）

---

① 周海源：《危害性评价应纳入行政处罚制度的基本范畴》，载《法学》2020 年第 6 期。

司法解释

最高人民法院关于办理行政申请再审案件若干问题的规定

（2021 年 3 月 1 日最高人民法院审判委员会第 1833 次会议通过，自 2021 年 4 月 1 日起施行　法释〔2021〕6 号）

为切实保障当事人申请再审的权利，切实有效解决行政争议，结合人民法院行政审判工作实践，根据《中华人民共和国行政诉讼法》的规定，制定本解释。

第一条　当事人不服高级人民法院已经发生法律效力的判决、裁定，依照行政诉讼法第九十条的规定向最高人民法院申请再审的，最高人民法院应当依法审查，分别情况予以处理。

第二条　下列行政申请再审案件中，原判决、裁定适用法律、法规确有错误的，最高人民法院应当裁定再审：

（一）在全国具有普遍法律适用指导意义的案件；

（二）在全国范围内或者省、自治区、直辖市有重大影响的案件；

（三）跨省、自治区、直辖市的案件；

（四）重大涉外或者涉及香港特别行政区、澳门特别行政区、台湾地区的案件；

（五）涉及重大国家利益、社会公共利益的案件；

（六）经高级人民法院审判委员会讨论决定的案件；

（七）最高人民法院认为应当再审的其他案件。

第三条　行政申请再审案件有下列情形之一的，最高人民法院可以决定由作出生效判决、裁定的高级人民法院审查：

（一）案件基本事实不清、诉讼程序违法、遗漏诉讼请求的；

（二）再审申请人或者第三人人数众多的；

（三）由高级人民法院审查更适宜实质性化解行政争议的；

（四）最高人民法院认为可以由高级人民法院审查的其他情形。

第四条 已经发生法律效力的判决、裁定认定事实清楚，适用法律、法规正确，当事人主张的再审事由不成立的，最高人民法院可以迳行裁定驳回再审申请。

第五条 当事人不服人民法院再审判决、裁定的，可以依法向人民检察院申请抗诉或者检察建议。

第六条 本解释自2021年4月1日起施行。本解释施行后，最高人民法院此前作出的相关司法解释与本解释相抵触的，以本解释为准。

附件：1. 中华人民共和国最高人民法院决定书（最高人民法院决定由高级人民法院审查用）
2. 中华人民共和国最高人民法院通知书（最高人民法院决定由高级人民法院审查时通知再审申请人用）
3. 中华人民共和国最高人民法院行政裁定书（最高人民法院迳行驳回再审申请用）

附件1

中华人民共和国最高人民法院决定书

（××××）最高法行决×号

××××高级人民法院：

根据《中华人民共和国行政诉讼法》第九十条、《最高人民法院关于办理行政申请再审案件若干问题的规定》第三条的规定，现将再审申请人×××诉×××（机关名称）一案，交由你院审查。请你院依照《中华人民共和国行政诉讼法》及其司法解释的相关规定进行审查处理。

××××年××月××日

（院印）

附件 2

中华人民共和国最高人民法院通知书

（××××）最高法行通×号

×××（再审申请人）：

根据《中华人民共和国行政诉讼法》第九十条、《最高人民法院关于办理行政申请再审案件若干问题的规定》第三条的规定，本院将再审申请人×××诉×××（机关名称）一案，交由××××高级人民法院审查。请等待审查结果。对高级人民法院审查后作出的判决、裁定仍然不服的，可以依照《最高人民法院关于适用〈中华人民共和国行政诉讼法〉的解释》第一百一十七条的规定向人民检察院申请抗诉或者检察建议。

特此通知。

××××年××月××日

（院印）

附件 3

中华人民共和国最高人民法院行政裁定书

（××××）最高法行申×号

再审申请人（一、二审诉讼地位）：×××，……。

被申请人（一、二审诉讼地位）：×××，……。

（以上写明当事人和其他诉讼参与人的姓名或者名称等基本信息）

再审申请人×××因诉×××（机关名称）一案，不服××××高级人民法院×××号行政判决（裁定），向本院申请再审。本院依法对本案进行了审查，现已审查终结。

×××向本院申请再审，请求……（简要列明请求和理由）。

本院认为，×××的再审申请不符合《中华人民共和国行政诉讼法》第九十一条规定的情形。依照《最高人民法院关于适用〈中华人民共和国行政诉讼法〉的解释》第一百一十六条第二款、《最高人民法院关于办理行政申请再审案件若干问题的规定》第四条之规定，裁定如下：

驳回×××的再审申请。

审判长×××

审判员×××

审判员×××

××××年××月××日

（院印）

法官助理×××

书记员×××

征稿启事

《行政执法与行政审判》是最高人民法院针对行政审判工作出版发行的唯一的综合指导性图书。丛书自出版以来，深受全国各地法院行政审判法官、行政执法人员和专家学者的普遍欢迎和好评。对各级法院行政审判工作具有权威的指导作用，对各级各部门行政机关依法行政和行政法、行政管理专业的专家学者具有较强的参考作用。

本丛书及时刊登行政法的最新司法解释、司法文件、司法政策及解读，具有典型和指导意义的审判案例及分析，行政执法和行政审判的调研信息及成果等内容，设有“大法官论坛”“理论探索”“案例分析”“实务争鸣”“调查研究”“司法文件”等栏目。现编委会竭诚向全国的行政执法和行政审判理论和实务工作者征稿。来稿要求：

一、稿件应属未公开发表的作品。请勿一稿两投。

二、优先发表在本书所涉领域有创见的、高水平的文章，来稿采用与否以理论和实务价值为标准。

三、稿件引文应当注明出处，注释体例参见本书“写作体例说明”。

四、稿件最好为附打印稿的 word 文件电子版。

五、稿件一经发表，文责自负，但编者保留对来稿进行技术性加工处理的权利。文章一经采用，由本编辑部统一付给稿酬。

六、来稿请按以下联系方式寄送：

地址：北京市东城区东交民巷 27 号

最高人民法院行政审判庭　章文英

邮编：100745

请在信封正面注明“《行政执法与行政审判》来稿”字样。

E－mail：zgfyxzt@ sohu. com

《行政执法与行政审判》编委会

写作体例说明

一、交付稿件要求

（一）总体要求

齐（不缺页、不缺件）、清（稿面清楚）、定（已定稿的稿件）。提供稿件电子版，并附打印清样，出版社视清样为最终定稿。

（二）具体要求

纸样用 A4 纸，单面打印。

电子版内容一定要与提供的清样内容相同。

二、编辑体例

正文编码顺序按：一、（一）1.（1）①第一，其一，等来编排。

三、技术规范

数字用法：

统计数字、时间、物理量等均用阿拉伯数字（如：100kg　45.8 万元　11 个月　4.9 万册　12.4 亿人）；法条号尊重原文，即原文是汉字的用汉字，原文是阿拉伯数字的用阿拉伯数字。

注释方法：

1. 一般原则

（1）注释采取页下注，注释号每页重新起算；

（2）引注作品的，注释应完整；

（3）作者为三人或三人以上的，首次引用时应显示全部作者，重复出现时可在第一作者之后加“等”字样。

2. 著作引文注释范例

一般格式：作者/书名/出版社/出版年代/页码

如：×××/×××编著/×××主编：《×××》，××出版社××年版，第××页。

3. 文章引文注释范例

一般格式：作者/文章题目/引自何种出版物/出版时间/页码

（1）著作中文章

××：《文章名》，载××主编：《书名》，××出版社××年版，第××页。

（2）期刊中的文章

××：《文章名》，载《期刊名》××年第×期。

（3）报纸上的文章

××：《文章名》，载《报纸名》××年××月××日，第×版。

图书在版编目（CIP）数据

行政执法与行政审判．总第85集／中华人民共和国最高人民法院行政审判庭编．—北京：中国法制出版社，2022.2

ISBN 978-7-5216-2359-8

Ⅰ．①行… Ⅱ．①中… Ⅲ．①行政执法-中国-丛刊 ②行政诉讼-审判-中国-丛刊 Ⅳ．①D922.11-55 ②D925.318.2-55

中国版本图书馆CIP数据核字（2021）第264329号

责任编辑 周琼妮（zqn-zqn@126.com） 封面设计 杨鑫宇

行政执法与行政审判．总第85集

XINGZHENG ZHIFA YU XINGZHENG SHENPAN. ZONG DI-85 JI

编者/中华人民共和国最高人民法院行政审判庭
经销/新华书店
印刷/三河市紫恒印装有限公司
开本/710毫米×1000毫米 16开 印张/16.75 字数/220千
版次/2022年2月第1版 2022年2月第1次印刷

中国法制出版社出版
书号 ISBN 978-7-5216-2359-8 定价：68.00元

北京市西城区西便门西里甲16号西便门办公区
邮政编码100053 传真：010-63141600
网址：http：//www.zgfzs.com **编辑部电话：010-63141803**
市场营销部电话：010-63141612 **印务部电话：010-63141606**

（如有印装质量问题，请与本社印务部联系。）